【改訂新版】

鐵舟居士乃真面目《てつしゅうこじのしんめんもく》

開基鐵舟居士肖像

幾度臨危　此身猶宴
五十一年　灰頭土面
明治十九年十一月　鐵舟居士

鐵舟居士遺物護皇　洋刀

鐵舟居士眞蹟般若心経

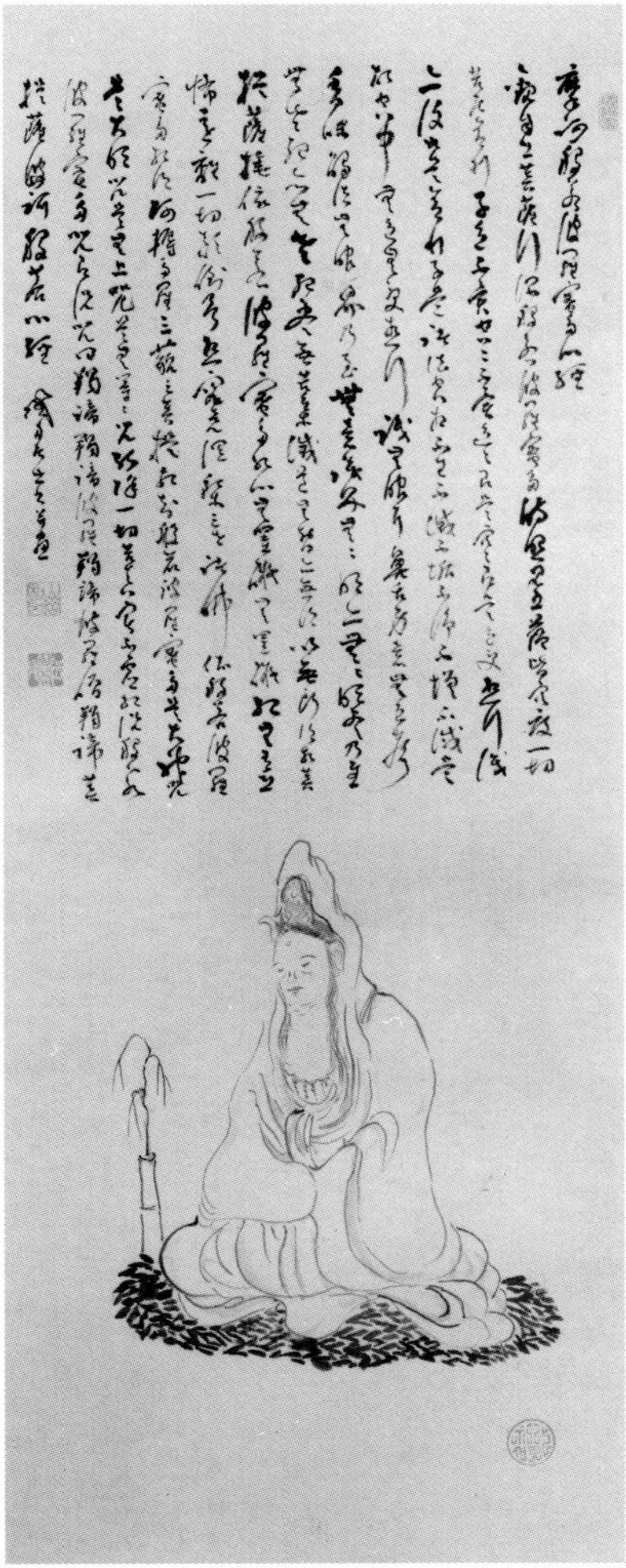

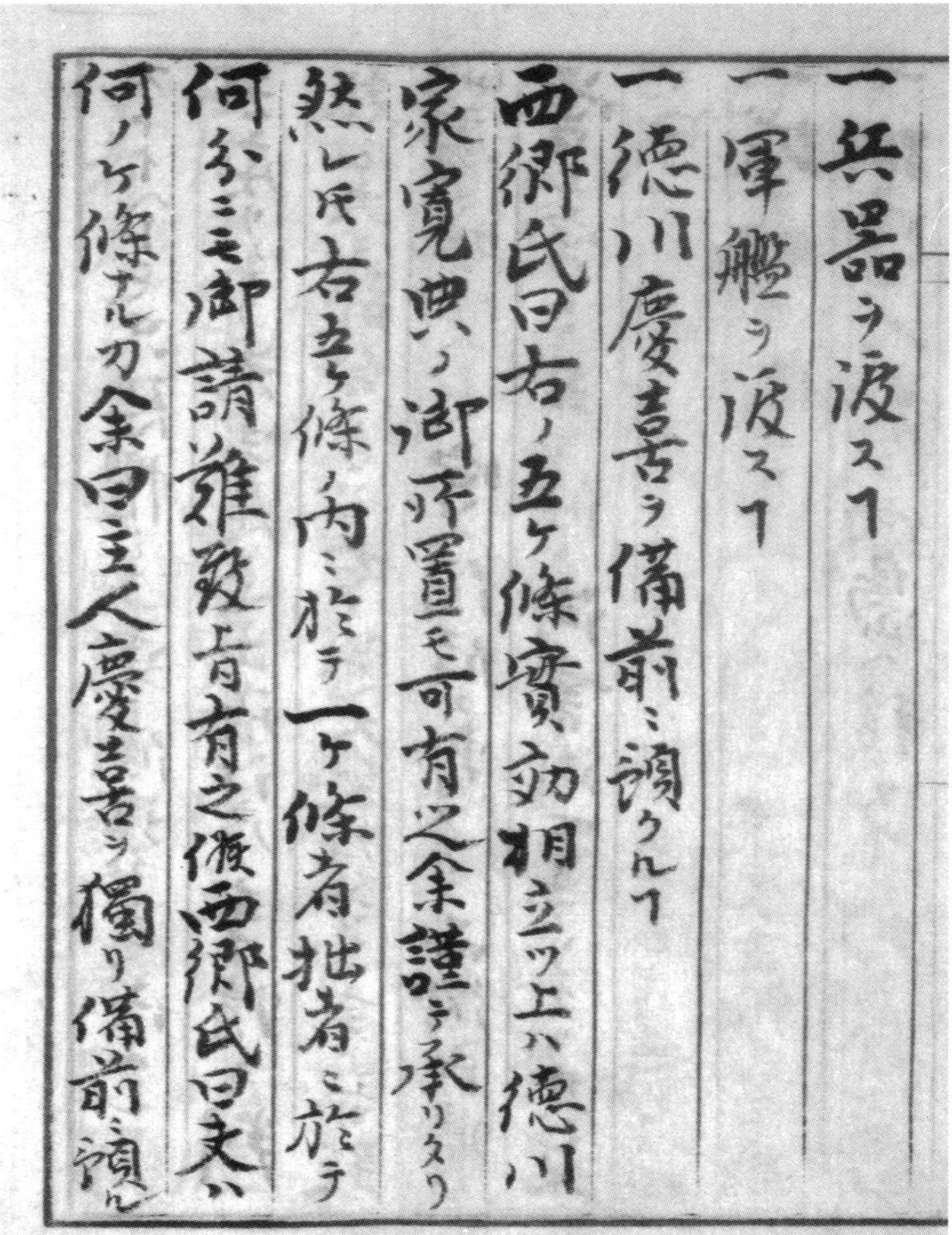

一兵器ヲ渡スヿ
一軍艦ヲ渡スヿ
一徳川慶喜ヲ備前ニ預ケルヿ
西郷氏曰右ノ五ケ條實効相立ツ上ハ徳川
家寛典ノ御所置モ可有之余謹テ承リタリ
然レ共右五ケ條ノ内ニ於テ一ケ條者拙者ニ於テ
何分ニモ御請難致旨有之候西郷氏曰夫ハ
何ノケ條ナルカ余曰主人慶喜ヲ獨リ備前ニ預ケル

鐵舟居士戊辰談判筆記

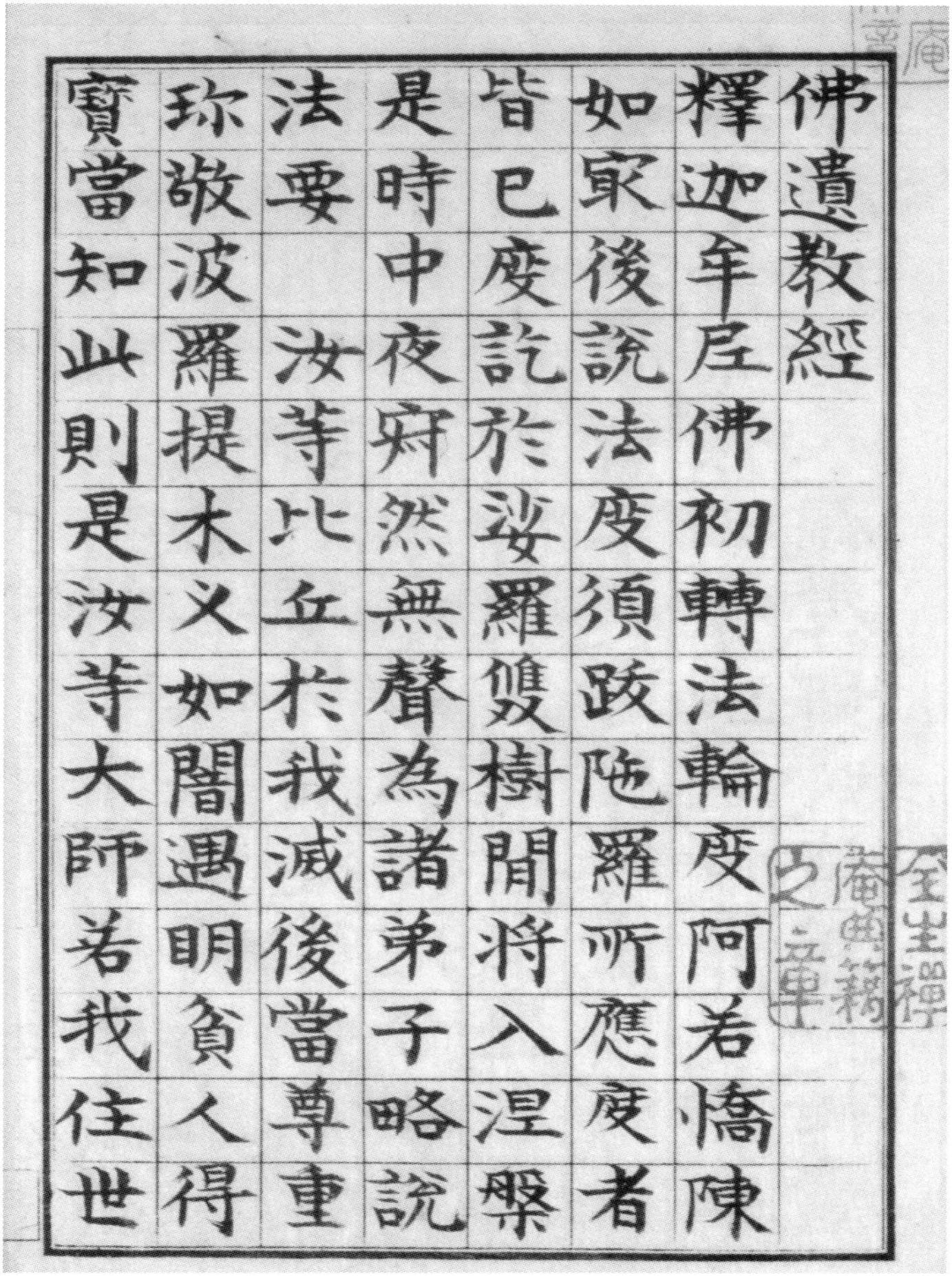
佛遺教經
釋迦牟尼佛初轉法輪度阿若憍陳
如最後說法度須跋陀羅所應度者
皆已度訖於娑羅雙樹間將入涅槃
是時中夜寂然無聲為諸弟子略說
法要 汝等比丘於我滅後當尊重
珍敬波羅提木叉如闇遇明貧人得
寶當知此則是汝等大師若我住世

鐵舟居士真蹟写経

廓然無聖

鐵舟高歩

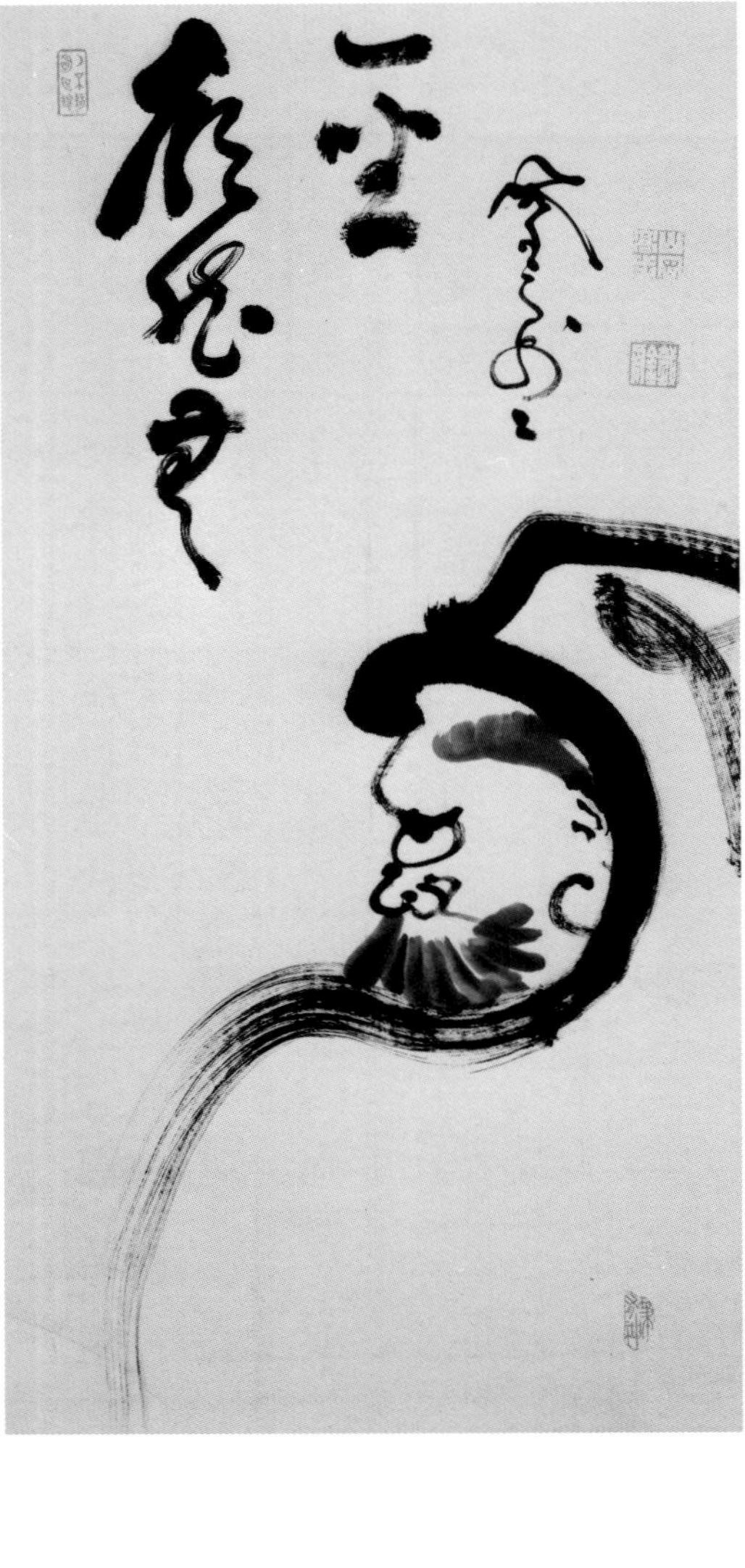

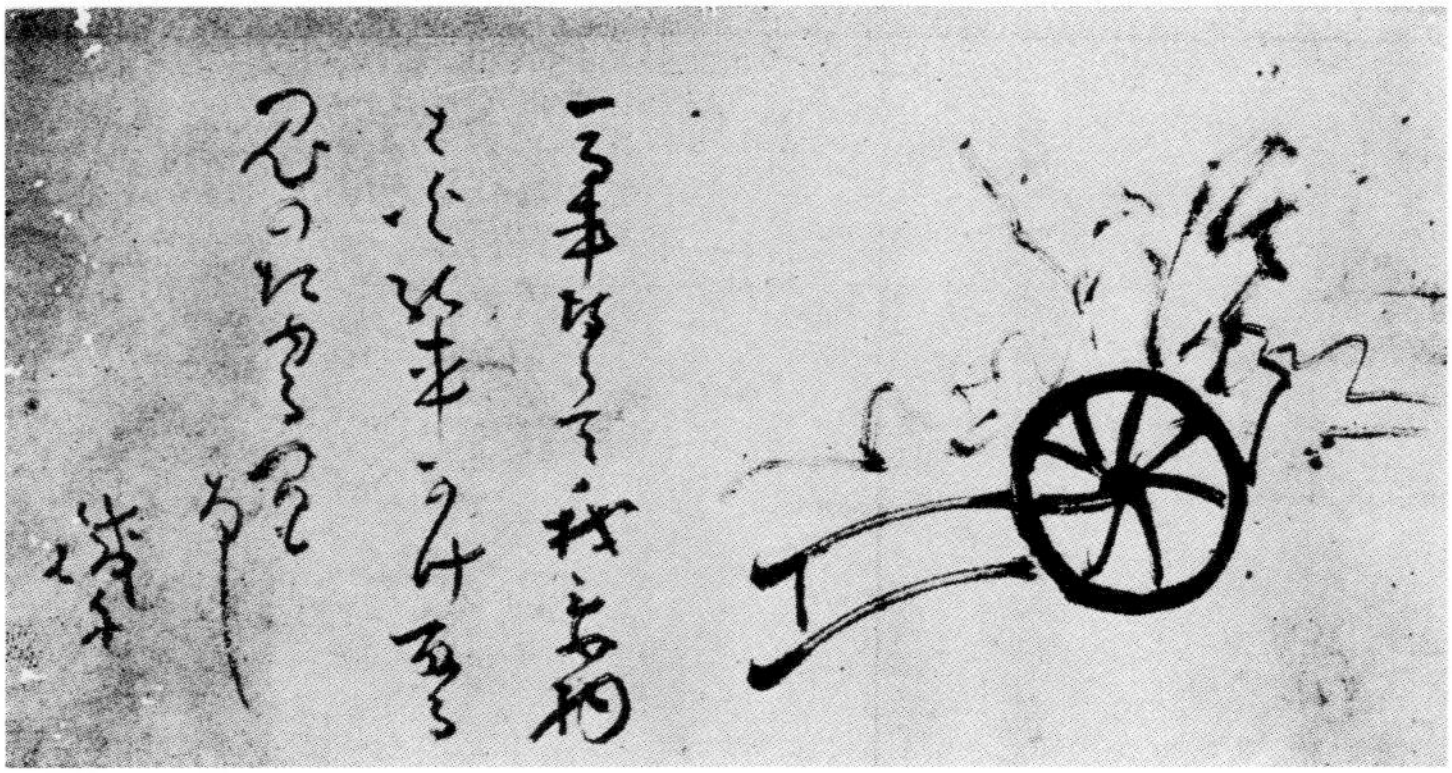

馬車ならて
我乗物は
火の車
かけ取る鬼の
たゆる間も
なし

鐵舟

掃墓空惆悵　香煙暗暮雲
英霊何処在　松籟不堪聞
鐵舟居士墓前作　泥舟逸人

至誠如神
鐵舟居士書

凡俗頻煩君　看破塵世群
弃我何処去　精霊入紫雲
明治廿一年七月十九日　高歩岡鉄君弃館因奉於
霊前　友人勝海舟安芳

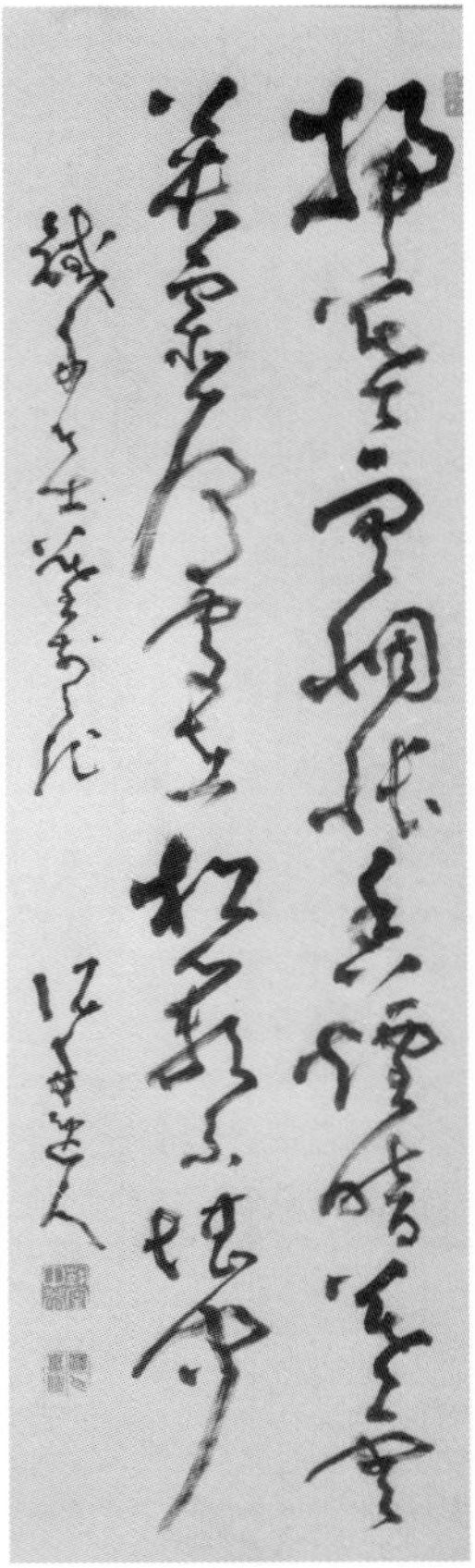

竹

寅己初冬日書於全生
庵　鐵舟居士

蘭有秀

鐵舟高歩

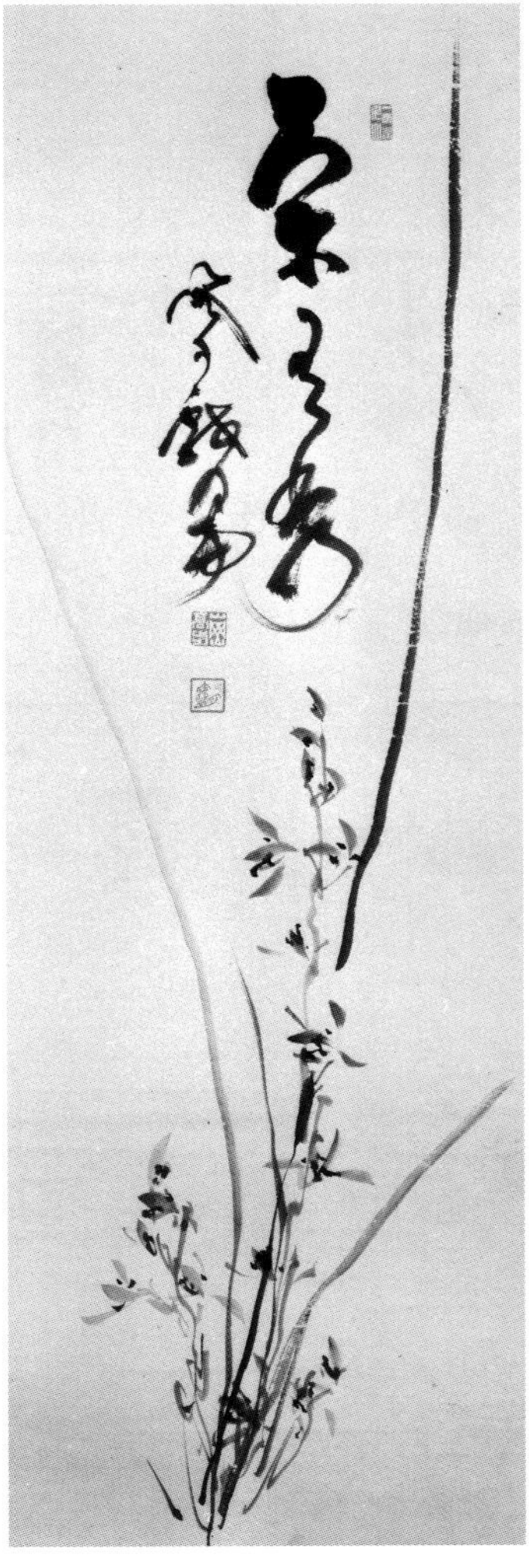

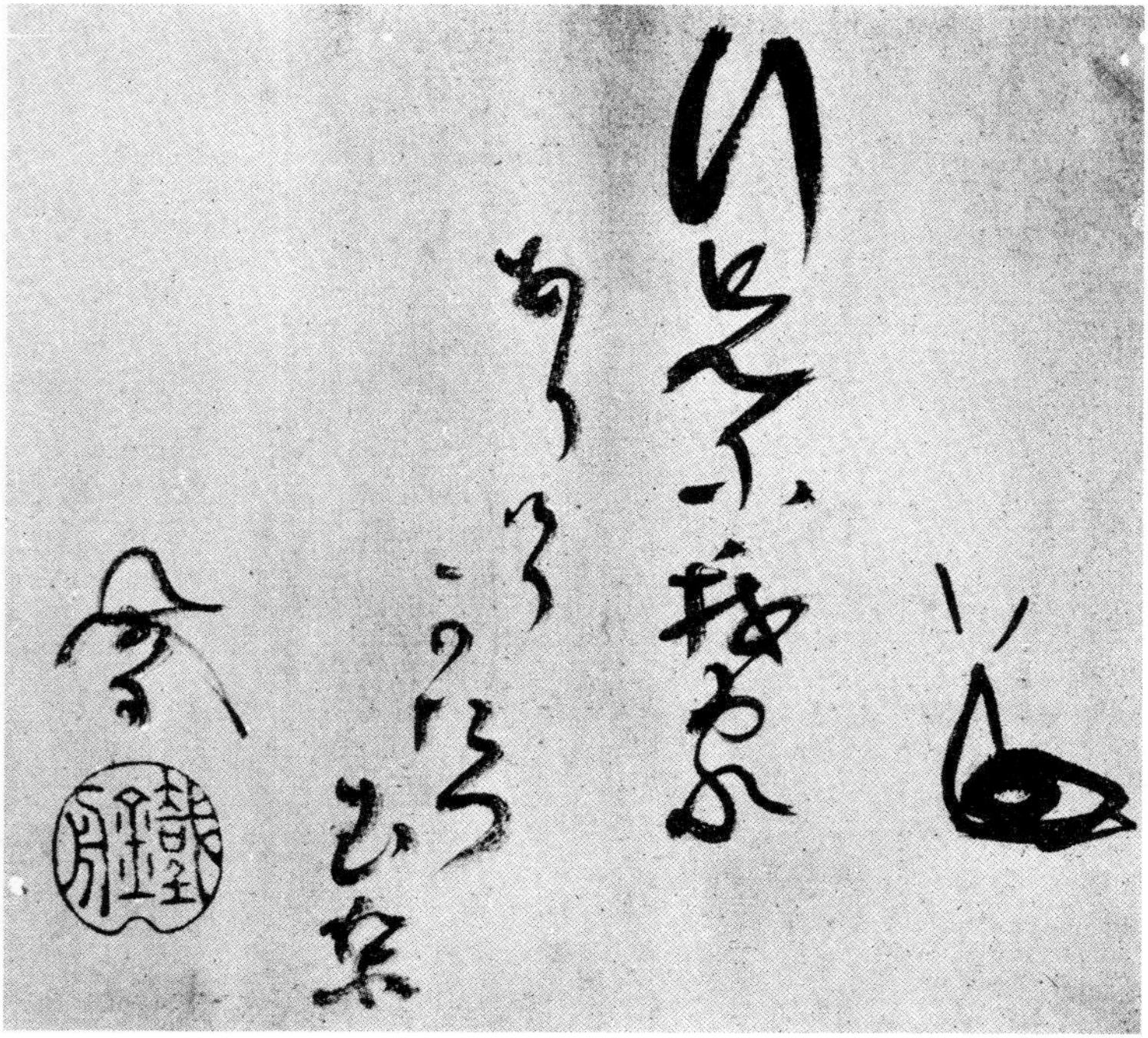

行先に我家
ありけり
かたつ
む梨
鐵舟

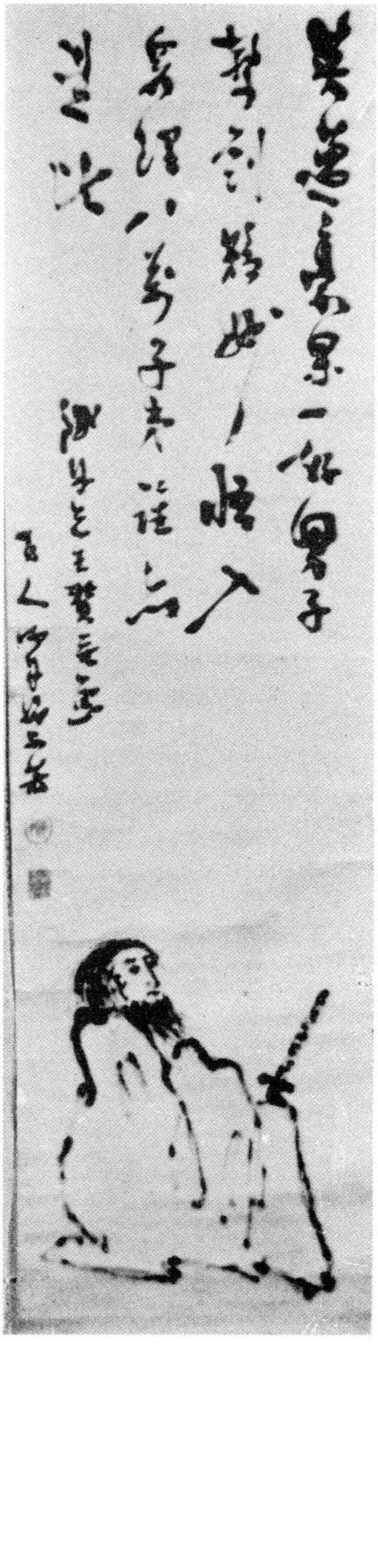

英邁豪果　一好男子　撃剣精妙
悟入衆理　八萬子弟　誰亦是比
鐵舟先生賛并画
友人海舟勝安芳

鐵舟居士賛

武弁の家に生れ　撃劔の術を傅ふ　愛国の心深く　勤王の志悉す
官に居て黽勉　友と交りて篤実
死を甘んじて難を解き陣に臨んで慄る無し　撥乱反正帝室を輔翼す
余勇禪を学び　機鋒超軼　雄談活論　維摩詰に似たり
伽藍を建立す　三宝の統師　刃に游んで綽然　雲烟筆を揮ふ
蔵経を謄写し　字々漆の如し　四恩に報答し　千鎰を擲弃す
張旭嘗て言ふ　剣を舞はす電疾　一呼一吸　鬼没神出と
書剣禪法　妙處撥一なり　嗚乎居士　何等の才質ぞ
文武兼通じ　精衷日を貫く

明治廿季立秋日　前浄土門主　順徹定

山岡鐵舟居士賛

熾仁親王篆額
鵜飼徹定撰
勝海舟書
平沼専蔵建之

全生庵（ぜんしょうあん）
住所：東京都台東区谷中 5-4-7
TEL03-3821-4715
・JR／京成電鉄　日暮里駅　徒歩10分
・地下鉄　千代田線　千駄木駅（団子坂出口）徒歩 5 分
URL : https://zenshoan.com
Mail： zenshoan@cup.ocn.ne.jp

目次

元本のまえがき

本年は山岡鐵舟居士が、明治十六年全生庵を開創してより八十年、同二十一年七月十九日薨去されてより七十五年に相当致します。

爾来当庵にては住職、代を累ねる事六世、又当時、親しく居士に咫尺《しせき》した側近、門弟の人々も既に故人となり、従って現在では記録に依らねば居士の芳躅《ほうたく》に接する事も出来なくなりました。

さきに当庵三世円山牧田和尚は、大正七年三月全生庵並びに鐵舟居士正伝の資料として『全生庵記録抜萃』を編纂し、同年六月、其の中、特に居士の言行一斑を単行本にして『鐵舟居士の真面目』と題して公刊しました。

然るに時代と共に此の『全生庵記録抜萃』も『鐵舟居士の真面目』も書肆より其の影を没し、居士の言行も次第に伝説化して参りました。

前住職山本玄実和尚、深く是を憂い、鐵舟居士の崇敬者を糾合して、鐵舟会なるものを作り、居士遺徳の顕彰と、鐵舟正伝の刊行を計画されました。わけても般若窟玄峰老師は、戦後の全生庵復興と、山岡精神の高揚に尽力下さいました。

ところが昭和三十四年四月計らずも、玄実和尚急逝され、昨年六月玄峰老師も九十六才を以て遷化されました。

先記の如く、本年は、当庵開創八十年、居士薨後七十五年、玄峰老師一周忌に正当致しますので、報恩の微表として『鐵舟居士の真面目』の複版を有志に諮《はか》りました所、直ちに

安倍正人　石田和外　田中清玄　四元義隆　深沢貞雄　円山田作　千葉真一
古屋徳兵衛　高松宗信　熊谷一義　加藤幸助　嵯峨山茂雄　中西貞一　村上康正
小倉遊亀

の諸氏並びに中川宋淵老師の御賛同を得ました。此の外、鐵舟会々員として永年御援助下さいました御方々に、一々相談申上げるべきでありますが、日時の都合で出来兼ねました事を御詫び致します。

今日としては、此の『鐵舟居士の真面目』も文章並に内容に於て、少しく修正の必

要ある事とは思いますが、是は牧田和尚が二十余年、心血を注いで正鵠を期し、後世の資料として収録したものであります為、此の度は装釘を始めとし一切を原型の侭《まま》に復刻する事にしました。

本書小引の中に、明治天皇へ御苦諫申上げられし事実の如き、ソレこそ居士の真面目の躍如たるを窺はれますが、居士の本旨に鑑みて、之を記すことを遠慮しました。とありますが、幸い最近牧田和尚自筆の、其の事実の秘録を発見し、原今に於ては最早遠慮申上げる事も無いと思いますので「拾遺」として、原文のまゝ巻末に附記しました。

ささやかな再版ではありますが、此の旧書を以て上は先徳の定中に酬恩の一片と為し、下は後昆の前途に道標の一柱と為し得れば、賛同の諸氏と共に法幸とする所であります。

御賛同戴きました諸氏、並に刊行を担当下さった坂根謙吉氏に対し、甚深の感謝を捧ぐる次第であります。

昭和三十七年七月十九日

全生庵六世
平井玄恭識

小引

一、本書の大体は、編者が二十余年間鐵舟居士の後室、兄弟、親族、及門人、知己、等の諸氏より、折に触れて聞得た談話と、曾て山岡家より全生庵へ寄附せられし、居士の反古入長持一棹、同葛籠一箇の中より撰出せし文書とを照合参酌して編輯したのであります。但し全生庵が火災に遭いしため、其材料の大半を減殺され居ることを断って置きます。

一、巻首の写真版は、皆全生庵の什宝であります。

一、自叙伝は、親書未定稿本を収録しました。

一、言行一班は、元来編者自分の修養に資すべく、其骨子のみを取って筆記したのですから、或は簡に失するの弊があるかも知れませぬ。就中《なかんずく》明治天皇へ御苦諫申上げられし事実の如き、ソレこそ居士の真面目の躍如たるを窺われますが、居士の本旨に鑑みて、之を記することを遠慮しました。又既に世に刊行の諸伝記に載っていることは、大抵省略しました。是れ其一班と称する所以であります。

一、遺稿中文章は、二三成文を除き、概して未定稿本であります。而して居士の詩歌俳句に至っては、皆即興の作にて随時随所に揮毫せられしもの、其数極めて多きも、今収録する所は僅かに千百の一に過ぎませぬ。

一、慶應戊辰西郷隆盛氏と談判筆記は、居士が当時の事実を率直に筆記せられしものなれば、原文片仮名のまゝ収録しました。

一、岩倉公正宗鍛刀記並居士遺物護皇　洋刀記は、原と漢文なるも、読者の便を謀って和訳しました。

一、肖像賛の徹定上人撰文は、全生庵境内所在の碑面を収録しました。

一、追悼集は、千葉立造氏より全生庵へ寄附せられしものを収録しました。

一、十牛図は、居士が某氏の為に揮毫せられしものゝ稿本であります。

一、要するに本書は形式に於て未成品なるも、其実質は皆精確であります。されば「大抵還他肌骨好　不施紅粉自風流」（大ていは地に任せて肌骨好し　紅粉を塗らず自ら風流　武田信玄の辞世）の意義に因って、鐵舟居士の真面目と題しました。

大正七年五月

編者識す

改訂新版刊行にあたって

全生庵住職　平井正修《ひらいしょうしゅう》

全生庵は明治十六年（一八八三）に山岡鐵舟居士が、幕末明治維新の際に国事に殉じた人々の霊を弔うために、富山県高岡の国泰寺より越叟和尚を迎えて建立された寺です。そして、居士自身もこの寺に葬られています。

居士は、江戸無血開城の立役者として、勝海舟、高橋泥舟とともに幕末三舟の一人に数えられ、また剣・禅・書の達人として世に知られています。しかし、その実像、実際の働きについては残念ながら本人が書き残したものがほとんどないため不明な事も多く、したがって諸説入り交じる点も少なくありません。

居士は明治二十一年（一八八八）七月十九日五十三歳にてその生涯をとじましたが、没後種々の遺品、資料が山岡家より当庵に寄贈されました。その資料と実際に居士とふれた方々の話をもとに、当庵三世牧田和尚は大正七年（一九一八）、鐵舟居士正伝の資料として「鐵舟居士の真面目」を公刊されました。さらに六世玄恭和尚が昭和三十七年（一九六二）これを再版し、以来版を重ねること八版。鐵舟居士の言行についていたずらに神格化することなく、その実像を多くの人々に伝える一助となってまいりました。

しかしながら時代を経て、文体、ふりがな、印刷等現代の私たちにはいささか読みにくいものになり、もう少し読みやすいものを、という要望も多くよせられるようになりましたので、平成十九年（二〇〇七）、鐵舟居士百二十年忌の記念事業として「鐵舟居士の真面目」から居士の言行一班と一部資料を現代語訳し、「最後のサムライ　山岡鐵舟」を出版いたしました。お蔭様でこちらの方も版を七版まで重ね、現代の人々にも鐵舟精神に触れていただく一助となっております。

一方で、昨今「鐵舟居士の真面目」の原本の再版をのぞむ声も寄せられ、また「最後のサムライ　山岡鐵舟」をご覧になった方からも、是非原本も読んでみたいとの声をいただくようになりました。

しかし、全生庵が版元となって再版することは費用等の面で負担も大きく躊躇しておりましたところ、この度、佼成出版社様より「鐵舟居士の真面目」改訂新版刊行のお話をいただき、また「最後のサムライ　山岡鐵舟」には掲載出来なかった資料、漢詩等もすべて掲載し、完全な現代語訳版の刊行となりましたことは、大きな喜びです。

居士一生を貫くものは、あの西郷隆盛をして「命もいらぬ、名もいらぬ、官位も、金もいらぬ、始末に困る人」と言わしめた「至誠」の精神です。

私たちはともすると、自分勝手な判断で事の大小をはかり、相手の貴賤を見てしてその対応を変えたりしますが、そうではなく、何に対しても、誰に対しても自身の精一杯の誠を尽くすこと。これが「至誠」です。この一点をして今、私たちが鐵舟居士に学ぶべきものがあると思うのです。

この一冊が、鐵舟居士をより深く知る一助となり、皆様の日常の指針となりますことを願っております。

最後にこの出版にあたりご尽力いただきました全生庵副住職・本林義範和尚と佼成出版社編集部の黒神直也氏に甚深なる御礼を申し上げます。

令和六年五月二十二日

【凡　例】

本書は、大正七年発行の初版に「捨遺」を増補する形で昭和三十七年に再版した、圓山牧田の編集になる『鐵舟居士乃真面目』を底本に原文を尊重して改訂新版として刊行するものです。

・漢字の表記に当たり、原則的に旧字体は新体字に改め、異体字はなるべく常用漢字や正字体に改めた。

・読みやすさを考慮して底本にはなかった改行や、読点「、」を施した箇所がある。また行頭は一字下げにした。

・漢文、漢詩は基本的に底本を元に収めたが、新字体に改めた箇所がある。また、おおむね白文とし適宜現代語訳または読み下し文を付した（但し「南隠老師の掩土香語」（P126）、「鐵舟居士追悼集」（P211～219）は漢詩のみ）。

鐵舟居士自叙伝《てっしゅうこじじじょでん》

山岡鐵太郎《やまおかてつたろう》。姓は藤原、名は高歩《たかゆき》、字《あざな》は曠野《こうや》。鐵舟と号す。父は旧幕府飛騨郡代小野朝右衛門《ちょうえもん》。母は常陸国鹿島神宮社人塚原石見《いわみ》二女磯《いそ》。天保七年六月十日江戸に生れ、山岡家を継ぐ。旧幕府大監察《おおめつけ》を勤め、朝廷に徴《め》されて侍従に任じ累遷《るいせん》して宮内少輔と為る。

九歳にして撃剣《げきけん》の道に志し、久須美閑適斎《くすみかんてきさい》に真影流を学び、後井上清虎の門に入り、北辰《ほくしん》一刀流を学ぶ。猶《なお》一刀流正伝を極めんと欲し、浅利義明に随学数十年、明治十三年三月三十日、元祖一刀斎の所謂《いわゆる》無想剣の極所を得たり。自是無《これよりむ》刀《とう》の一流を開く。

幼年書を飛騨国高山人岩佐《たかやまのひといわさ》一亭《いってい》に従学し、弘法大師入木道《じゅぼくどう》五十三世の伝統を続《つ》ぎたり。

十三歳の頃より禅学を好みたり。此志《このこころざし》を起す所以《ゆえん》は、武家に生れ、非常の時敵に向ひ、死を視る帰するが如きの不動心たらんには、丹を練るに在《あ》り。丹を練るは何を以て最第一とするかと、父高福君《たかよしくん》に問ふ。父君曰《いわ》く祖先高寛君《たかひろくん》は、伊藤一刀斎直弟《じきてい》小野次郎右衛門 並《ならびに》小太刀《こだち》半七と云へる両士の門に入り、剣法に達せられ、又禅道の蘊《うん》奥《のう》を極められたる人なり。東照公に仕へ数度の戦功あり。是《これ》則ち不動心の做《な》す所なり。常に戦場に赴《おもむ》くに、「吹毛曾不動《すいもうかつてどうぜず》」と云ふことを記したる背旗を帯して働かれたり。此《この》「吹毛曾不動」と云へることは禅語なり。我も此句を深く信じ、禅道を心掛たりと語られたり。爾来《じらい》丹を練るは斯道《しどう》に如《し》かじと思ひ、武州柴村長徳寺願翁《がんおう》、豆州澤地村龍澤寺星定《せいじょう》、京都相国寺独園《どくおん》、同嵯峨天龍寺滴水《てきすい》、相州鎌倉円覚寺洪川《こうせん》の五和尚に参じ、終に天龍寺滴水の印可《いんか》を得たり。

鐵舟居士言行一班《てっしゅうこじげんこういっぱん》

居士十一歳の時、父君小野高福《たかよし》氏は、飛驒国の代官を勤めて高山町に在住し、同所宗猷寺《そうゆうじ》の和尚と昵近《じっこん》に往来された。所が或日の事、居士独り同寺へ遊びにゆき、鐘楼の前に立つて物珍らしげに大鐘を眄《なが》めてゐられたから、和尚其後《そのうしろ》より、鐵《てっ》さん鐵さんその鐘が欲しけりや進《あ》げませう、持つて行きなさいと云つた。すると居士振返り難有《ありがとう》といつて一礼し、そのまゝ馳帰《はせかえ》つて父君へ宗猷寺の大鐘を貰ひましたと告げられる。

父君微笑しつゝデハ取つて来なさいと云はれた。居士雀躍《こおどり》して喜び、早速出入《でいり》の若者等を召連れて寺へ引返し、大鐘を降《おろ》しかけられたので和尚喫驚《びっくり》して出来《いできた》り。前言の冗談なることを百方陳謝《ひゃっぽうわび》した。が居士は頑として承知されぬ。和尚大《おおい》に困却し、遂に父君を迎へきて説諭を請ひ、事漸《ことようや》く落着に及んだと。

居士十三歳の時、或日他の兄弟衆は皆隣家へ鰻の馳走に招かれてゆかれたが、居士独り居残つて読書に余念なかつた。時に幕府の内命に依り諸国武藝視察のため、小野高福氏邸に滞在して居た長田《おさだ》文彌《ぶんや》氏が、居士に貴童《ぼっちゃん》はナゼ御出《おいで》にならぬかと訊くと、居士あんな蚯蚓《みみず》に鰭《ひれ》の生へた様なケチなものは否《いや》です、鯨かなにかなら馳走になりますと云はれた。長田氏其《その》語気の非凡なるに感伏し、深く将来に望《のぞみ》を属した。而《そ》して後年長田氏は居士の剣道修行の為め、一方《ひとかた》ならぬ斡旋をしたと。

居士幼小の頃記憶力乏く、四書五経の素読を習はれる時には、自分で別に一本づゝ手写し、日々之に名假《かな》を附けて記憶されたと。

居士八歳の頃より観音を信仰され、朝暮茶菓を供へて礼拝怠り無かつた。而して其《その》十五歳の時、異母兄小野古風氏に従ひ、伊勢　太神宮へ父君の代参として旅行し、日々十里づゝ歩まれたが、折悪《おりあ》敷《しく》雨降りつゞき伊勢の白子へ着された日は殊に困難であつた。が旅館へ投ずると直《すぐ》に僕（下働きの男）に命じて菓子を買求め、両掛《りょうがけ》より袴を取出して例の如く礼拝し、いつまでも平伏してゐられるので、古風氏怪《あやし》んでこれを喚《よ》べば、疲労の極そのまゝ眠居《ねむりお》られたのであつた。後年古風氏居士に此事を語出《かたりい》でゝ倶《とも》に大笑されたと。

居士十七歳で母刀自《ははとじ》に訣《わか》れ、十八歳で父君にわかれられたが、父君終焉《いまわ》の時居士を枕辺《まくらべ》に召《め》し、黄金三千五百両を出して五人の子供を委托された。ソハ（それは）酒井極《きわむ》、芝忠福《しばただよし》、小野駒之助、小野飛馬吉、落合務《つとむ》と云ふ。此五人は皆居士の同母弟である。そこで居士五弟を引連れて飛騨より江戸へ帰り、小野古風氏の家に寄寓された。時に末弟務氏甫《はじ》めて二歳であつたから、早速乳母を雇入《やといい》るべく古風氏に相談された。が古風氏は多人数の寄寓を厭ひ、兎角言葉を左右にして日一日と延引する。

居士無據《よんどころなく》毎日務氏を抱いて近隣の余乳を貰ひあるき、夜分は粥汁《おもゆ》に蜜を加へて枕辺に温めおき、添寝をしながら之を飲ませる抔《など》、親しく哺育《はぐくみ》の労を執《と》られしこと三ヶ月余であつた。其後五弟に父君の遺金を分附して、各々相当の麾下《はたもと》の家へ養子に遣はし、居士自分は金百両を持参して山岡家に入られた。而して遺金の残額は挙げて古風氏に贈られたと。

居士父母に訣《わか》れ異母兄の家に寄寓されて以後は、その衣服抔《など》常に破綻勝《やぶれがち》であつたので、同輩者皆綽名《あだな》して襤褸鐵《ぼろてつ》と呼んだ。而して居士之を甘受し、其自ら称するにも亦《また》ボロ鐵を以《もっ》てされたと。

居士十九歳の時、或夜小野古風氏本所の知人の宅より、小石川の自邸へ帰るべく不忍池の辺《ほとり》へ差掛ると、一青年が弁天前の石燈籠《いしどうろう》を頽《くず》し頻《しきり》に力試《ちからだめし》をして居る様子だから、暫《しば》し木陰に忍んで窺つてゐた。

すると頓《やが》て青年は其竿石《そのさおいし》を高く差上げて、池の中へ抛入《なげい》れんとする一刹那、古風氏大喝《だいかつ》一声コラ待ていと叫んで駆寄り、その襟首捉らへて能《よ》く〳〵見れば、何ぞ計らんソハ（それは）舎弟鐵太郎であつた。そこで早速居士に燈籠を型の如く積ませ、相携へて帰邸した。而して古風氏徹夜其《その》粗暴を責めたので、居士深くこれを悔い、将来を慎むべく左腕を刺して血誓されたと。

居士二十歳の時、山岡静山先生の門に入つて鎗術《そうじゅつ》を学ばれた。然るに未だ幾何《いくばく》もならずして静山先生は、其水練の師の難に赴き、隅田川で水死された。爾来《じらい》居士は景慕の念禁じ難く。毎夜課業を卒《お》へて後窃《のちひそか》に其《その》墓へ参詣された。所が寺僧これを妖怪だと思ひ、高橋泥舟氏（氏は静山先生の実弟。早く出でゝ高橋家を嗣ぐ）に告げたので、泥舟氏其正体を見届け呉《く》れんとて、一夜時刻を計り物陰に窺つて居た。すると俄《にわか》に一天掻《かき》曇り、電光閃《ひらめ》き雷鳴地を震はして夕立の模様となつた。時に何処《いずこ》よりか一人馳来り、静山先生の墓前に一礼するや、直《すぐ》にその羽織を脱いで先生の墓へ覆せ、且《か》つ其身《そのみ》を近く墓側に寄せ、先生御安心遊ばせ鐵太郎側にゐますと云ふ。

その語気真《しん》に活《い》ける先生に対する如くである。そこで泥舟氏初めて其居士なることを知り、覚えず感激落涙した。コハ（これは）静山先生々前《せいぜん》雷鳴が大嫌で毎度書斎に駆込み頭から蒲団を被つて打臥《うちふ》されたからである。其後静山先生没しられて山岡家の相続者が無いので、親族協議の上これを門人中に物色するに当り、泥舟氏の鑑識で、居士を選抜したのであると。

因《ちなみ》に静山先生は、鎗術に於ける希代の名人であつた。殊に天性至孝で、或時病に罹《かか》り絶食十余日に渉《わた》つた。母堂其《その》衰弱の體《てい》を見て深く歎かれると、先生その翌朝未明より道場へ出で、門人一同を指南し且《か》つ自ら修錬して、午後四時頃室に入り母堂に向つて、兒《わたくし》尚《な》ほこの元気がありますから、大丈夫に思召せと云はれた。其後又重き脚気《かつけ》症《しょう》にかゝり引籠つて居《お》られた。所がその水錬の師匠の技術を仲間の者が嫉視し隅田川で謀殺せんと企《くわだて》居る由《よし》を、母堂が他より漏聞き大《おお》に心配して先生にむかひ、如何《どう》にかして助けて進《あ》げたいものだねと云はれると、先生ムツクと褥上《じょくじょう》（蒲団の上）におきなほり、兒《わたくしゅ》行いて必ず御助け申さん御安心遊ばせといひ、期に至り病を推《お》して其場《そのば》に臨み、水泳中衝心《しょうしん》を起して遂に逝去された。享年二十七歳であつたと。

居士二十一歳の時、或夜同輩数人と共に某氏邸に招かれ、酒食の饗を受けし後、各自の高慢談《こうまんばなし》に夜の更けるを知らなかつた。就中《なかんずく》主人某氏は大《おお》に健脚を誇り、拙者明日下駄穿きで成田山へ往復（約三十五、六里の道）する積りだが、誰か同行されまじきやと云つて傲然《ごうぜん》一座を見廻した。が一人も之に応ずる者がない。そこで居士某氏に向ひ、拙者不敏未《いま》だ遠足の経験が御座らぬから、幸に明日は足試しに御供仕《おともつかまつ》らんといはれた。某氏これを聞き軽侮の笑みを含み、ヤア褸襤《ぼろ》鐵公《てっこう》が同行されるとな、ソハ一段面白し。さらば明朝四時を期して来邸されよ、必ず御待受申さんと云ふ。

時既に午前一時を過ぎてゐる。居士家に帰り僅《わず》かに机に凭《もた》れて熟睡一覚されると、風雨颯々《さっさつ》と窓を打つて居る。が居士はそんな事に貪着なく、早速高下駄をはいて出立し、某氏邸に到られると、某氏手拭で頭を縛り渋面しつゝ、昨夜大《おおい》に酒に中《あ》てられて頭痛劇しく、奈何《いかん》とも致し難しといふ。居士デハ今日は兎《と》に角《かく》拙者一人で罷越《まかりこ》さんとて、悠々闊歩して出《いで》られた。

而して其夜十一時頃再度某氏邸へ立寄り、只今帰着《きちゃく》仕《つかまつ》つたと云はれた。某氏驚出《おどろきい》でゝ見ると、居士の下駄の四歯皆銷損《そうそん》し尽き、全身飛泥を浴びて居られたので、某氏頳然《ていぜん》面《おもて》を俯して一言も無かつた。これより居士は同輩間に深く畏敬されたと。

居士十八歳の時より、幕府公立の講武所に入つて武術を学ばれた。而して二十一歳の時、其技倆抜群に依つて世話役に挙げられ、或日諸士の惰眠を驚破せんとし、木剣を揮《ふる》つて厚さ寸余の欅《けやき》の羽目板を突貫《つきぬか》れた。当時相伝えて麾下中《はたもとじゅう》の奇談となつた。又屢《しばし》ば諸士啓迪《けいてき》の方策意見を、その師範役千葉周作氏へ建言された。今其《その》一意見書の草稿を左に記す。

秋来諸組槍剣の稽古日課相定め。御番士及小普請等の士に其技を研究して懈怠なか

らしむ。其諸士を教誨するの意懃々切々誠に感謝に堪へざる也。而して御番士及小普請等の士皆上諭の辱きを知らず。遊蕩放逸名利に趨り。粉骨砕身其術を勉強する者は。一組の中両三人に過ぎず。萬一非常の変あらば何を以之を禦がん。実に歎ずべき也。雖然之を励ますに法あり。其法如何。曰く今茲に勇士と怯士と有り。試に之を深谷の上に誘ひ告て曰。此谷を跳踰えん者には。百金を賞与せんと。勇士百金を得んと欲し奮て之を踰ゆ。而して怯士は躊躇進まず。于時忽ち猛虎の背後に在るを見ば。恐怖度を失ひ。賞に係らずして跳踰えん。其之を踰ゆるに及では。豈勇怯の別あらん哉。夫れ勇士は古の士也。怯士は今の士也。百金は賞也。猛虎は罰也。故に勇士は賞を以之を率ゐ。怯士は罰を以之を率ゐば。齊く共に深谷を踰えしむるに足る。其れ如是則ち遊惰の士は変じて勉強の士と為り。怯弱の士は化して勇敢の士と為り。国勢を一新し武備を鞏固にする。日を数へて待つ可し矣。若し因循苟且徒に歳月を送り。而して決断せざれば必ず臍を噛むの時あらん。願くば熟察せよ焉。

═ 秋以来、諸組の槍剣の稽古、日課を定め、御番士と小普請等の士に、その技を研究して怠らないようにさせました。その諸士を教誨するという意は、懃々切々として誠に感謝に堪えません。しかしながら御番士、小普請などの士はみな、指導（上諭）の恐れ多いことを知らず。気ままにふるまい羽目を外して名利にはしり、粉骨砕身して、その術を勉強する者は、一組の中、二三人にすぎません。もし万が一、非常のことがあったらどうやってそれを防ぎましょうか。これは実に嘆かわしいことです。

しかしこれを改善する方法があります。それはどのようなものかというと、今ここに勇敢な士と臆病な士とがいるとしましょう。試しに彼らを深谷の上に誘い、次のように言います。この谷を飛び越えた者には百金を与えると。勇敢な士は百金を得ようとして奮《ふるっ》てこれを越えます。しかし臆病な士は躊躇して進みません。でもその時、急に猛虎が背後にいるのを見たならば、恐怖のあまり百金の賞に関係なく飛び越えるでしょう。飛び越えるということにおいては、勇敢か臆病かは違いがありません。

ここで勇敢な士とは古《いにしえ》の士です。臆病な士とは今の士です。百金は賞です。猛虎は罰《ばち》です。故に、勇敢な士は賞により統率し、臆病な士は罰により統率すれば、等しく共に深谷を越えさせることができるのです。これにより遊惰の士は勉強の士に変化し、臆病の士は勇敢の士に変化し、国勢を一新し武備が強固となるのは、日ならずして来るでしょう。もし昔のままで無駄に歳月を送り、決断をしなければ、必ず臍を噛む時があるでしょう。願わくは、よくお考えいただけますように。

居士生涯中に、最も刻苦された事は撃剣《げきけん》である。其《その》始め盛んに稽古された頃は殆ど狂気の如く、或《あるい》は厠《かわや》に或は褥中《じょくちゅう》（蒲団のなか）に不断試合の勢《いきおい》を擬し、又途中何処でも竹刀の音が聞えると、飛込んで試合を申入れ、又自邸の訪客には誰彼の嫌《きらい》なく、直《ただち》に稽古道具を持出しサア一本と挑まれた。

就中《なかんずく》滑稽な談《はなし》は、毎日出入《でいり》商人の若者等を捉へ、俺の身体中何処《どこ》でも勝手に打てよと云つて、素裸になつて立向ひ、而《そ》してモウ一本〳〵と際限なく畳掛《たたみか》けられるので、流石《さすが》の若者等も閉口して、遂に御用聞《ごようきき》に得来なくなつた。そこで舎弟酒井極《きわむ》氏が、彼等素人を相手にして何の益があります、殊に裸で立向ふ抔《など》は余り無法でありませぬか、少し御控《おひかえ》めされては如何ですかと諫《いさ》めた。すると居士馬鹿なことを云ふ、木剣試合の死法耳《しほうのみ》を守つてゐて何の用に立つか、俺は素人《しろうと》でも黒人《くろうと》でもなんでも御座れと、いつも戦場の真只中で真剣勝負をする積りで稽古をして居るのだといはれる。

極氏《きわむし》デモ御用聞がこなくなつては御姉様《おあねさま》が御困りですからと云ふ。居士之を聞き呵々大笑して、ヤア兵糧攻めかソイツは一本参つたな、デハ今日より試合をさせぬから御用聞に来いと、和子《おまえ》触廻つてきて呉れよと云はれたと。

居士又撃剣に次《つい》で禅に非常に骨折られた。其家《そのいえ》に在ると何処《いずこ》にあるとを問はず、夜分は必ず二時まで坐禅された。所が居士壮年時代の邸宅は障壁天井総て頽破《たいは》（くずれこわれること）に一任してあつた。そこへ居士は天性の殺生嫌いと来たから、多数の鼠族《そぞく》が昼夜室内に出入して、跋扈跳梁《ばっこちょうりょう》を極めてゐる。それが居士の修禅の時に限り、何処へか逃鼠屏息《とうざんへいそく》して片影《へんえい》だに見えぬので、夫人甚だ不思議に思ひ、此由《このよし》を居士に語られると、居士俺の禅は鼠の案山子《かかし》位が相場かナと云つて笑はれた。

然るに晩年には屋壁等の修繕行届き、自然彼等の世界は天井裏と定《さだま》つたやうであつたが、夜分深更になると何処からか出来《いできた》り。平気で室内を徘徊し、果ては修禅若《も》くは写経中の居士の膝肩等へ攀上《よじのぼ》るので、時折居士は叱々《しっしっ》といつて払除け居られたと。

居士二十四歳の時、天下の大勢を観望して、自分の進むべき方針を立てられた。ソハ（それは）外は挙国一致して　皇威《こうい》を宇内《うだい》に振張せねばならぬ。又内は幕府の運命は最早尽きてゐるから、要は其《その》有終の美を済《な》すに在る。有終の美を済すは速《すみやか》に朝命《ちょうめい》を奉じて攘夷《じょうい》の大斧鉞《だいふえつ》を揮《ふる》ひ、而《しかして》後《のち》潔く大政を奉還せしむるの外《ほか》ないと云ふのであつた。斯《か》く針路を定めて清川八郎氏と深く相結び、諸藩の浪士を糾合《きゅうごう》して尊皇攘夷党を起し専ら幕府を策励して朝旨を遵奉《じゅんぽう》せしむるに尽瘁《じんすい》（一所懸命に力を尽くすこと）された。

尚又幕士の朝廷に対する反抗心を鎮撫するに努力され、ために幕士は始終案外平穏であつた。最後彰義隊外二三の事にも非常に苦心されたが、ソハ恰《あたか》も大廈《たいか》の頽《くず》れる時の氛埃《ふんあい》の如く全く詮術《せんすべ》が無かつたと。今参考の為《た》め全生庵所蔵の尊攘党の建白書草稿幷《ならびに》朝旨写等《うつしとう》の二三を左に記す。

尊皇攘夷発起

山岡鐵太郎

清川八郎

石坂周造

村上政忠
安積五郎
北有馬太郎
松岡萬
池田徳太郎
伊牟田尚平
益満休之助
神田橋直助
樋渡八兵衛
笠井伊蔵
西川錬蔵

同
幹事
嵩春齊
寺和尚

住谷寅之助
下野隼次郎
櫻田良介
藤本鐵石
飯居間平
山田大路陸奥守
松澤良作
西泰助
木材久之亟
依田雄太郎
鈴木恒太郎
同豊次郎
間崎哲馬
坂本龍馬

幕府へ建白書草稿

己下皆清川八郎氏筆跡

乍恐上書仕候。此度於幕府尊攘之大盛事御決議被為在候為。天下諸浪士中尽忠報国之者。広く御召募御採用被遊候御趣意ニ付。私共儀乍不及。其事周旋可有之との思召ニ據り。上京仕候処。此地諸浪士共儀。議論沸騰。御趣意向未だ徹底無之。只々嫌疑之姿に相見え。於私共も当惑仕候。畢竟執政方長々御在京被為在候得共。尊攘之実事未だ御発達無之為。兎角因循之御取計と而已相心得申故と奉存候得者。尊攘之実事片時も早く御遵奉被為在度。左も無御座ば。此迄御苦心被遊候事無益と相成。自然分拆離隔之基と奉存候間。大樹公御着陣之上は猶更之事。速に御雄断信義を天下に御示し。列藩一致候様仕度。眼前之御急務左に條列仕候。宣布御裁断可被下候。一尊攘之大義御雄断之上は。輦轂之御固め最第一之儀に付。去秋己来親兵差上候様自　朝廷御下知之処。於幕府未だ御裁判無之を以。朝廷は不申及列藩頗る不平相見候間。速に御沙汰被遊度。尤一萬石高より一人づゝ忠義節烈之士撰上候はゞ。

至當之事と被申候得共。此迄国事周旋之藩ハ其人材相足可申も。邊鄙遠士之藩は其人材容易に備り申間敷。縦令又得撰拔募集候とも。各国風習相異候得者。可然御總裁之人無之ば。却而紛争相生可申侯得共。何分急務之事に付。列藩に御命じ被遊候とも。又は於幕府御人数被差上候とも。又は会津侯より　御人数差上候とも。右三箇條御伺立之上。於　朝廷御安堵被遊候様御手配被遊度。今日之大急務と奉存候。

一伊勢　皇廟之儀は。尤海邊に而夷狄之覬覦難相免。兼而尾州藤堂両家警固相成候得共。何分御手弱之様子相見候間。　神器不相汚様萬一之御備藤堂へ御申付被遊度。神器相汚候上は悔とも及申間敷侯。

一時務多端　宸襟頗る御憂労之折柄に付。御威徳萬国に輝候様。加茂八幡は月に一度御行幸被遊。親兵相備次第伊勢　皇廟に御参宮被遊候様仕度候。

一時務多端之折柄に付。洛中洛外之警備は不申及。總而尊　皇之御処置等一切会津侯に御委任。行幸之儀式。御所取擴げの御普請向等。何事も他より掣肘無之様仕度。若会津侯御一手に而御不足に思召候はゞ。山国之御譜代衆両三家も御附属可然と奉存候。

一　朝廷御賄料御増加之儀は勿論。總而公卿方に御融通十分相成。廉耻之風気相行れ候様。片時も早く御沙汰被遊度。且公卿中姉小路中納言殿、三條大納言殿、始。為国家周旋被致候方々には。急々御褒賞被遊度。何分人心收攬之事今日之急要に御座候。

一大阪城之儀は。独り外寇突入之急地而已ならず。萬一内乱相生候時は第一之要衝に而。実に安危之場合に御座候得者。於一橋公永く御鎮衛。山国之大名四五家御附属。大凡一萬人も御備置。攝海一圓御防禦之手當被遊。此迄罷在候因州長州土州等は何れも海邊付之大名家に付。各其国に引留沿海為相守可然奉存候。總而海邊之大名は相成丈其国限り相守。近隣応援之号令豫め御下知可然奉存侯。処々散在候而は人心不齊一に而。却て防禦に相成申間敷候。

一浪士御召募之儀は。東西之風気も有之に付各其最寄近に御集め。大阪鎮海に罷出者。又は東府に罷出者等。何れも不都合無之様号令御下し可然奉存候。

一将軍御帰城之上攘夷可被遊之処。英夷之條臨時出府。其前拒絶にも相成候はゞ。

何時戦争相始候も難計。征夷府は尤第一之儀に付。於私共右之條々建白候上は。速に東下仕夫々攘夷之儀に差向申度。尤幕府御備も可有御座候得共。旧来之御人数而巳にては。防禦等頗る不安堵之至に付。猶壮健強勇之者広く相募り。折衝之場に相向申度候間。是又御雄断被下度候。尚於関東臨時之策略士気鼓動之術は。東下之上其筋へ急速可申立。右在京中之急務而巳建言仕度。御採択之程奉願候。

幕府へ建白書草稿（已下は皆清河八郎氏の筆跡）

恐れながら申し上げます。この度、幕府において尊攘の大盛事を決議され、天下の諸浪士中、尽忠報国の者を広く募集し採用していただけるとの御趣意により、私どもも及ばずながら、その事の周旋をするようにとの思召にしたがい上京いたしましたところ、この地の諸浪士は、議論沸騰し、御趣意は、いまだ徹底しておりません。

ただただ疑いを持っているように見えて、私共も当惑しております。この原因は畢竟、執政方が長々と京都に滞在されていても、尊攘の実事（号令）を出していないためと考えられます。つまりその場しのぎの対応のためと思われます。尊攘の実事は、片時も早く御尊奉くださいますように。そうでなければ、これまで、御苦心されてきたことが無益となり、自然に〔人々の考えが〕分かれていくもとになると思われます。将軍様が御着陣の上はなおさらの事、すみやかに〔攘夷を〕御雄断して信義を天下にお示しし、列藩一致してくださいますように。

眼前の御急務は左に書き出しておきました。どうか宣布の御裁断をくだされますよう。

一、尊攘の大義を御雄断された上は、輦轂《れんこく》（御所）の防備が最重要課題ですので、去秋以来、親兵の派遣につき、朝廷から御下知されたことを幕府がまだ御裁判されません。朝廷は言うまでもなく列藩は頗る不平をもっておりますので、すみやかに決断されたく、とりわけ一万石高から一人ずつ、忠義節烈の士を選んでいけばよろしいかと思います。これまで国事を周旋してきた藩は人材が足りますが、遠方の藩は人を集めるのが容易ではなく、たとえ集めたとしても、各国の風習が異なるので、まとめ役がいなければ、却って紛争が生じてしまいます。しかし何分にも急務の事ですから、列藩に御命じくださいますように。

または幕府から御人数を差し出すとも、または会津侯から御人数を差し出すとも、右の三箇條、御伺い立ての上、朝廷が御安堵されますよう、御手配お願いいたします。今日の大急務と存じ上げます。

一、伊勢皇廟のことは、とりわけ海辺であり、夷狄の覬覦《きゆ》（わるだくみ）を免れることが難しいと思われます。兼ねて尾州藤堂両家が警固をすることになりましたが、何分にもおぼつかない様子が見えますので、神器が汚されぬ様、萬一の御備を藤堂へ申し付けられたく、神器が汚されては、悔んでも悔やみきれなくなります。

一、時務多忙により、陛下の心がお疲れになっておりますので、ご威徳が万国に輝くよう、加茂八幡には月に一度御行幸され、親兵が備わり次第、伊勢の皇廟に御参宮されますよう。

一、時務多忙の折柄に付。洛中洛外の警備は当然のこと、總じて尊皇の御処置等は一切、会津侯に委任します。行幸の儀式、御所拡張の工事等、何事も他から邪魔が入らないようにしたいと思います。もし会津侯だけでは不足と思われるならば、山国の御譜代衆、両三家にも委嘱されてもよろしいと思います。

一、朝廷御賄料の御増加のことはもちろん、總じて公卿方に御融通を十分になされ、廉耻《れんち》（いさぎょい）の風気が行れる様、一時も早く御指示されたく、また公卿の中でも、姉小路中納言殿、三條大納言殿を始めとして、国家の為に周旋してくださった方々には、急ぎ御褒賞をしてくださいますように。何分にも人心をとりまとめる事が今日の急要です。

一、大阪城は、ただ外国勢力突入の急地というだけでなく、万一、内乱の気が生じた時の第一の要衝であり、いまは実に安危の状況ですので、一橋公には永く御鎮衛くださり、山国の大名四五家が御附属し、だいたい一萬人も備え置き、攝海一円の防御を担当されますように。

これまで参加していた因州、長州、土州等は、いずれも海辺付の大名家なので、それぞれその国に引き留め、沿海を守る仕事をさせてください。総じて海辺の大名はなるべく、その国だけで守備を行い、近隣応援の号令は、あらかじめおしらせいただきますように。いろいろなところに散在していると、人心が統一されず、かえって防禦にならないと考えられます。

一、浪士の募集については、東西の風気もあるので、それぞれ最寄りに集められ、大阪鎮海に出る者、または東府に出る者等、何れも不都合がないように号令して下さいますように。

一、将軍が御帰城されて攘夷を宣言しようとした時、イギリスが臨時に出府して、その前に拒絶した場合、いつ戦争が始まるかも予測がつきません。征夷府は最重要拠点ですから、私共も右の事柄について建白いたした上は、すみやかに江戸に行き、それぞれ攘夷を行いたいと思います。幕府自身も御備えがあるとは思いますが、旧来の人数だけでは防衛が心もとないので、さらに壮健強勇の者を広く集め、折衝の場に向かわせたいと思います。このこともご決断くださいますようお願いいたします。

なお、関東臨時の策略、士気鼓動の術《すべ》は、東下の上、その筋に急速に申し立てるように。右、在京中の急務のみ、建言いたしたく、御採択の程、お願い申し上げます。

学習院へ上書草稿

謹而奉上言候。今般私共上京仕候儀は。於　大樹公御上洛之上。　皇命を奉戴し夷賊攘拂之大義御雄断被遊候御事に付。此迄国事に周旋之面々は不申及。尽忠報国之志有之者広く天下に御募り。其才力を御任用尊攘之道御主張被遊度。先以私共を御召に相成其周旋可有之との儀に付。累年国事に身命を抛候者共之旨意も。全く征夷府之御職掌御主張相成様との赤心に候得者。右言路開通人材御任用被遊候上は。私共赤心報国之筋相立候に付。則其御召に応じ罷出候事に御座候。然る上は於　大樹公も。断然攘夷之大命奉戴奉輔佐　朝廷は勿論之事。萬一因循姑息。皇武離隔之姿にも相成候はゞ。私共儀幾重にも挽回之周旋可仕。猶其上幕府に於て御取用無之ば。不及是非銘々靖献之処置可仕候間。其節は寒微之私共誠ニ以奉恐入候得共。固より誠忠報国抛身命勤　皇之覚悟仕候儀に付。何卒於　朝廷。何方也共赤心相遂候方ニ御差向被成下候様奉願上候。尤幕府之御召ニハ相應候得共。一点禄給は受不申。只々尊攘之道に赴候次第ニ御座候得者。萬一　皇命を妨げ私意を企候輩於有之ハ。幕府吏は不申及其外たりとも聊無用捨相除可申一同之決心ニ御座候間。此段御聞置被成下度。不顧威嚴敢而奉上言候。

学習院へ上書草稿

謹んで申し上げます。

今般、私どもが上京いたしましたのは、大樹公《たいじゅこう》（将軍様）が御上洛の上、朝廷の命令を奉戴し夷賊攘拂（外国勢力を追い払うこと）の大義を御雄断された事にもとづきます。これまで国事に周旋した面々は申すまでもなく、尽忠報国の志ある者を広く天下に募られ、その才力を御任用して、尊攘の道を主張せられるため、まずもって私共をお召になり、周旋すべしと御依頼されたことと存じます。ついては、長年、国事に身命をなげうったものどもの旨意も、全く征夷府の御職掌、御主張になるようにとの赤心と同じと考えるので、私達の意見が通り、人材登用がなされた上は、私共の赤心報国の考えにかなっておりますので、その御召に応じて参じる次第です。

然る上は大樹公においても、断然、攘夷の大命を奉戴し、朝廷を輔佐し奉るのはもちろんのことですが、萬が一にももたもたして天皇と武家とが離隔する姿にでもなってしまったら、私どもが幾重にも挽回の周旋をいたします。

しかし、もし幕府がその周旋を用いることがなければ、是非に及ばず、めいめい靖献（まごころをささげる）の処置を行います。

その節は寒微（貧しくて身分が低いこと）の私どもで誠に恐れ入りますが、もとより誠忠報国、身命をなげうつ勤皇の覚悟でおりますので、何卒、朝廷においては、どういうことでも、私どもの赤心が遂げられる方に、御差し向けいただけますよう、お願い申し上げます。

もっとも幕府の御召には応じますが、一点の禄給もいただきません。ただただ尊攘の道に赴く次第でありますので、万が一、朝廷の命令を妨げ、私意を企てる者がいたならば、幕府の吏はいうまでもなく、その外の者であっても、いささかも容赦なく排除すること、一同の決心であります。この段、お聞き置きくださいますよう。威厳を顧みず、申し上げる次第でございます。

二月十七日堂上方へ御達之写

攘夷之期限。大樹公上洛之上言上之趣。昨冬　勅使へ御答有之候処。方今段々不容易時勢指迫り候ニ付。過日以　御使内々一橋中納言へ御尋に相成候処。別紙之通り申上候間。一同為心得為見候事。

二月十七日、堂上方へ御達の写し

攘夷の期限については将軍様が上洛の上、申し上げる旨、昨冬、勅使への御答がありました。今、段々と容易でない時勢が差し迫ってきておりますので、過日、御使が内々に一橋中納言に御たずねになったことに対して、先方より別紙の通り申し上げてきました。このことを皆様も心得ておいてくださいますように。

別紙

大樹公上洛滞在日数十箇日之御治定相成候間。二月二十一日出帆より海上往返風波之障等無御座候はゞ四月中旬之内攘夷期限と相成申候。尤帰着日より二十日御猶予被成下度儀。先夜も申上候通り之儀ニ而。右之通り日積りに相成候事。

別紙

将軍様が上洛し滞在する日数が十日間と決定いたしました。二月二十一日に出帆して海上を往復いたします。風波の影響がなければ四月中旬の内に攘夷の期限になります。尤も帰着日より二十日は猶予をいただきたく存じます。これは昨晩も申し上げた通りでございます。

右の通りの日積りになっております。

二月十八日列藩総参内に而　御直に　叡慮被為在候儀
関白殿下より御渡御書附写

攘夷拒絶之期限於一定。闔国之人民戮力可励忠誠者勿論之儀に候。先年来有志之輩以誠忠報国之純忠致周旋候儀。叡感不斜候。依之猶又被洞開言路雖草莽微賤之言達叡聞。忠告至当之論不淪没壅塞様との深重之　思召ニ候間。各不韜忠言学習院へ参上御用掛之人に迄可揚言被　仰出候間。亂雑之儀無之様相心得可申出候事。
但し連日従己刻限申刻。十九日二十六日は自午刻。限申刻。

二月十八日、列藩総参内の場において、直々になされた叡慮について、関白殿下より渡された御書の写し

攘夷拒絶の期限が一度、定まったならば、全国の人民が力をあわせて忠誠に励むべきはもちろんのことです。先年来、有志の輩が誠忠報国の純忠を以て、〔浪士たちの〕周旋を行った

ことについて、〔陛下の〕叡感は一方ならぬものがありました。
これにより、また意見を受け付けることにし、草莽微賤《そうもうびせん》（民間の地位の低い人々）の意見であっても、陛下のお耳に達するようにし、忠告至当の論が埋没してしまわないようにとの思し召しがございました。おのおの隠さずに忠言があれば学習院に参上し、御用掛の人まで意見を届けてください。ただし乱雑のことはないよう心得て申し出てください。受け付けは連日、己の刻より申の刻に限り。十九日、二十六日は午刻より申刻に限ります。

同日被仰出候御　敕諚

近年醜夷逞猖獗覬覦　皇国実不容易形勢ニ付。萬一於有缺国體汚　神器之事者。被為対列祖之神霊是全　當今寡徳之故と被為痛　宸衷候ニ付。蠻夷拒絶之　叡旨を奉じ固有之忠勇を奮起し速に建掃除之功。上安　宸襟下救萬民。令黠虜永絶覬覦之念。不汚神州不損国體様との　叡慮に被為在候事。

同日仰せ出された御勅諚

近年、醜夷（西洋勢力）が猛威を振るって皇国を覬覦《きゆ》（身分不相応なことを望む）し、実に容易ならざる形勢です。万が一にも国体を損ない神器を汚す事が有れば、〔天皇は〕皇室の列祖に対して、それは全く自分に徳が少ないためであると心を痛められますので、〔みなさんにおかれては〕野蛮な外国を拒絶する〔陛下の〕叡旨を奉じ、固有の忠勇を奮起し、速かに掃除の功を建て、上は天皇を安心させ、下は万民を救い、悪賢い異民族に永く身分不相応なことを思う心を絶たせ、神州を汚さず、国体を損わざる様にとの〔陛下の〕叡慮にあらせられます。

等持院足利氏木像梟首事件に付諸浪士へ諭達写（巳下居士の筆蹟）

当月二十二日夜尊　皇之名義を假り。私意を以横行に及。足利三将軍木像之首を抜取梟首致。種々之雑言を書顕し候聞有之者召捕候。畢竟　朝廷官位之重を不憚。奉軽蔑　天朝之至看免難相成。猶吟味之上罪科可処事に候。乍去精忠正義実々尊攘を志候者は。於朝廷固より被遊御満足。幕府ニ而も御採用相成候事ニ候得者。聊無疑心愈忠義を可励候。若不心得之者過激之所業に及び。帝都を為騒候者有之候はゞ。急度取鎮方可被取計候。

二月二十七日

右之通御達に付相廻申候。順達留より御返却可被成候。

二月二十八日

取締役

壹番

貳番

参番

四番

五番

六番

七番

小頭中

目付中

世話役中

等持院足利氏木像梟首事件に付諸浪士へ諭達写（巳下居士の筆跡）

当月二十二日夜、尊皇の名義を仮り、私意を以て横行に及び、足利三将軍の木像の首を抜き取って「さらし首」にし、種々の雑言を書顕《かきあらわ》した者を召し取られたとのこと。つまり朝廷の官位の重さを考えず、軽蔑心を持っており、天朝においても免じ難くなりました。なお吟味の上、罪科に処すべき事になりました。しかしながら、精忠の正義、実々尊王攘夷を志す者は、朝廷において固より御満足あそばされ、幕府に御採用されたとしたならば、いささかも疑心無く、ますます忠義に励むものと思われます。ただ不心得の者が過激の所業に及び、帝都を騒がすならば、必ずや取り締まりをいたします。

二月二十七日

右の通り御達に付、相廻申します。順達留より御返却していただきますように。

二月二十八日　　取締役

一番　二番　三番　四番　五番　六番　七番　小頭中　目付中　世話役中

木像梟首事件に付諸浪士より其筋への願書写

先般等持院足利氏木像梟首仕候者共。御召捕之上入牢被仰付候処。右者忠憤激烈之至情より相発候義に而。悪少無頼之所為とは相違仕候義。右様厳重御取計に相成候より。諸藩人心甚沸騰種々巷説も相聞え。御上洛之前異変出来之模様に付。於私共深心痛仕候。右に付而者急速御決議被為在。彼者等心事能々御諒察之上。御入洛前に出格之恩旨を以出獄被仰付。長州土州両家之内へ御渡に相成。其邸内に愛養致置他日尊攘之用に供し候様。御沙汰被成下度奉願候以上。

木像梟首事件に付、諸浪士よりその筋への願書写

先般の等持院の足利氏の木像を「さらし首」にした者どもを捕まえられ、牢に入れられたとのことにつきまして、右の者は忠憤激烈の至情より起したことであり、ただの悪人の所為とは違うと思われます。右の様に、厳重に御取計になったということから、諸藩の人心は甚だ沸騰し、種々な噂話も聞えてきます。［将軍の］御上洛の前に異変出来の模様に付、私共

は深く心を痛めております。右に付、急いでご決断くださいますよう。彼らの心事をよくよく御諒察の上、［将軍の］御入洛の前に特別の恩旨を以て牢から出していただき、長州、土州の両家の内へ御渡しされ、その邸内に愛養しておき、他日、尊王攘夷の用に供していただきますよう、お命じくださいますようお願い申し上げます。

文久三年四月十三日の夜、清川八郎氏が赤羽根橋で殺されし時、其兇報が逸早《いちはや》く居士の許《もと》へ達すると、居士直《すぐ》に義弟石坂周造氏（氏は居士夫人の妹婿）を召《よ》び、清川氏が肌身に着けてゐる同志の連判状と、清川氏の首級《くび》とを取つて来いと命じられた。

そこで石坂氏は宙を飛んで現場へ馳付《はせつ》けて見ると、幸《さいわい》に未だ検視の役人は出張せず、町役人等が見張番をして居る所であつたので、念の為町役人にコハ（これは）何人《なにびと》であるかと訊き、町役人が清川八郎なりと答ふるや。石坂氏は突然一刀引抜き、大音声でヤア年来探し居たる不倶戴天《ふぐたいてん》の敵《かたき》清川八郎奴《め》と喚《よ》ばゝりつゝ、清川氏の首級打落とせば、町役人等驚慌《おどろきあわ》てゝ駆寄らんとすると、石坂氏は血刀振翳《ふりかざ》しハツタと睨んで、吾仇討《わがあだうち》の邪魔なさば汝等も亦敵《またかたき》の一味。鏖《みなごろ》しにして呉れんと身構へたので、町役人等震《ふる》え上つて後へ引退る。其間《そのま》に素早く清川氏の内懐《うちふところ》より連判状取出し、脱兎の如く夜陰に没して馳帰つた。
而《そ》して連判状を居士に手渡しゝ、清川氏の首級は窃《ひそか》に地中へ埋めて了《しま》つた。が若し此《この》連判状が幕吏《ばくり》の手に入つたならば、何かの罪名の下に、居士を始め同志の者は皆捕縛され、又清川氏も梟首《さらしくび》を免れなかつたのであると。
居士壮年時代は極めて貧乏であつたが、就中《なかんずく》元治元年の大晦日には、僅か八両の仕払が出来ぬため、晩方より掛取《かけとり》一同が台所口へ詰寄せて代《かわ》る〳〵催促する。時に居士台所に大胡坐《おおあぐら》かいて、晩酌の御機嫌斜めならぬ折柄《おりから》であつたので、
さけのめば、なにか心の、春めきて、借金とりは、鶯《うぐいす》の声
と高声《こうせい》に口吟《こうぎん》して一向平気でゐられる。彼等は焦立つて愈《いよい》よ厳しく催促する。居士又、
払うべき、金はなけれど、はらいたき、こゝろばかりに、越ゆる此暮《このくれ》
と唸りつゝ、頓《やが》て脇刺《わきざし》の巾着の中より二朱と二百文を取出し、彼等に示してコハ予《よ》の軍用金なれば片時も手離しがたしと云はれた。彼等一同は此體《このてい》を見て大笑して去つたと。

居士尊皇攘夷党を率ゐて朝幕一致を主張されたので、幕府側の士は大《おおい》に居士を疑ひ屢《しばし》ば暗殺を謀つた。就中《なかんずく》麾下《はたもと》に忠直の聞えある松岡萬《まつおかよろず》氏が憤慨し、一日《いちじつ》泥酔を粧《よそお》つて居士の背部に戯《たわむ》れかゝり、柔術で其頸《そのくび》を砕《くだ》かんとする一刹那、居士その手を捉へ反つて松岡氏を捻伏《ねじふ》せ、懇々其《こんこんその》誤解を諭された。そこで松岡氏は初めて居士の心事を知り、直《すぐ》にその同志中へ加《くわわ》つた。居士其後松岡氏の家計困難を憐《あわれ》み、自分も亦《また》困難なるに拘らず、毎月金三拾円づゝ生涯贈与された。而《そ》して松岡氏は深く其義《そのぎ》気《き》に感じ、身を終るまで居士のために一死を許して居たと。

居士慶應戊辰《ぼしん》三月駿府大総督府へ赴かれる前夜、何所《いずこ》よりか大酔して帰邸し、茶漬があらば早く〱と玄関より叫んで入られたから、夫人早速膳部《ぜんぶ》を進められた。時に益満休之助《ますみつきゅうのすけ》氏が来てゐたので、居士直《すぐ》に別室に於《おい》て益満氏と何か内談し、それより膳部に向ひ如何にも旨まさうに一升余の茶漬を平《たいら》げ、頓《やが》て羽織袴を着換へ、一寸《ちょっと》行つてくるぞと云つて益満氏と相携《あいたずさ》へて出られた。而《そ》して翌日に至り夫人初めて其大事の使ひなることを知り、大《おおい》に心配して神仏に誓を立て、只管《ひたすら》その成功を祈られたと。

因《ちなみ》に益満休之助氏は薩藩の士で、早《つと》に脱走して江戸に来り、居士と共に尊皇攘夷党を起し、専ら朝幕一致のために奔走した。而《そ》して天性剛気絶倫で、慶応戊辰五月十五日官軍が東叡山攻撃の時、本郷切通坂上に於《おい》て流弾に中《あた》り、立ちながら絶命して居たと。

居士と小野古風氏とは、異母兄弟の間柄であるが、居士は妾腹であつたから子供の時より、古風氏に甚しく軽蔑されて居られた。然《しか》るに居士が一たび戊辰《ぼしん》の難局に当られて以後は、古風氏中心より敬服し、常に居士を先生〳〵と呼んだので、居士或時家人と共に、兄が弟を先生とよぶ奴があるものかと語つて大笑されたと。

居士慶喜公に従つて水戸に居られし時、一日《いちじつ》水戸士人中随一の酒豪某と会飲し、相《あい》互《たがい》に豪を競われた。所が某五升を傾け既に白旗を掲げて其場に倒れ、居士は七升をかたむけ尚《な》ほ余裕綽々《よゆうしゃくしゃく》で寓居へ帰られた。又或時は阿部川餅百八箇を平《たい》げ《ら》、又或時は茹玉子九十七箇を平げられたと。

居士生涯剣道に執心し、殊に維新の大変に遭遇されしに係らず、遂に一度も人を斬られたことは無かつた。啻《ただ》に自分が人を斬らぬばかりでなく、維新の際には其《その》部下の浪士共に厳しく無益の殺人を誡め、尚ほ血気に逸《はや》る危険な浪士には、陰に陽に監督を附してその行動を束縛された。それでも其輩《そのはい》の狂刃《きょうじん》に殪《たお》れた者が日に幾人あつたか知れぬ。随つて其《その》部下の浪士にも空しく犬死をしたものが多かつた。居士深く是等《これら》無告《ぶこく》の鬼《き》を憐《あわれ》み、後年全生庵を建立して国事殉難志士の霊と共に永遠その祭祀《さいし》を行ふことにされたと。

居士維新の際。慶喜公護衛のため、麾下《はたもと》の有志者を募つて精鋭隊なるものを組織し、其《その》隊長となつて居られた。所が隊士の一人和田三兵衛といふ者、窃《ひそか》に隊士七十余人を誘《いざな》ひ、各処の脱兵と相一致して官軍を小田原駅に要撃せんと企《くわだ》て、将《まさ》に江戸を出発せんとする前夜事露顕《ことろけん》に及んだ。

そこで居士痛くその不心得《ふこころえ》を叱責し遂《つい》に切腹を命じられ、三兵衛も亦大《またおおい》に悔悟し快然《かいぜん》死に就《つい》た。居士其《その》忠勇に感じ、後年文章を蒲生重章《がもうしげあき》氏に嘱《ぞく》し書は自ら筆を執り、而《そ》して一碑を全生庵境内に建てゝ之を表旌《ひょうせい》された。その碑文は左の如くである。

和田三兵衛表忠碑

戊辰正月。錦旗東征。徳川慶喜。屏居於東台大慈院。而恭順焉。當是時。麾下軽俊之士。欲擧兵以抗官軍。屯集甲相各処。其臣山岡鐵太郎、中條景昭、關口隆吉。大草高重、松岡萬等。深憂之。揀忠勇之士七十余人。號精鋭隊。護衛慶喜。隊士不交睫者。殆乎数十昼夜矣。官軍漸進。将入江戸。精鋭隊士。有和田三兵衛者。聞之。慷慨悲憤。不能自禁。欲潜挺身與各処脱兵相會。要撃官軍於小田原。竊誘隊士。是時隊士漸集。既已盈二百有余。而左袒三兵衛者七十余人。三兵衛性豪邁嗜酒。一夕投酒店。劇飲大酔。臨去呼店主。乞借金若干云。充襲官軍於小田原之資也。店主乃出金付之。三兵衛欣然持去。将以明日発程。有密告之者。鐵太郎等聞之。大驚議曰。方我公恭順之時。而有粗暴如彼者。則我輩苦心帰於水泡矣。乃急呼三兵衛責之曰。汝何粗暴之甚。苟遂汝之擧。奈公家何。三兵衛大悔悟謝罪曰。僕既决死矣。公等其能計之。因相議。命之自尽以懲衆。三兵衛従容端坐。拜刀自割腹而伏。観者皆感其忠勇。而隊士無一人脱者。実三月十九日也。時年二十一。葬干下谷山伏街白泉寺。釋謚曰。勇宗院撿光全忍居士。三兵衛幕府旗下士也。其先出自野州和田村云。丁亥歳。鐵舟山岡君。憫其死事。将樹碑於其所創谷中全生庵。以表其忠。乞文於余。乃摭其梗槩。繫之以銘。銘曰。

東台之北。喬木欝葱。茲創一寺。

淨如仙宮。建碑表功。其人純忠。

従容就死。古烈士風。吾文不華。

碑則穹窿。九原有知。泣其恩洪。

明治二十年十月　蒲生重章撰

和田三兵衛表忠碑

戊辰（一八六八）正月。〔新政府軍の〕錦旗が東征し、徳川慶喜は寛永寺の大慈院に閉居して朝廷の令に恭順する態度を示した。

この時、旧幕臣の中の、才気はあるが考えが浅い者たちは、兵を挙げて官軍に抵抗しようと甲州、相州に集まって武装した。しかし、山岡鐵太郎、中條景昭、関口隆吉、大草高重、松岡萬などは、これを深く心配し、忠勇の士を七十余人集めて精鋭隊と名付け、〔徳川〕慶喜を護衛した。これらの隊士たちはほぼ眠らずに数十日を過ごしたという。

官軍が徐々に進み江戸に入ろうとした時、精鋭隊の士に和田三兵衛という者がいた。これを聞いて慷慨悲憤《こうがいひふん》（憤慨し嘆き悲しむこと）し、我慢できず、各地の脱走兵を集め、官軍を小田原で攻撃しようとして、ひそかに隊士を誘っていた。そして隊士がだんだんと集まり、すでに二百人余りになった。その中で、三兵衛に味方した者は七十余人であった。

三兵衛はもともと豪快な性格で酒飲みであった。ある日の夕方、酒店に行って大酒を飲み、店を出る時、店主を呼んでわずかとはいえ借金を要求して言った。「官軍を小田原で襲うときの資金にする」と。店主は金を出して彼に渡した。三兵衛は喜んで持って行った。いよいよ明日実行という時、謀議を密告した者がいた。鐵太郎等はこれを聞き、大いに驚いて次のように言った。

「ちょうど我が公が〔新政府軍に対して〕恭順を示す時なのに、彼のような粗暴のふるまいがあると、私等の苦心が水泡に帰してしまう」。

そこで急いで三兵衛を呼んで次のように責めた。

「お前の粗暴なふるまいは何だ。仮にもお前の行いによって、公家（徳川家）はどうなるのだ」。

三兵衛は大いに悔悟し謝罪して言った。「僕はすでに死（自決すること）を決めています。あなた方がそれを決めてください」と。

そこで話し合い、三兵衛に命じて切腹させて、衆を懲らしめることにした。

三兵衛はたじろぐことなく端坐し、刀を拝して自ら割腹して伏した。これを見た者は皆、その忠勇に感じ、隊士の中で一人の脱ける者もいなかった。実に三月十九日のことである。〔三兵衛は〕時に二十一歳であった。

下谷山伏街の白泉寺に葬った。諡は「勇宗院撿光全忍居士」とした。三兵衛は幕府旗下の士である。その先祖の出自は野州和田村という。丁亥の歳（明治二十、一八八七年）、鐵舟山岡君はその死を憫み、碑を自分が開いた谷中の全生庵に建てる時、その忠義を表したく、私に文を依頼してきた。よってその梗概を取り、これに繋げて以て銘す。銘に曰く、

寛永寺の北の喬木が欝葱としているところ。

ここに一寺を創る。それは仙宮のように清浄である。

碑を建て功を表すに、その人は純忠であった。

従容として死に就き、古烈の士風を示した。

私の文は華麗ではないが、碑は弓形をしている。
もし彼があの世でこのことを知れば、その恩の大きさに泣くことであろう。

明治二十年十月　蒲生重章、撰す

居士は明治五年六月、岩倉具視 西郷隆盛二氏の切なる推薦に依り、十年間の約束で宮内省へ出仕し、同十五年六月を以て辞職された。已後終生御用掛《ごようがかり》を仰付《おおせつか》つて居られたのであると。

居士明治の初年。聖上《せいじょう》各地御巡幸中留守を承《うけ》たまはる時は、毎夜半必ず一回づゝ雨戸を明けて、来日《らいじつ》の天候を伺はれたと。

居士宮中宿直の時は、下僚及給事等《ら》に休息を許し、独自《ひとりみずか》ら端坐徹夜されるが常であつた。所が或夜某官其《その》宿直室へ入来《いりきた》り、居士の此體《このてい》を見て、山岡君退屈ではないかと云つた。居士屹《きっ》として退屈とは何事で御座るかといはれたので、某官逃ぐるが如く出去つたと。

或時畏《かしこ》くも　明治天皇が居士の忠諫《ちゅうかん》を容《い》れさせられ。御相撲と御酒とを御禁止遊ばされたことがあつた。其事情《そのじじょう》は恐多いから此所《ここ》に記す訳にゆかぬが（但し世間伝ふる所の如きは全く誤謬なることだけを断って置く）、居士一旦御諫《いったんおいさめ》申上げて後一ヶ月を経て、葡萄酒壹打《ぶどうしゅいちだーす》を献上せられたので、陛下御酒の方は御解禁遊ばされたと。

明治十四年二月十八日。聖上《せいじょう》武州八王子駅へ行幸。翌十九日宇津貫村御殿峠に於《おい》て兎狩の御催しあらせられ。居士も亦《また》供奉して居られた。時偶《ときたま》ま一疋《いっぴき》の兎が狩立てられて逃げ来り、突然居士に飛付いたから居士これを抱き留め、而《そ》して　聖上へ献上せられた。　聖上殊《こと》の外其《ほかその》美にして優なるを愛《めで》させられ、爾後《そののち》永く宮中に御飼育あらせられたと。

因《ちなみ》に此《この》御行幸に付き、居士の忠誠片時も間断なきを證《しょう》すべき一段の話柄《わへい》があるが、

其次第は　至尊に渉るを以て今之を記すことを遠慮する。

或時越後国の某氏。鼈《すっぽん》百余尾を居士邸へ持参し、　聖上へ献上せんことを依頼した。居士快諾して之を受取り、翌日窃《ひそか》に宮城の御壕《おほり》へ放たれた。後又鶏《にわとり》を献上せんこと

を依頼せし者があつた。居士復た前の如くして之を浅草観音境内へはなたれた。而《そ》して他日此由を　聖上へ奏上に及《およ》ばれ。

聖上ソハ（それは）如何《いか》なる次第ぞと宣《のたま》はせられしに、居士乍恐《おそれながら》　陛下至仁《しじん》の御恩澤を、他の動物にまで蒙《こうむ》らしめたく奉存《ぞんじたてまつり》て候《そろ》と奉答せられた。　聖上これを聞召《きこしめ》して微笑を含ませられ。ソハよき事をしたと宣はせられたと。

居士始め願翁《がんおう》禅師に無字の公案を授り、爾来十二年間辛苦の功を積み、一日《いちじつ》箱根入湯の際無字を徹證《てっしょう》された。而《そ》して最後に五位兼中至頌《けんちゅうしじゅ》の「両刃交鋒不須避《りょうじんほこさきをまじえてさくるをもちいず》」の句に於て大悟され、遂に滴水老師の印可を受けられた。此時《このとき》滴水老師は江川鐵心《えがわてっしん》氏宅に滞在して居られたので、居士直《すぐ》に駈付けて参謁され、参後老師は法悦に堪へぬ面持で、先生に麦酒《びーる》を饗《あ》げて呉れよと鐵心氏に命じられ、鐵心氏早速麦酒壹打《いちだーす》を取寄せ大《おお》洋盃《こっぷ》で進める。

居士真に衝天の気勢で快談高笑瞬く間に之を平げて了はれた。鐵心氏追掛《おいかけ》又半打《はんだーす》を取寄せたが、これも亦どうやら落城しさうであつたので、老師注意して、先生病気だから少し加減しては如何《どう》じやと云はれた（居士は其頃胃病で医師より日本酒を禁じ麦酒少量を許されて居られた）。すると居士ヤア一寸《ちょっと》過ぎましたかナといつて呵々大笑して辞し去られた。後年鐵心氏が彼時《あのとき》先生の素晴らしい様子を見て、自分も何卒《なにとぞ》あれ位の悟《さとり》を開きたいものだと思ひ、大《おおい》に骨折つたと編者に語つた。

居士は其自叙伝にもある如く、願翁《がんおう》、星定《せいじょう》、独園《どくおん》、洪川《こうせん》、滴水《てきすい》、の五大老に参禅されたが、就中《なかんずく》滴水老師の悪辣手段《あくらつしゅだん》に深く心腹された。老師は屢《しばし》ば居士の邸で参禅を受けられたが、毎度門生は其熱喝真拳《そのねっかつしんけん》を漏聞き切歯扼腕した。老師曾《かつ》て衲《わし》が鐵舟を接した時は、一回〳〵命掛《いのちがけ》であつた。ために衲も亦大《またおおい》に力を得たと語られた。又居士は予《よ》は巌師《げんし》の難有味《ありがたみ》を滴水に於《おい》て初めて知つた。若し滴水に逢はなかつたらば、恐らく予の今日は在るまいと云つて居られたと。

因《ちな》みに彼鳥尾《かのとりお》得庵《とくあん》氏も亦《また》滴水老師の悪辣手段《あくらつしゅだん》にかゝつて別生涯を得たのである。今は余事ながら参考までに其《その》最初に於《お》ける因縁の概略を記す。得庵氏は始め怜悧俊発《れいりしゅんぱつ》諸方の老師皆之を推重して居た。ために得庵氏大《おおい》に気を負ひ、自ら一則の話頭を製作して諸老師を勘験《かんけん》せんと試みた。

一日滴水老師をその邸に招待して茶筵《さえん》を催し、舒《おもむ》ろに師に向ひ予に一則の話頭あり和尚も亦《また》参取せば可ならんと云ふ。師苦笑しつゝ試《こころみ》に挙《こ》せよ看《み》んといはれた。氏《し》僅《わずか》に口を開かんと擬するや。師一蹈《いっとう》に蹈飜《とうはん》し更に続《つ》ぐに幾蹈飜《いくとうはん》を以てされたので、氏遂に縁側より庭へ転げ落ちた。

時に庭内数人の植木屋が入込《いりこ》んでゐたが、此體《このてい》を見て大《おおい》に驚き、スハ坊主が御前様を殺すぞと云つて各自に鋏《はさみの》鋸《こぎり》提《さ》げて駆来り師に打つて掛《かか》らんとする。氏跳《はね》起きて辛くも之を制止した。それより座に復して師《し》懇々《こんこん》その不心得を誡められた。が氏はなか〳〵服せぬ。心窃《こころひそか》に復讐を謀りつゝ、素知らぬ體《てい》で更に師に酒食を饗《きょう》し、食後相携《あいたずさ》へて庭園に散歩した。

所が師は造庭の談《はなし》に深く興に入られたので、氏其油断を見済《みすま》し、忽《たちま》ち庭下駄でカタンと飛石を蹈鳴《ふみな》らし、是什麼《これなん》ぞと打つてかゝる。師ヒヨイと目前の橡《とち》の実を拾つて指示された。氏見事打損《うちそん》じて無念に堪へぬ折柄、彼方にコトン〳〵と響渡《ひびきわた》る音がする。師従容《じょうよう》氏《し》を顧《かえり》みあれは何の音ですかナと訊《き》かれる。

氏サモ忌《い》ま〳〵しそうに、あれは水車ですが、彼奴《あいつ》が時々修禅の邪魔をするので困りますと云ふや、師《し》隙《すか》さず声高らかに「衆生顛倒迷己逐物《しゅじょうてんどうしておのれにまよおてものをおもう》」といはれた。流石《さすが》の氏もこれにはギヤフンと参つて了つた。これより得庵氏は深く前非《ぜんぴ》を悔い誠《せい》を投じて老師に参じたと。

居士は「両刃交鋒不須避《りょうじんほこさきをまじえてさくるをもちいず》」の句に大徹すると同時に、無刀流剣法を発明し、左の詩文を作つて後昆《こうこん》（後の人びと）を奨励されたと。

学で不成の理なし。不成は自不為なり。予九歳にして撃剣に志し、真影流久須美閑適齋に従ひ学ぶ。其後北辰一刀流井上清虎の門に入て修行し、且諸流の壮士と試合すること其数千萬のみならず。其中間刻苦精思する凡そ二十年。然れども未だ安心の地に至るを得ず。於茲鋭意進取して剣道明眼の人を四方に索むるに絶て其人に遭はず。偶ま一刀流浅利又七郎といふ者あり。中西忠太の二男にして。伊藤一刀齋の伝統を続ぎ上達の人と云。予聞之喜び往て試合を乞ふ。果して世上流行する所の剣術と大に異り。外柔にして内剛。精神を呼吸に凝して勝機を未撃に知る。真に明眼の達人と謂つべし。従是試合する毎に遠く不及を知る。（浅利氏は明治某年　収術復不取剣）爾来修行不怠と雖浅利氏に可勝の方なし。故に日々剣を取て諸人と試合の後。独り浅利に対する想を為せば、浅利忽ち剣前に現じ山に対するが如し。常に不可当と為す。于時明治十三年三月三十日早天寝所に於て。従前の如く浅利に対し剣を揮ふ趣を為すと雖。剣前更に浅利の幻身を不見。於茲乎真に無敵の極所を得たり。乃ち浅利氏を招き我術の試驗を受く。浅利曰大に妙理を得たりと。遂に我術を開て無刀流と号す。嗚呼諸道の修行亦如斯乎。古人曰業は勤むるに精しと。勤むれば必至其極。諸学の人請勿怠。

学剣労心数十年。臨機応変守愈堅。
一朝壘壁皆摧破。露影湛如還覚全。

学んでできないことはない。できないのは自分がやらないだけなのだ。私は九歳で撃剣に志し、真影流の久須美閑適齋に従って学んだ。その後、北辰一刀流の井上清虎の門に入って修行し、且つ諸流の壮士と試合すること、その数千万。それだけでなく、その間に刻苦精思

することおよそ二十年。しかしいまだ安心の地に至ることができなかった。

ここにおいて鋭意進取して剣道明眼の人を四方にもとむるに、全く出会うことが出来なかった。偶然にも一刀流の浅利又七郎という人がいた。中西忠太の二男で、伊藤一刀斎の伝統を継ぎ、上達の人という。私はこれを聞いて喜び、出かけて行き試合を申し出た。試合をしてみると、それは世の中に流行している剣術とは大いに違っていた。外は柔かだが内は剛い。精神を呼吸に凝《こら》し勝機をまだ撃たないうちに知る。これは真に明眼の達人といわねばならない。それから試合するたびに彼には遠く及ばないことを知った。（浅利氏は明治某年、術を収めて再び剣を取らなかった）

その時以来、修行はおこたらなかったが浅利氏に勝てる方法はなかった。故に日々、剣をとり色々な人と試合をした後、一人になり浅利のことを考えると、浅利はたちまち剣の前に現われ、まるで山に対するが如きであった。常にかなわないと思っていた。

ところが明治十三年三月三十日の早朝、寝所に於て、いつも通り浅利に対するように剣を構えると、剣前にもう浅利の幻身を見なくなった。

この時、真に無敵の極所を得た。そこで浅利氏を招き私の術について試験を受けた。浅利は「あなたは大いに妙理を得た」と言った。ついに私は悟りを開き、それを無刀流と名付けた。ああ、剣だけではなく多くの道と呼ばれるものの修行も同様であろう。

古人は言った。「業は勤むるに精し」と。勤めれば必ずその極に至る。諸学の人よ、怠たることなかれ。

剣を学び、心を労して数十年が経った。〔私は相手に〕臨機応変に対しながらも自らの修行を固く守り行ってきた。〔そして〕ある日、乗り越えられなかった城壁を摧し破ることができた。それは露が露でありつつ外の世界を完全に映し出すことと同じである。

居士は其《その》撃剣道場春風館に、特に誓願と云《い》ふ一方法を設けて、身體《しんたい》強健志気熱烈なる門人を陶冶《とうや》された。誓願とは一死を誓つて稽古を請願するの意義で、其方法は略《ほ》ぼ三期に分たれてあつた。そこで第一期の誓願を申出る者があると、先づ居士より一場《いちじょう》の垂誨《すいかい》があり、次で幹事がその姓名を道場へ掲示する。其日《そのひ》より誓願者は一日の怠り無く満三年の稽古を積むと、愈よ《いよい》終日立切《たちきり》二百面の試合をするのである。（之を立切試合又は数稽古とも云ふ）これを無事行《や》り得《え》て尋常科卒業格の剣生《けんせい》となるのである。

次に第二期誓願は、それより更に数年の稽古を積み、三日間立切《たちきり》六百面の試合を行《や》り得《え》て、十二箇條目録の許を受け、中等科卒業格の剣生となるのである。次に第三期誓願は、それより更に又幾多の稽古を積み、七日間立切《たちきり》千四百面の試合を行《や》り得《え》て、目録皆伝の許《ゆるし》を受け、青垂《あおだれ》の稽古道具一組を授与されて、高等科卒業格の剣士となるのである。此《この》誓願に於《お》ける立切《たちきり》試合の妙は、一日中午後二三時頃に在《あ》る。其頃《そのころ》になると立切者は全く身心《しんじん》を打失して至誠一片《しせいいっぺん》となり、その活動が真に名人の域に入る。さればー誓願ごとに実際死地《じっさいしち》を歴《へ》るのだから、其《その》技術に著大の進歩を見るは当然である。併《しか》し第一期第二期は兎も角、第三期七日間立切《たちきり》千四百面の試合を全く行り畢《おお》せた者は、多数門人中僅《わずか》に二《に》三《さん》名に過ぎぬ。全體《ぜんたい》三日若《も》しくは七日の立切《たちきり》期間は一切外出を禁じ三食は粥と梅干とに限られ、又試合の相手は可成《なるべく》血気の猛者《もさ》或は飛入《とびいり》の新手《あらて》を選抜するのだから、立切者《たちきりしゃ》の悪戦苦闘は実に言語道断で、ために四支五體は皆腫上《はれあが》り殊に往々《おうおう》血尿を排出するに至る。

　而《そ》して毎日試合が済むと、立切者は居士の前へ挨拶に出ることに定つてゐた。この時は如何なる者でも完全に両膝を折り両手を突き得ぬので、居士其《その》意気地なきを憤慨し口を極めて叱責された。されど居士の眼に意気地なしと映ずる門人諸氏も、当時他流の剣客からは、獅子王の如く畏怖されて居た。ソハ（それは）全く此《この》誓願の如き非常の修養より贏《か》ち得た権威であると。居士の誓願者へ垂誨《すいかい》の要旨は左の如くである。

剣法者実地の場に至りては死生を決断する所なり。近頃剣法を遊技の如く思ひ互に勝負に耳流れ。実地に臨むが如く力を尽すを不見。故に当道場に於ては数稽古を施行し。各自精神のあらん限りを尽し、実地戦の用にたてん事を要す。其稽古に立つ者は、初は常の試合の如く思へども、数百回立切試合を為すに及んでは、真に実地の場に立向ふが如し。是全く精神の発する所なり。則実地の剣法と謂ふべし。此心を以て修行せざれば、数十年修行するとも実地の用をなす事なし。故に此度数百回の試合を為して実用の働を試みせしむ。各自宜しく一死を拋出し憤発勉励して修行すべし。

予二十四歳の時、一周間立切千四百面の試合をなせしに。更に疲労衰弱を覚えず。夫剣法者勝負は勿論なれども心を錬るを肝要とす。其故如何となれば心は尽る期なし。其心を以て敵に対し心を以て働をなすときは。幾日試合をなすも必ず疲労なく衰弱なし。修行者此理を能々工夫して勉強すべし。

因《ちなみ》に昔時豊前中津藩剣術師範中西家と、若州小浜剣術師範浅利家とに於《おい》て、毎年春秋二季に終日稽古をする慣例があつた。当日は午前五時より午後四時まで、各藩の剣士てふ剣士が皆出席して試合をする。其《その》人数は大抵三四百人を下らぬ。居士も亦《また》毎度必ず出席された。然るに通常人は一ト試合ごとに面を脱いで相互に礼をするのだが、居士は面を覆つたまゝ待つ間遅《まおそ》しと。右の人数を片端から相手にされるが例で、人皆鬼鐵《ひとみなおにてつ》と綽名《あだな》し鬼鐵の剣術は飯よりも好きなのだからと云つて之を許して居た。居士後年この終日稽古の慣例より、誓願の方法を案出されたのであると。

剣法とは、実地の場に至りては死生を決断するものである。近頃、剣法を遊びのように思い、互に勝負にのみ流れて、実地に臨むように力を尽すものを見ない。故に、当道場においては数稽古を施行し、各自、精神のあらん限りを尽し、実地戦の用に立てることが必要である。

その稽古に立つ者は、初めはいつもの試合のように思うが、数百回、立切試合を行うと、真に実地の場に立向うのと同じになる。（一人の選手に対して数十人が交代で掛かり、選手に休む暇を与えず、体力の限界まで追い込む。）

これは全く精神の発する所である。則ち実地の剣法と謂ふべきである。この心を以て修行しなければ、数十年修行したとしても実地の用をなす事はない。故にこのたび、数百回の試合を行って実用の働を試みさせた。各自、宜しく一死を誓って憤発勉励して修行するように。

私は二十四歳の時、一週間、立切千四百面の試合をしたが、疲労衰弱することを覚えなかった。そもそも剣法とは、勝負はもちろんであるが、心を錬ることが肝要である。それはどういうわけかというと、心は尽る時がない。その心を以て敵に対し、心を以て働をなすときは、幾日試合をしても疲労することがなく衰弱することもない。修行者は、この理をよくよく工夫して勉強せよ。

ちなみに昔、豊前中津藩の剣術師範である中西家と、若州小浜剣術師範である浅利家において、毎年、春と秋の二回、終日稽古をする慣例があった。当日は午前五時から午後四時まで、各藩の、剣士という剣士が皆出席して試合をする。その人数は大抵三四百人を下らない。

居士も亦た毎度必ず出席された。

ところで普通の人は一試合ごとに面を脱いで相互に礼をするのだが、居士は面をつけたまま「待つ間が遅い」といって、右の人数を片端から相手にされるのが常で、人はみな「鬼鉄」とあだなをつけ、鬼鐵は剣術が飯よりも好きなのだからと云つて、これを許していた。居士、後年この終日稽古の慣例より、誓願の方法を案出されたのであると。


中條金之助《ちゅうじょうきんのすけ》氏は幕府麾下《はたもと》の士で、維新の際には最初の彰義隊長に推された。其《その》門地年輩倶《とも》に居士の上にあつて、剣術も亦《また》なか〳〵秀でゝゐた。然るに一《ひと》たび居士と相知るや、深く居士の人格に敬服し、自ら後進の礼を執るに至つた。維新後は富士の裾野に隠退し、専《もっぱ》ら開墾に従事して居たが、明治十三年居士が無刀流剣法を開かれたと聞き、特に出京して居士と試合を行《や》つた。

併《しか》し居士は既に雲雨《うんう》を叱咤する蛟龍《こうりょう》たるに反し、中條氏は依然地中《ちちゅう》の物である。されば二三合の下で中條氏は居士に撃伏《うちふ》せられた。が中條氏は一向参つたと云はぬので、居士続けさまに五六本撃据《うちす》ゑられた。何分居士の腕が冴え切つてゐるのだから堪らない。ために中條氏は一時気絶せんばかりであつた。

そこで中條氏は大《おお》いに居士の無法を憤《いきどお》り、怱々出立《そうそうしゅったつ》して箱根まで帰つていつた。がフト居士の最初の一撃に自分が度を失ひ、参つたを云《い》はなかつたことに気が付き、それより直《すぐ》に引返し、居士の前に平蜘蛛《ひらぐも》の如く両手を突いて謝罪すると同時に、無刀流剣法の門人の列に加つたと。

千葉立造《ちばりゅうぞう》氏は居士に親炙《しんしゃ》すること、凡《およ》そ十五六年間であつたが、始め五六年は岩佐純氏の代診として居士邸へ出入して居た。其《その》間診療以外一言《いちごん》の余事に渉《わた》つたことが無かつたので、居士甚《はなは》だ其素樸《そのすぼく》を奇とし、或日千葉氏を別室へ召《よ》び、容《かたち》を改めて突然足下《あなた》は医者ですかと問はれた。千葉氏何事なるかと怪《あやし》みつゝ然様《さよう》ですと答へた。居士デハ病《やまい》を診ることが出来ますかと問はれ、千葉氏応分《おうぶん》の断案を下しますと答へる。居士デハ病を診る時患者が見えますか足下《あなた》の身體《からだ》が有りますかと問はれる。

千葉氏自身が無かつたり患者が見えなかつたりしては診察が出来ませぬと答へる。すると居士呵々《からから》と高笑して、そんなことで真箇《しんこ》病を診られると思ひますかと云ひ、且《か》つ足下《あなた》は彼《か》の「鞍上無人鞍下無馬《あんじょうにひとなくあんかにうまなし》」といふ語を知るやと訊かれ、千葉氏曾《かつ》て聞いたことがありますと云ふ。居士彼語《かのご》は馬術の奥義であるが、凡《およ》そ術といふものゝ奥義は皆此理《このり》に帰着する。故《ゆえ》に此理が解らなかつたらば、馬術でも剣術でも柔術でも医術でも畢竟《ひっきょう》盲者の手探りに異ならぬ。

されば足下《あなた》の如く自身が有つたり患者が見えたりしては、真箇《しんこ》病の診られる筈がない。病を診られぬとすれば、寧《いっ》そ明日より医者を廢《や》めたら如何ですと、威丈高になつて此言《このこと》を幾度か繰返し詰責《きっせき》された。

そこで千葉氏は縦令《たとい》此人が豪傑であるにせよ又高官であるにせよ、医道に於《お》いては全く門外漢である。門外漢より斯《か》くまで侮辱されるとは無念千萬なりと、忿気《ふんき》一時に胸に塞《ふさ》がつたが、漸《よう》やくにして此理《このり》の解らぬうちは、生きて再びこの人に面会すまいと決心し、デハ此理《このり》の解る法が有りますかと訊く。

居士勿論其法《そのほう》はあります。併《しか》し足下《あなた》には此理《このり》を参究するだけの根気があるまい。根気が無ければ其法《そのほう》を聞いても無駄です。無駄な事は聞かぬがよいでせうと、亦復《またまた》この言《げん》を繰返して詰責された（この同じ言を繰返して詰寄るのが居士慣用の殺活の剣であつた）。

すると千葉氏憤激の極身《きょくみ》を震はし顔色を変へて、併《しか》し同じ人間ですから他人に出来る事が私にできない筈は御座いますまいと云ふ。居士其機《そのき》に投じ然《しか》らば「宇宙無雙日乾坤只一人《うちゅうそうじつなくけんこんただいちにん》」といふことを参究しなさいと云ひ、尚《な》ほ之を参究するには四六時中下腹へ力を入れて、寝食は勿論身心をも忘れる程に骨折らねばいかぬと垂誨《すいかい》された。

爾来《じらい》千葉氏は熱烈に参究し、約一ケ月の後「乾坤只一人《けんこんただいちにん》」を透過した。居士尋《つい》で又「兜率三関《とそつのさんかん》」の「即今上人性在甚処《そくこんしょうにんのしょういずれのところにあるや》」を授け、これは「乾坤只一人《けんこんただいちにん》」よりは余程六ケ敷《むつかし》いから、従前に幾倍骨折らねばならぬと垂誨《すいかい》され、千葉氏これには真に一命を抛出《なげだ》して掛《かか》つた。といふ次第は余りに下腹へ力を入れたので計らず脱腸に及んだ。

千葉氏大に驚いたが初志を顧みて、縦令《よし》腹が破れて死んでも退却はならぬと覚悟し、晒木綿《さらしもめん》半反で腹を巻いて依然猛進し、遂に「即今上人性」を透過《とうか》した。居士引続き数則の話頭を授けられたが、千葉氏破竹の勢で透過する。就中《なかんずく》「滅却心頭火自《しんとうをめっきゃくせばひもおのずから》涼《すずし》」の則に於《おい》て、居士深く其《その》俊発に感心された。そこで千葉氏初めて脱腸の事実を明し、危《あやう》く先生に一命を奪《と》られかゝつたのですと語ると、居士微笑してウン能《よ》く引掛りました。なか〳〵然《そ》うは引掛らないものだと云つて大《おおい》に喜び、一幅の掛物を出して千葉氏に与へられた。

千葉氏直《すぐ》に之《これ》を展観すると、白隠といふ落款《らっかん》があるので、コハ（これは）如何なる人ですかと訊く。居士ソハ（それは）百年前の禅宗の高僧であると云はれた。すると千葉氏急に眉を顰《ひそ》めて、私は一體《いったい》仏法は異端の教《おしえ》であつて、坊主は婆嬶《ばばかか》を誑《だま》して臍繰金《へそくりがね》を巻揚《まきあげ》ることを心事とする、実に鄙穢極《ひわいきわま》るものだと心得て居ますから、今日まで決して坊主と同席を致しませぬ。随つて其《その》書いた物抔《ものなど》も私の家の中へ入れたことが御座いませぬといふ。

居士世間にはそんな坊主も沢山ゐるが、此《この》白隠和尚は五百年間出と云つて、古今に稀《まれ》なる高僧で、今上陛下より特に正宗国師《しょうじゅうこくし》の徽号《きごう》を賜つた程である。而《そ》して彼の「乾坤只一人《けんこんただいちにん》」や「即今上人性《そつこんしょうにんのしょう》」等は、皆白隠和尚の如き高僧方の、学者を接得される公案といふものだと、その他禅宗の事を詳しく語り聞かされたので、千葉氏茲《ここ》に初めて自分がこれまで参究せし事は、全く仏法の禅であつたと云ふことを知り、其《その》掛物を難有受《ありがたく》けた。依つて居士はそれに

豆州龍澤寺始祖神機獨妙禅師定之一字大書。在止至善知止而後有定之十字小書。即現住星定老師所贈予也。而今千葉道本居士参禅甚勤。因復贈之。庶幾護持焉。

豆州龍澤寺始祖、神機獨妙禅師の「定」の一字の大書と「在止至善、知止而後有定」(至善に止まるに在り。止まることを知りて而して後、定まることあり。=『大学』の言葉)の十文字の小書は、現住の星定老師が私に贈ったものである。そして今、千葉道本居士が参禅、甚だ勤む。よって彼に贈る。大切に護持されることを願う。

と裏書された。これより千葉氏は非常な仏教信者になつたのであると。

千葉氏或時真箇禅修行をするには、僧侶になつて禅堂へ入らねばいかぬと考へ、居士に其意を語ると、居士ソハ未だ早い、世間の事を十分勤めて後のことだと云はれたので、千葉氏一旦《いったん》は思止《おもいとま》つたが、その後《のちま》た思返して居士に諮《はか》ると、居士矢張まだ早いといはれる。

併《しか》し千葉氏は如何にしても思切れぬので、三度目に尚《な》ほ許されなかつたら、脱走すべく決心して請ふた。居士其《その》気色を察し、デハ幸《さいわい》に頃日《このごろ》京都天龍寺の滴水老師が、本郷麟祥院《りんしょういん》へ来て居られるから、予《よ》の添書を持参して弟子にして貰ひなさいと云はれた。千葉氏大《おおい》に喜び、直《すぐ》に添書を持参して滴水老師に相見し、一往《いちおう》その志望を陳《の》べると、老師大喝一番医者《いちばんいしゃ》が坊主になつて如何《どう》するのだツといはれた。

が一途に思込でゐる千葉氏には馬耳東風である。そこで老師至道無難《しどうぶなん》の則を提起して之《これ》を看たかと訊《き》かれる。千葉氏未だ看《み》ませぬと云《い》ふ。すると老師驀頭《まくとう》に至道の当体《とうたい》は如何《いかん》と問はれ、千葉氏其見解を呈する老師次に無難の端的は如何と問はれ、千葉氏ソハ（それは）解《わか》りませぬといふ。老師デハ無難の端的を徹底看破《かんぱ》し来《きた》れと垂誨《すいかい》された。千葉氏これを看破せば定めし弟子にして貰へることゝ思ひ、勇を鼓して突進し、旬日《じゅんじつ》の後省発《のちせいはつ》する所あつて趨《はし》つて老師に参謁し、僧侶になるどころか足の爪先一分《いちぶ》も踏出すことは出来ませぬと云《い》ふ。老師之《これ》を首肯し其所《そこ》がわからぬと皆狼狽《うろたえ》廻るのだといはれた。而《そ》して千葉氏は早速居士を訪《と》ふて前非を悔謝《かいしゃ》したと。

千葉氏又或時真箇《しんこ》禅修行をするには、情欲を断たねばいかぬと考へ、居士に其意を語ると、居士大《おおい》に驚歎して、足下《あなた》はエライ処に気が付きましたね。情欲は生死の根本だから之《これ》を断たぬ間は、幾許《いくら》程禅修行をしたと云つても皆半途《はんと》に在るのだ。併《しか》し情欲を断つの一事は実に大難々《だいなんなん》ぞといひ、且《か》つ足下《あなた》は如何《いか》なる手段を以て之《これ》を断たんとするやと問はれ、千葉氏一生妻女を遠ざけ情事を行はぬ積りですと答へる。居士ソハ断つのではない抑《おさ》へるのだ。所謂《いわゆる》臭い物に蓋をするのではないかと云《い》はれ、千葉氏然らば如何《いかが》致したものでせうと訊く。居士真箇《しんこ》情欲を断ちたく思はゞ、今より更に進んで情欲海の激浪中へ飛込み、鋭意努力其正體如何《そのしょうたいいかん》と看《み》よといはれた。

時恰《ときあたか》も大徳寺の牧宗《ぼくじゅう》老師が来合《きあわ》されたから、居士直《すぐ》に千葉氏の志を語り、氏のために垂示《すいじ》を請《こ》はれた。が老師甚《はなは》だ迷惑の體《てい》で、衲《わし》は僅《わずか》に婆子焼庵《ばすしょうあん》の古則を看《み》た位で、這《しゃ》邊《へん》（この辺）の消息は全く没分暁《ぼつぶんぎょう》（わからないこと）であると云《い》つて辞退し、匆々《そうそう》帰つて了《しま》はれた。そこで居士復《ま》た前話を続《つ》ぎ、予《よ》二十一歳の時より色情を疑ひ、爾来《じらい》三十年婦人に接すること無数。其間《そのかん》実に言語に絶する苦辛《くしん》を嘗《な》めた。而《そ》して四十九歳の春、一日《いちじつ》庭前の草花を見て、忽然《こつぜん》機を忘《ぼう》すること若干時《しばらく》。茲《ここ》に初めて生死の根本を截断《せつだん》し得たと語られたと。

編者曾《かつ》て居士の色情修行の事を後室《こうしつ》に質《ただ》した。すると後室ソハ（それは）夫婦間の恥話《はじばなし》をせねば解りませぬと冒頭《まへおき》し、鐵舟は二十一歳で妾《わたくし》と結婚しました。その当時より往々独言《おうおうひとりごと》に、色情といふ奴は変なものだ。男女の間は妙なものだと云つて、小首を傾けて居ますので、妾《わたくし》は堪笑《おかし》なことを考へる人だと思つてゐました。全體《ぜんたい》鐵舟は何の道を修行するにも、尋常の事では満足せず徹底《どんぞこ》まで窮《きわ》めやうとする。其為《そのため》には一切を賭して掛かるといふ性質でした。

そこで結婚後二三年は無事でしたが、二十四五歳の頃より盛んに飲む買ふといふ様になりました。尤《もっと》も一人の女に凝《こ》るのではなく、なんでも日本中の売婦を撫斬《なでぎ》りにするのだ抔《など》と同輩者に語つて居たやうです。何分その頃鐵舟は一命を抛出《なげだ》してゐる諸藩の浪士等と、明暮交際《あけくれ》して居たのですから、妾《わたくし》は勢《いきおい》止むを得ぬことゝあきらめて居ました。

されど親族一同が騒出《さわぎだ》し、鐵舟を離縁すべく幾度か妾《わたくし》に逼《せま》りましたが、妾《わたくし》は飽くまで不服を唱へ且《か》つ鐵舟を弁護して居ました。併《しか》し鐵舟はそんなことに少しも貪着せぬので、遂に親族一同より絶交を申込んで参りました。すると鐵舟はコハ（これは）結句面倒が無くてよいと云《い》つて、如何様《いかよう》とも御勝手たるべしと挨拶して遣《や》りましたので、それより全く親族と絶交になりました。が妾《わたくし》は女の意気地なく、彼此《かれこれ》心配の結果一年余り患ひました。

その頃鐵舟は大抵東京へ出て居り、妾《わたくし》は三児を抱いて静岡に留守宅を護つてゐました。所が或夜の事。鐵舟の枕邊《まくらべ》に顔蒼醒《あおざ》め身瘦《みや》衰へた妾《わたくし》がチャント坐つて居るので、鐵舟打驚《うちおどろ》き和女《おまえ》は英《ふさ》（後室の名）ではないかと云つてツト起上《おきあが》る間に、其影《そのかげ》は消失《きえう》せて了つたさうです。後間《のちま》もなく鐵舟帰宅して、熟《つくづ》く妾《わたくし》の顔を見入り、和女《おまえ》は怖い女だなと申しますから、妾《わたくし》はなぜで御座いますかと訊きますと、今の談《はなし》をして聞かせましたので、妾《わたくし》覚えず懐剣《かいけん》取出し、放蕩を罷《や》めて下さらなければ、三児を刺して自害する外《ほか》御座いませぬと泣いて諫《いさ》めました。

そこで鐵舟初めて色情の修行のために放蕩をして居ることを明《あか》して呉《く》れ、妾《わたくし》も種々《いろいろ》思当《おもいあた》ることがあつて成程と合点がゆきました。而《そ》して鐵舟はもう和女《おまえ》に心配させぬよといつて、バツタリ放蕩をやめましたので、親族一同も安心し、遂《つい》に兄泥舟《でいしゅう》（後室は泥舟氏の実妹）の発議を以《もっ》て、鐵舟に山岡家の家督相続をさせました。これが恰度《ちょうど》鐵舟三十四の歳であつたと思ひますと語られた。

又或時《あるとき》居士の実弟小野飛馬吉《おのひめきち》氏が、兄鐵舟は色情の修行に余程骨折つたと見えまして、或時鐵舟が色情といふものは、一切衆生々死の根本だから、実に執拗《しつこい》ものだと云ひましたので、私は色情なんてものは、誰でも年とれば自然に無くなるでせうといひますと、鐵舟馬鹿なことを云ふ。和子《おまえ》のいふ色情は形而下の事だ、そんなことは俺は三十歳頃より心を動さなかつた。

併《しか》し男女《なんにょ》の差別心《しゃべつしん》を除《と》らねば十成《ほんとう》でないと考へ、それがため非常に刻苦した。而《そ》して四十五の歳「両刃交鋒不須避《りょうばほこをまじえさくるをもちいず》」の語に徹してからは、一切処に物我《ぶつが》一體《いったい》の境涯を受用したが、尚《な》ほ子細に点検すると、男女間に毫末《ごうまつ》程の習気《じっけ》が残つてゐるので、更に又努力して四十九の歳漸《ようや》くそれをも勦絶《そうせつ》（滅ぼすこと）したと云つて居ましたと語られた。

　或時《あるとき》田舎出の一人の若者が居士に面会を請ふた。居士直《すぐ》に引見されると、若者私は越前国三国港の者で内田宗太郎《うちだそうたろう》と申します。私の家は元《も》と土地の素封家と称されて居りました。が父の代より非運に傾き今は全く没落して了《しま》ひました。そこで私は不敏ながら官吏《かんり》になつて家再興せんものと志し、二ケ月前に東京へ出て参り、彼方此方《あちこち》官途《かんと》の手蔓《てづる》を探してをりますと、フト或人より山岡鐵舟といふ人は、義俠で能《よ》く人の世話をなさると聞きましたから、早速御伺《おうかがい》致しましたので御座ります。何卒可然《なにとぞしかるべき》官吏に御取立を願ひますと、幾度か低頭歎願に及んだ。居士先刻より熟《つくづ》く宗太郎の様子を見て、コハ（これは）世間の名利を盛る器《うつわ》でないと察しられたが、ウン宜《よろ》しいと承諾を与へ、頃之《しばらく》して併《しか》し官吏になるには多少の学問経験を要するが、子《おまえ》は其《その》素養があるかと訊かれた。宗太郎イヤ少しも御座りませぬといふ。居士デハ官吏には一寸六ケ敷《ちょっとむつかし》い。寧《いっ》そ商人か職人になつては如何《どう》だ。それなら今日直《すぐ》に世話して遣《や》らんと云はれた。

すると宗太郎ハラ〳〵と涙を零《こぼ》し、私は郷里を出る時、立派に官吏《かんり》になつて家再興すべしといつて来ました。それが今更商人や職人になつては郷里へ対して面目が御座りませぬ。就《つい》ては如何なる艱難《かんなん》をも厭《いと》ひませぬから、これより官吏の稽古を致度《いたしと》う御座りますと云《い》ふ。

居士成程ソハ尤《もっとも》の次第だが、今から悠々《ゆうゆう》官吏の稽古をしても居れまい。されば俺に極《ごく》手ツ取早く官吏になれる唯一の秘訣がある。この秘訣さへ会得すれば大臣参議の官職でもなんの糸瓜《へちま》の皮だ。其代《そのかわ》りすこし骨は折れるが、ナニ十日か二十日も一生懸命になればよいのだ。子《おまえ》はどんな苦労でもすると云ふから、一《ひと》ツ之《これ》を手に入れよといつて趙州無字《じょうしゅうむじ》の公案を授け、且《か》つ工夫の仕方を教へて遣《や》られた。

それより宗太郎は官吏になりたさの一心で遮二無二《しゃにむに》猛進したが、遂に二旬余《にじゅんよ》で無字に撞着《どうちゃく》し馳せて居士に参見した。居士如何《どう》だ未《ま》だ官吏になりたいかと云はれると、宗太郎最早《もはや》大臣参議になりましたといふ。居士微笑して喜び大盃を挙げて宗太郎に酒を振舞はれた。

その後宗太郎が居士に、先生の鐵の字を冠して居士号を附与されたしと請《こ》ふと、居士其《その》言下にウン鐵針《てっしん》がよいと云《い》つて机上の巻紙に鐵針居士と書して与へられた。宗太郎暫《しば》しこれを眄《なが》めてゐたが、先生鐵針とはなんだか変で御座りますなといつて不満の様子である。すると居士直《すぐ》に其《その》余白へ「針鋒影裡騎大鵬《しんぽうえいりたいほうにのる》」と書して、如何《どう》だ面白いではないかと云はれたので、宗太郎忽然省《こつぜんせい》する所あつて、これより全く名利の念を抛棄したと。

或時平沼専蔵《あるときひらぬませんぞう》氏が其《その》長子を喪《うしな》ひ、悲歎号泣しつゝ居士を訪《と》ひ、私は今日より仏門に入つて亡兒の菩提を弔《とむら》ひたく思ひます。先生何卒御指導を願ひますといふ。居士ウン予《よ》も亦曾《またかつ》て長子を亡くしたから、実に同情に堪へぬ。併《しか》し仏門に入つて只《た》だ明暮《あけくれ》経陀《きょうだ》羅尼《らに》を読んで居たとて、何の功徳にもなるものではない。真箇《しんこ》亡兒の菩提を弔ふには、仏道修行をして衆生済度が出来る程の名僧知識に為らねばいかぬ。

予《よ》の察する所では、子《おまえ》は名僧知識になるべき人間でない。何所《どこ》までも商人に出来てゐる器である。殊《こと》に子《おまえ》は金銭に因縁が深いやうだから、商人で貫けば他日長者になるに相違ない。而《そ》して長者になつた上で大《おおい》に慈善を行《や》るがよい。其《その》功徳は皆亡兒《ぼうじ》に報《むく》う。徒《いたずら》に頭を剃つて経陀羅尼《きょうだらに》を読んで居《お》るより遥《はるか》に勝る。されば婦女子の如き感情を打遣《うちや》り、凛々《りり》敷《し》く亡兒の弔合戦《とむらいかっせん》をする気になつて、明日より金儲けの方に突進しては如何《どう》だといつて、懇々《こんこん》説諭されたので、平沼氏は飜然《ほんぜん》として悟り、それより従前に幾倍の努力を以《もっ》て遂《つい》に天下の長者になつた。

後年平沼氏屡《しばし》ば居士に向ひ、私の身代の大半は先生の賜物でありますから、なにか御恩返しを致度《いたしと》う御座いますと云《い》ふ。居士其《その》都度予《よ》に報酬するかはりに、切角（精一杯努力して）慈善をしなさいと云《い》つて居《お》られた。

然《しか》るに明治二十一年七月居士の病気危篤に際し、平沼氏は全生庵維持のため谷中真島町一帯の地所を寄附せんことを請ふた。が居士は篤《とく》と考へて置くといつた儘《まま》で薨去《こうきょ》された。そこで平沼氏甚だ遺憾《いかん》に思ひ、切《せめ》てのことにとて居士肖像賛の碑を全生庵境内へ建設し、且《か》つ建碑供養を兼ねて盛大なる追吊法会《ついちょうほうえ》を営んだと。

居士或時三遊亭圓朝《あるときさんゆうていえんちょう》を召《よ》んで、予《よ》小供の時母より桃太郎の談《はなし》を聞き、甚《はなは》だ面白く感じた。子《おまえ》今日は桃太郎を一席語り呉れよと命じられた。そこで圓朝其《その》得意の弁に一層捻《より》掛《か》けてこれを演じた。然《しか》るに居士サモ不興《ふきょう》げに、子《おまえ》は舌で語るから肝心の桃太郎が死んで了《しま》つてゐると云《い》はれた。

流石《さすが》の圓朝もこれには大《おおい》に面目玉《めんもくだま》を潰したが、心窃《こころひそか》にこの先生は禅を行《や》つて居られるから、こんな変梃子《へんてこ》なことを云はれるのだと思ひ、其儘引退《そのままひきさ》がつた。

がそれ以来圓朝は、世人がその落語《はなし》にヤンヤと騒いで呉《く》れるに係《かかわ》らず、なんだか自分に物足らぬ気がしてならぬので、一日《いちじつ》居士邸へ罷出《まかりで》て、具《つぶさ》に其実《そのじつ》を明《あか》し、私如き者にでも出来る事なれば、禅をやりたく存じますといふと、居士ソハ（それは）然《そ》うあるべき筈《はず》だ。今の藝人は兎角《とかく》人さへ喝采すれば、直《す》ぐ自惚《うぬぼ》れて名人気取になるが、昔の人は自分の藝を終始自分の本心に問ふて修行したものだ。

併《しか》し幾許《いくら》程修行しても、落語家《はなしか》なればその舌を無くせぬ限り本心は満足せぬ。又俳《やく》優《しゃ》なれば其身《そのみ》をなくせぬかぎり本心は満足せぬものだ。而《そ》してその舌や身を無くする法は、禅を措《お》いて外《ほか》にはない。故《ゆえ》に昔の諸道の名人は皆禅に入つて居る。その禅を行《や》るには智慧も学問もいらぬ。唯《た》だ根気さへあればよいのだと云つて聞かされた。

そこで圓朝私は愚鈍ながら斯藝《しげい》の執心《しゅうしん》に於《お》ては、決して他人に譲らぬ積りで御座いますから、是非今日《こんにち》より禅をやらして戴《いただきた》度いと懇願したので、居士 趙州無字《じょうしゅうむじ》の公案を授けられた。

それより圓朝二年間苦辛の結果一旦《いったん》無字に撞着《どうちゃく》し、趨《はし》つて居士に参見した。居士デハ桃太郎を語つてみよと云《い》はれ、圓朝直《すぐ》に之《これ》を演じた。すると居士ウン今日の桃太郎は活《い》きてゐるぞといはれた。其後《そののち》千葉立造氏宅で、滴水老師が居士に相談して、無舌《むぜつ》居士《こじ》の号を附与された。此《この》因縁によつて圓朝は其《その》門弟を稽古するに、専《もっぱ》ら桃太郎の談《はなし》を以《もっ》てしたと。

或時《あるとき》矢野《やの》壽光《じゅこう》氏越叟《えっそう》禅師を訪《と》ひ、私は頃日圓覚経《このごろえんがくきょう》を拝読して聊《いささ》か契悟《かいご》する所がありましたから、居士号を附与して戴《いただき》度《た》く思つて伺ひましたと云《い》ふ。そこで禅師兜率三《とそつさん》関《かん》を挙げて徴詰《ちょうきつ》されたが些《さ》の凝滞《ぎょうたい》も無い。

禅師デハ衲《わし》が居士号を遣《や》つてもよいが、子《し》の如きは山岡に貰つた方がよからんといつて、一通の添書を渡された。矢野氏早速《さっそく》居士邸へ赴《おもむ》いたが、途中でイヤ待て山岡の人物如何《いかん》を視《み》るには、この添書を出しては面白くないぞと独《ひと》り肯《うずき》き、それより居士に面会し何喰はぬ體《てい》で、突然私に居士号を附与されたしと云《い》ふ。

居士其《その》言下にハア足下《あなた》は自然《じねん》の人ですな、自然居士がよいでせうとて、直《すぐ》に筆を執つて自然居士と書いて与へ、足下《あなた》も仏法の難有味《ありがたみ》を知つたら、切角《せっかく》その護持に勤めなさいと云つた限《き》り、モウ用は無いとばかりに緘黙《かんもく》（口を閉じて物を言わないこと）に入られた。

矢野氏胸中の韜畧《とうりゃく》（戦略）遂に施すに地なく、空《むな》しく礼謝して辞し去り。帰途禅師へ前の添書を返却して、山岡といふ人は実に明鏡の様なものですなと云《い》つて驚歎したので、禅師子《し》の不正直が能《よ》く映つたゞらうといつて大笑されたと。

或時一士人《あるときいちしじん》が居士を訪《と》ひ、先生に就《つい》て禅を行《や》つて見たく思ひますと云ふ。居士足下《あなた》は何の目的で禅をやらうと思ひますかと訊かれた。士人拙者《せっしゃ》は洒々落々《しゃしゃらくらく》圓転滑脱《えんてんかつだつ》の境涯を得たく思ひますといふ。居士予《よ》の禅は士人が行れば士道となり、商人がやれば商法となる。足下《あなた》の目的の如きは、幇間《ほうかん》露八（たいこもち）の禅に参じたらよいでせうと云《い》はれたので、士人頽然《ていぜん》として辞し去つたと。

旧参《きゅうさん》の居士某氏。或時《あるとき》居士に臨済録の提唱を請《こ》ふた。居士ソハ鎌倉の洪川《こうせん》和尚に就《つい》て聞くがよいでせうと云《い》はれた。某氏イヤ洪川老師のは私曾《かつ》て伺つてゐますが、頃日《このごろ》先生は滴水老師の印可を受けられたと承《うけたまわ》つたから、唯だ先生の御提唱を一度伺ひたく思ふのですといふ。

居士ウン然様《さよう》か宜《よろ》しい。デハ行《や》りませうと云《い》ひつゝ起《た》つて某氏を誘《いざな》ひ、撃剣道場に入つて門人と撃剣一場《いちじょう》し、而《そ》して其室《そのしつ》に帰り、某氏に予の臨済録の提唱は如何《いかが》でしたと問はれた。が某氏は呆然無言《ぼうぜんむごん》である。

そこで居士声を励《はげま》して予《よ》は剣客だから剣道を以《もっ》て臨済録を提唱したのだ。これ予《よ》が本分である。予《よ》は決して僧侶の擬似《まね》抔《など》は致さぬ。人まねは皆死物である。縦令《たとい》碁将棋の如きでも之《これ》を自家《じか》に活用すれば真に有益だが、禅とても死物となつては、畢竟《ひっきょう》道楽仕事に過ぎぬ。足下《あなた》は多年禅を行《や》つて居られると聞くが、臨済録を書物だとばかり思つてゐては困りますねと云《い》つて、果ては呵《か》々一笑《かいっしょう》された。某氏深く悔謝《かいしゃ》して辞し去つたと。

今大路道齋《いまおうじどうさい》氏或時《あるとき》居士に、先生の奥様や御子様方は、定めし皆禅が御出来で御座いませうなと云つた。居士イヤ予《よ》の妻子は皆不肖で禅を行《や》らせる器でないから、曾《かつ》て雲《うん》照《しょう》律師（釈雲照＝幕末から明治にかけての真言宗の僧。戒律主義を唱えた）に帰依させて居ますといはれた。

今大路氏禅は男女賢愚《なんにょけんぐ》に係《かかわ》らぬものと承《うけたまわ》つてゐますがと云《い》ふ。居士ソハ（それは）其通《そのとお》りである。一體《いったい》禅は根気仕事だから根気さへあれば、男女賢愚に係《かかわ》らず出来るに相違ないが、若《も》し根気が無かつたらば、男女賢愚にかゝはらず駄目である。根気のない者に禅をやらせるのは例へば予《よ》の如き胃病者に、牛肉を丸呑《まるのみ》させると一般（同様に）有害無益である。故《ゆえ》に古人も禅は大丈夫の事なりと云《い》つて居る。人々みな此《この》大丈夫の根気があれば、仏教は禅の一法で事足《ことた》つてゐるが、然《そ》うはいかぬから種々の法門を設けてあるのだといはれた。

今大路氏先生の御談《おはなし》は能《よ》く解りました。併《しか》し或禅師の如きは、一切衆生皆仏性あり、衲《わし》に参ずるものは猫でも杓子でもみな悟らせると云《い》つてゐられますが、その室《しつ》に入る者は不思議に皆出来るやうですと云《い》ふ。居士イヤそんなものは禅でもなんでもない。世間の謎々に毛の生へた様なもので、多少理屈は解つても、生死解脱とは全く没交渉である。畢竟《ひっきょう》師家も学者も妄想の上塗りをして居るのだ。が最早《もはや》白隠逝《さ》つて百二三十年になるから、そろ〳〵そんな化物が出て来かけたねといつて喟然《きぜん》たる様子であつたと。

或時《あるとき》某僧が居士に、先生と鳥尾さんとの御蔭で、禅は日に月に盛大になりますと云《い》つた。居士貴僧は一体禅《いったいぜん》の盛大を希望されるのか、ソハ世俗の競争心と一般ではないか。世俗は皆その競争心に駆られ、苗《なえ》の長ぜんことを欲して之《これ》を揠《ぬ》くの愚を演じて居る。たとひ又自然の成行《なりゆき》にしても、盛者必衰は免れ得ぬ数である。

されば鳥尾はイザ知らず、予《よ》は曾《かつ》て禅を仏教の根源だと信じ、一《ひとえ》に唯だ其《その》強固深淵ならんことを祈りゐる。要は禅の一形骸の盛大を追及して、却《かえっ》て仏教の全精神を耗散《こうさん》(減ってなくなること)せんことを恐れるのである。それに予等《よら》のために禅が盛大になる抔《など》とは慮外《りょがい》千萬だと云《い》ひ、艴然《むっ》として座を起《た》たれたと。

居士は明治十三年三月三十日に無刀流剣法を発明されたので、爾来《じらい》毎年三月三十日を以て、稽古始《はじめ》を兼ねて記念祝日とし、門人一同に牛飲馬食無礼講を許されるの例であつた。

或年《あるとし》の当日内田宗太郎氏が偶然来会《らいかい》し、居士の宴に陪《ばい》して居た。すると一門人が其《その》室《しっ》へ入来《いりきた》つて両手をつき、居士に何事をか言上せんとして突然吐瀉《としゃ》し、畳半床程へ時ならぬ八百屋を開店した。居士これを見てツト（さっと）起《た》つて門人を押除《おしの》け、大口明《あ》いて其《その》排泄物を片端から喰ひ、瞬く間に之《これ》を尽《つく》して座に復《か》へられた。

宗太郎氏驚いて先生如何《いかが》なさいましたと聞くと、居士ウン一寸浄穢不二《ちょっとじょうえふに》の修行をしたのだと云《い》つて平然としてゐられる。宗太郎氏併《しか》しあんな物を召上《めしあが》つては毒で御座いませうといふ。居士身體抔《からだなど》を顧みて居ては、何事も十分に行《や》れるものでない、看《み》よ今時の諸道の修行者は、みな畳の上の水錬だから、役に立たぬではないかと云はれたと。

居士或夜《あるよ》大蔵経を書写して居られると、内田宗太郎氏傍《そば》より、先生あなたが百まで御活《おい》きになつても、迚《とて》も大蔵経は出来あがりますまいなといふ。居士ナニこれを了《しま》つて今一ト《ひと》通《とお》り草書でやる積りだと云はれる。宗太郎氏心に先生大法螺《おおぼら》を吹かれるなと思ふと同時に、覚えずエヘヘヘと嘲笑《ちょうしょう》を漏らした。

すると居士筆を停めて宗太郎をハッタと睥付《にらみつ》け、俺は死にもせず生きもせぬぞ。この糞袋が古くなつたら張替《はりか》へ〳〵して行《や》る。大蔵経の一ト《ひと》通《とお》りや二タ《ふた》通《とお》りはなんでもない事だといはれた。が後刻《ごこく》更に宗太郎氏に、禅修行は生死の凡情を除《と》るが肝心だ。故に古人も只だ凡情を尽せ別に聖解《しょうげ》なしと云《い》つてゐる。禅修行をしながら凡情を除《と》らねば、入浴して垢を落さぬと一般であるとて、懇々垂誡《こんこんすいかい》された。又或夜小野古風氏が、大蔵経を書写なさるとは大邊《たいへん》な事ですなといふと、居士ナニ唯《た》だ一枚書くと思つてやつて居ますから、何の造作もありませぬと云はれたと。

雲照律師或時《あるとき》居士幷《ならび》に夫人を目白の自坊へ招待し、先《ま》づ居士にむかひ、今日は先生にも十善戒を御授け申さんと云はれた。すると居士一體《いったい》貴師は形の無い者に向つて、なにゝ十善戒を御授けなさるやと問はれた。が律師は一言半句もなかつたので、居士艴然拂袖《ふつぜんほっしゅう》（むっとして立ち去るさま）して帰つて了はれたと。

千葉立造氏或時《あるとき》書を学びたく思ひ、居士に手本の選択を請ふた。居士書は古今羲之《ぎし》に過ぐる者は無いから、羲之を手本にしなさいと云はれた。千葉氏或人の説に、初心の者は羲之に取付かれぬから、米芾《べいふつ》、子昂《すこう》、董其昌《とうきしょう》等より入る方がよいとのことですがと云ふ。

居士そんな卑屈なことをいふか、若《も》し天下に羲之より外《ほか》に無かつたら誰の書を学ぶのか。凡《およ》そ師は初心の時より最善を択《えら》ばねばならぬものだ。予平生方来《よへいぜいほうらい》の剣生《けんせい》を接するに、其《その》術の熟未熟にかゝはらず、一撃の下《もと》で直《すぐ》にその師の好悪が知れる。故《ゆえ》に足下《そっか》書を学ばゞ必ず羲之を手本とせよと云つて、其《その》秘蔵の宋刻《そうこく》羲之十七帖を授与された。千葉氏後年之を飜刻《ほんこく》して知人に頒《わか》ち、原本は長く居士の遺愛を保存すべく日光東照宮へ納めたと。

書家土肥樵石《どひしょうせき》氏、或《ある》事件に付き居士の世話になり、一日《いちじつ》居士を訪《と》ひ、今日は先般の御礼を可申《もうすべき》だが御礼は申さぬ。其《その》代りに先生と書論を試みやうと思ふが如何《いかが》ですと云《い》ふ。

居士ソハ（それは）面白い大いに行《や》りませうといはれた。そこで樵石氏拙者《せっしゃ》の字は一画三折の法を以《もっ》てかきますが、先生は何の法をもつてせらるゝやと問ふ。居士一画三折法それも結構でせう、併《しか》し予《よ》は足下《そっか》（貴殿）と少し違ふ。

予《よ》は無法を以《もっ》て書くと答へられた。が樵石氏は茫然其《その》意を解せぬ。ために居士譬《たとえ》を引き、茲《ここ》に二人の大工があつて、一人は縄墨《すみいと》に憑《よ》らなければ仕事を得せぬが、一人は縄墨もなんにも無しでサッサと仕事をするとせば、足下二人を比較して孰《いず》れを勝れるとするやと云《い》はれた。すると樵石氏ハゝア成程コハ（これは）御高論です敬服〳〵といふ。

居士更《さら》に問《とい》を発し、字は全体筆でかくものか心で書くものかと云《い》はれた。樵石氏沈思良久《ややひさしく》して、イヤ拙者は未だその辺の研究をしてゐませぬ。何《いず》れ篤《とく》と研究して重ねて御伺申《おうかがいもう》さんといひ、匆々《そうそう》辞し去つた。

跡《あと》で居士座に居合《いあわ》した千葉立造氏を顧《かえり》み、今少し手剛《てごわ》ならんと思つたに案外脆《もろ》かつた。実はあれから樵石が筆で書くといはゞ、すぐに彼《か》の字をかけぬ車夫《しゃふ》を縁先へ召《よ》んで字を書かして見せ、而《そ》して其《その》筆をば窃《ひそか》に取上げて置き、尋《つい》で又心でかくと云《い》はゞ、樵石の前へ紙を展《の》べ、サア心で書いてみよとやる積りであつた。此処まで追詰めて彼を済度しやうと思つたに、惜《お》しいことをしたと云《い》はれたと。

公爵《こうしゃく》徳大寺家は、藤原時平氏《ふじわらしへいし》の直系であるので、その昔より代々決して菅公廟《かんこうびょう》へ参詣せぬといふ確執を相伝《あいつた》へて居た。居士或時此由《あるときこのよし》を聞き實則氏《さねのりし》に向ひ、大政維新の今日であるから、是非菅公と和解せらるべしと勧告され、實則氏は成程と首肯し、早速筑前大宰府の菅公廟《てんまんぐう》へ参詣された。

又徳川家一門と伯爵《はくしゃく》柳澤家とは、五代将軍以来一種の阻隔《そかく》があつたので、これも亦《また》居士が家達公《いえさとこう》を説き、特に居士邸に於《おい》て、両家和解の会合を催されたと。

或人居士に、海舟さんや泥舟さんは大《おおい》に自重されるが、先生のやうに無雑作に御揮毫なさいましては、全く価値が無くなりますと云ふと、居士予《よ》は唯だ人の嘱望《しょくぼう》を空《むな》しうするを遺憾《いかん》とする。書を售《う》る（売る）考抔《かんがえなど》は毛頭ない。されば世人が予《よ》の書で鼻を擤《か》まうが尻を拭《ふ》かうがソハ（それは）不関焉《かんせずえん》（関心がないこと）だといはれた。又或人がこれまで御揮毫になつた墨蹟の数は大邊なものでせうなと云ふと、居士ナニ未《ま》だ三千五百萬人に一枚づゝは行渡るまいねといつて、呵々一笑《かかいっしょう》されたと。

居士或時《あるとき》病気で引籠《ひきこも》りながら更に薬を飲まれぬので、夫人窃《ひそか》に千葉立造氏の許《もと》へ使《つかい》を遣《つか》はし、来診の上服薬を勧めて給《たま》はれよと依頼された。

そこで千葉氏早速《さっそく》居士を訪《と》ひ一往《いちおう》診察して、先生は常に今尚《な》ほ修行最中だと仰せられますが、御修行をなさるには御身體《おからだ》が健康ならではいけますまいから、切角薬を召上るやうにといつた。すると居士は今少し考へ中だから、服薬は御免蒙りたいと云《い》はれる。

千葉氏不審に思ひ、何事の御考へ中ですかと訊《き》くと、居士ソハ（それは）外《ほか》の事でもない。神農以前には医者も薬も無かつたといふから、神農以前の人間と今日の吾人《われわれ》とは、異《こと》なるものか如何《どう》かと試験して居るのだと云《い》はれた。これには千葉氏へイッといつたきり返す言葉がなかつたと。

居士或時懇意の金貸《かねかし》村松某氏より金千圓を借用された。所が数日の後村松氏特に来《きた》つて證文を請求した。居士ウン宜《よろ》しいとて、すぐ傍《そば》に有合《ありあわ》せの大雅《だいが》仙紙《せんし》を展《の》べ、

なくて七癖、わたしのくせは、借りゝや返すがいやになる。

右の癖有之候間。證文にて借用金は。一切出来不申候。貫の事は少々出来可申と存

候。

なくて七癖、わたしのくせは、借りると返すのがいやになることである。右の癖があるので、證文を書いてお金を借りることは一切できません。少々貰うことはできます。

と認《したた》め、これ予の證文なりといつて渡される。村松氏之《これ》を見て愕然《がくぜん》色を失つたから、居士手を拍《う》つて呵《か》々大笑《かたいしょう》される。村松氏無據《よんどころなく》これを携へて帰宅した。すると或人が其《その》文句といひ書といひ真に雙絶《そうぜつ》だと賞歎し、遂に千圓で譲受度《ゆずりうけた》しと云《い》つたので、村松氏急に難有《ありがたく》なり之を表装して家宝とした。而《そ》して居士が期限に及んで返金されると、村松氏具《つぶさ》に前の次第を語り、此金《このかね》は彼の證文をしたゝめて戴いた御礼でありますといつて、如何《いか》にしても受取らなかつた。ために居士は更に墨蹟数千枚を揮毫して遣《や》られたと。

居士或時宮中御前会議に列し、森有礼氏の次席に就て、始終恭謹黙々《きょうきんもくもく》として居られた。森氏之を顧《かえり》み嘲《あざけ》つて、山岡貴様は人形かッと云《い》ふ。居士手にしてゐられた扇子で、森氏の頤《あご》を突き其儘《そのまま》グイと推し遣られる。森氏危《あやう》く椅子より落ちんとして僅《わず》かに踏止《ふみとま》り、赫《か》ッとして居士を睨む。居士人形で御座いと云《い》はぬばかりに、素如らぬ體で居られた。森氏後刻休憩室に入り、山岡といふ奴は馬鹿力の強い野郎だと、人に向つて余忿《よふん》を漏らしてゐたと。

居士明治七年三月、内勅《ないちょく》を奉じて薩州島津家へ赴かれ、一日《いちじつ》西郷隆盛氏と会飲し、席上相互に揮毫された。其時《そのとき》の西郷氏筆成趣園の三大字額面を今全生庵に蔵して居るが、これは居士自邸庭園の号を特に西郷氏へ揮毫を嘱《しょく》された（頼んだ）ものであると。因《ちなみ》に当時政府は、居士をして恰《あたか》も漫遊的に、優渥《ゆうあく》なる　聖旨を島津家并《ならび》に西郷氏へ伝へしめたので、其意義甚深《じんじん》である。これ全く岩倉具視、大久保利通、両氏の、苦《く》心惨憺《しんさんたん》の策に出《いで》たのであると。

居士明治九年八月、皇后宮に供奉して箱根宮下温泉に居られし時、或日山中を散歩して、フト一大石の薜蘿《へきら》莓苔《まいたい》（ツルやコケ）に封じられて横《よこた》はるのを発見し、怪《あや》しんでその一部の莓苔《こけ》を剝いでみられると、なにか字を彫つてある。そこで人夫を雇ふて蘿薜《かづら》を截《き》り全部の苺苔を剝取《はぎと》られると、二十八字の文字が現れ、それに依つて初めて此石は夢窓国師故跡の紀念牌にて、建設者は夢窓国師の御弟子なる天龍寺の鐵舟禅師であることが解つた。其後居士洪川《こうせん》老師に文章を囑し、之《これ》をその碑陰に刻して再建された。洪川老師の文章は左の如くである。

題函山古碑石刻後

山岡鐵舟居士。靜岡縣人。性雄才直氣。初學侍從。無幾累遷官内大亟。殊鋭意禅學。頗得道骨。寔天下之達忠也。今茲孟秋。扈從　皇后宮行啓函山温泉焉。一日公務之暇。獨幽尋山徑。偶覩一大石之埋没于蘿薜。試剥之。僅有刻字。隨剥隨現。卒使人剥盡全石。而得二十八字。居士有詩曰。剥盡蘿薜。密林涼生。国師道價。與石有聲。蓋夢窓国師距今垂六百載。嗟乎居士生六百載之下。而撞着国師道山古碑乎巖蹊薜蘿間者。實非偶然也。况乎是不啻彰明国師道價于世。又於發顯天下之一棄物於昭代乎。謂之達忠道徳之餘効亦不誣矣。

函山古碑石刻の後に題す

山岡鐵舟居士は静岡県の人である。その性格は、雄才にして直気である。初め侍従に取り立てられ、ほどなくして官内大亟に昇進した。とりわけ意を禅學に鋭くして頗《すこぶ》る道骨を得た。まことに天下の達忠である。

今年の秋のはじめ、皇后宮が函山の温泉に行啓するのに随行した。一日、公務の暇に独りで山道を歩いていると、偶然、大きな石がコケに埋もれているのを見つけた。試しにコケを剥いでみると、僅かに文字が刻んである。剝ぐたびに文字が現れる。そこで、人を使って石をすべて剥がさせたところ、二十八文字を得た。居士はこれを詩に詠んだ。

コケをすべて剝ぐと密林に涼が生じた。

〔夢窓〕国師の道價が石と一緒に声をあげた。

夢窓国師は、今をへだてること六百年になろうとしている。ああ、居士は六百年後に生まれ、山蹊のコケの間で国師の道山の古碑にぶつかったのは、実に偶然のことではない。ましてやそれは、単に国師の道價を世に明らかにするだけでなく、同時に天下の一棄物を太平の世に發顯することにもなったのだ。これを〔鉄舟居士の〕達忠道徳がもたらしたはたらきといっても、〔居士を〕そしったことにはならないであろう。

明治十一年三月、居士邸へ一通の無名の斬奸状《ざんかんじょう》が舞込んだ。其《その》意味は　天子の輔導《ほどう》を謬《あやま》り故西郷南洲翁の明《めい》を傷《や》ぶる。山岡鐵太郎を誅《ちゅう》すと云《い》ふのである。居士これを披《ひ》見《けん》して一笑に附《ふ》して居られた。が数日の後島田一郎、長連豪《ちょうれんごう》、の両人が、忽然《こつぜん》玄関前へ現れた。居士真《すぐ》に引見し、ハヽア此奴等《こいつら》の悪戯《いたずら》だなと心に肯きつヽ、酒盃を呼んで隔意《かくい》なく談笑を交えられ、彼等も亦身《またみ》を寛《くつろ》いで快飲し、その日は和気《わき》藹々《あいあい》裡《り》に辞し去つた。

爾来《じらい》彼等は時に酒肴抔《など》持参し、屢《しばし》ば居士を訪問して時事を憤慨し当局者を罵倒する。其《その》都度居士は西郷氏の真意を弁明して、彼等の確執を解くべく力《つと》めてゐられたが、その甲斐なく同年五月遂《つい》に大久保利通氏を斃《たお》したので、居士は嗚呼《ああ》徒《いたずら》に地下の西郷を困らせる耳《のみ》だといつて歎息されたと。

居士明治十三年、越中国泰寺の為《た》め、屛風千雙を揮毫し、其《その》落成供養として、翌十四年二月本郷麟祥院《りんしょういん》に於《おい》て道楽会《どうらくかい》と云《い》うものを催された。その会の趣向は、隠し芸を有する乞食二十人を正賓《せいひん》とし、之《これ》に無礼講を許して酒食を饗するのである。

而《そ》して当日の接待員は、山口県知事関口隆吉氏外《ほか》数人である。居士も亦《また》主人側を代表して大《おお》いに接待に勤められた。されば正賓一同は満面に喜色を漲《みなぎ》らし、居士を始め接待員諸氏と相献酬《あいけんしゅう》しつゝ、先《ま》づ各自の歴史談に萬丈《ばんじょう》の気焔《きえん》を吐き、酒漸《ようや》く酣《たけなわ》なる頃。交《こもご》も其《その》得意の芸当を演じて大喝采を博し、主客興趣《しゅかくきょうしゅ》の尽ることを知らぬといふ、古今絶無の珍会であつた。当日は普通の乞食もこの風説を聞伝へ、麟祥院の堂外に群集したので、是等には居士別に金品を施与《せよ》された。居士の道楽会開催の廻状は左の如くである。


千雙屛風落成為供養。藝人二十人を以藝盡し相催候。右人数周旋の面々。壹人にて藝人三名を引受。當日正午十二時迄に。湯島麟祥院へ相會。人々持前の藝を盡し。午後三時退散す。

但し正午折詰赤飯料理。莚壹枚。茶碗壹箇。小皿壹箇を用意し。各藝人に相贈候事。

千雙屏風の落成の為の供養。藝人二十人で芸を尽す催しをします。右の人数を周旋する人は、一人で芸人三名を引き受け、当日は正午十二時までに湯島の麟祥院に集まり、それぞれ持前の芸を披露し、午後三時退散します。

ただし、正午に折詰赤飯料理、莚《むしろ》一枚、茶碗一箇、小皿一箇を用意して芸人に贈ります。

明治十四年、政府が維新の大業に参与せし旧幕臣の勲功を調査すべく、幕臣諸氏を召喚して其《その》口述若《も》しくは筆記を徴取した。居士も亦後駆《またおくればせ》に出頭されると、係官が居士に向ひ、先刻勝安房《かつあわ》氏が出頭し、慶應戊辰三月十四日高輪薩州邸に於《お》いて、征東大総督府参謀西郷隆盛氏と会見し、慶喜恭順の旨意《しい》を言上して、朝命四箇条を奉じ且《か》つ之《これ》が実行を果せし趣《おもむき》口述に及んだが、(勝氏又或物には自分の手紙一本で西郷氏が江戸城総攻撃を停止した抔《など》とも書いて居る)それに相違なきやと訊く。居士ハテ妙な談《はなし》だと思はれたが、之《これ》を否認せば勝の面目を潰す。イヤ功《こう》は人に譲《ゆず》れといふ。ウン然《そ》うだと突差《とっさ》の間に決心し、ハツ其通《そのとお》りで御座ると云《い》つて低頭し、そのまゝ帰邸された。

然《しか》るに政府当局者は曾《かつ》て略《ほ》ぼ其《その》事実を承知であるから、此《この》場合疑惑なきを得ぬ。ために岩倉右大臣一日《いちじつ》居士を私邸に招きてその心事《しんじ》を質《ただ》される。居士功を譲つて勝氏の面目を保つの外他《ほか》事なき旨《むね》を答へられた。そこで右大臣は深く居士の襟度《きんど》（心の広さ）に感服し、功は縦令《よし》勝に譲るにしても、其《その》事蹟は国民の亀鑑《きかん》として不朽《ふきゅう》に伝へねばならぬから、当時の事実を詳細に筆記して、予《よ》の手許《てもと》まで差出《さしだ》し呉《く》れよと強《しい》て希望され、居士遂《つい》に筆記を起草された。この筆記が後年右大臣の正宗鍛刀記《まさむねたんとうき》の材料となつた。

而《そ》して此《この》事情は居士生涯同志二三者の外《ほか》決して口外されなかつたが、或時《あるとき》宮城県松山町の佐々《ささ》玄恭《げんきょう》といふ人より千葉立造氏の許《もと》へ、岩倉公の正宗鍛刀記には戊辰《ぼしん》談判を西郷と山岡との事にしてある。

所《ところ》で小学読本等《など》には西郷と勝とのことになつて居る。全体何《いず》れが事実なるやと照会し来《きた》つた。千葉氏その照会状を携《たずさ》へ居士を訪ふて之《これ》を質《ただ》したから、居士初めて如上《にょじょう》の次第を語られたのであると。

因《ちなみ》に前記の如き事情が蟠《わだか》まつて居るので、往々世の史論家の誤解を引く。今其《いまその》参考のために、居士と勝氏との始終の間柄を概略記し置く。元来勝氏は変通自在の智者であり、居士は至誠一片の仁者《じんしゃ》であつた。されば維新の際に於《お》ける両者の出発点が自然相異つてゐる。勝氏は夙《つと》に時務に通暁《つうぎょう》して幕府の要路に立ち、居士は武士道を固守して野《や》に尊皇攘夷《そんのうじょうい》を唱へられた。

而《そ》して勝氏把《と》る所の方針は漸進的国家主義であり、居士のそれは急進的国家主義であつた。要は何《いず》れも挙国一致して外国に当らんとするのであつたが、その歩調の合《あ》はないのと地位の阻隔《そかく》とに依つて、（実は両者相互に其人物を耳鑑して大《おおい》に誤解して居たのに因る）。両者の前半生は遂に一度も相接近する機会が無かつた。然《しか》るに慶應戊辰三月三日。朝廷の征東大総督府が駿府まで押進められたので、幕府上下の震駭《しんがい》は勿論江戸百万市民の騒擾《そうじょう》は実に言語道断の體《てい》である。そこで居士概然此危急を救はずんば丈夫の一身何為《なにする》ものぞとて、同五日奮起《ふんき》慶喜公に謁して其《その》恭順の旨意を確かめ、それより幕府の二三重臣を訪《と》はれたが、何《いず》れも共に語るに足らぬから更に勝氏を訪はれた。

是より先き幕府重臣の意見が、朝廷に反抗せんと主張するのと、（これには外国を後楯にせんとするものもあつた）恭順を主張するのと二派に分れて居たので、幕府は抗順何《いず》れを択《えら》ぶべきかに付き、戊辰一月二十三日より屢《しばし》ば重臣会議を開いたが、群議紛々帰着する所なく、その最後二月十二日の会議に於て、勝氏が群議を排して大《おおい》に恭順を主張し慶喜公も亦《また》それに賛同され、議遂《つい》に恭順に一決した。

爾来《じらい》勝氏は其《その》責任上恭順の旨意《しい》を朝廷へ貫徹すべく、百方手を尽したが一向埒明《らちあ》かぬ。其間に朝廷の征東軍備は着々進行し、三月十五日を以て江戸城総攻撃の段取りとまで極つた。されば事愈《いよい》よ焦眉《しょうび》の急に逼《せま》つて来たので、最早勝氏自分が大総督府へ赴《おもむ》き哀訴する外詮術《ほかせんずべ》はない。がその身軍事総裁の要職に在れば一日も幕府を明けることが出来ぬ。殊《こと》に一方反対論者を抑制して居たから、若《も》し幕府を明ければ如何《いか》なる大変事が突発せんも測れぬ。ために勝氏は進退維谷《これきわま》り、空しく天を仰いで歎息し、

誰教大鼎弄群兒。　只見蒼生苦荊岐。
嗚吁吾主高義家。　如何懐怨及我私。
古往今来己如此。　上下千年任天知。

だれが国の経営を子供たち（無能な幕臣たちのことか?）に好き勝手にさせたのか。〔そのせいで〕ただ人々が苦しむ姿を見るだけである。ああ、私の主は家柄が高いのに、どうして怨みを買い、それが私に及んだのか。〔世の中がうまくいかないのは〕昔から今に至るまで同様である。上下千年のことは、もう天に任せるほかはない。

の一詩を賦《ふ》して（此詩曾て勝氏が書して居士に示せしもの今全生庵に蔵す）。征東軍総攻撃の日には、江戸城と共に灰燼《かいじん》に帰すべく覚悟するに至つた。其所《そこ》へ計らずも山岡鐵太郎の名刺が舞込んで両者の初会見となり、居士その企図を披瀝《ひれき》して勝氏の意見を敲《たた》かれ、勝氏は居士の膽略《たんりゃく》（緻密な計画性と実行力）を認めて同意を与えた。

　そこで居士其《その》翌六日出立。七日大総督府着。西郷氏と折衝《せっしょう》して朝命四箇條を奉じ、八日帰参慶喜公及幕府当局者へその次第を報告され、而《そ》して幕府は取敢へず市民を安堵さすべく市中へ高札を建て、幕府恭順の旨意《しい》が　朝廷へ通達せしとを表示した。尋《つい》で其《その》十四日居士更《さら》に勝氏と相携《あいたずさ》へて高輪薩州邸に至り、西郷氏と会見して先に拝受の四箇條実行を誓約されたから、西郷氏は即座に江戸城総攻撃停止の命令を下し、茲《ここ》に維新最後の大難局は無事解決された。此時居士と勝氏との帰着点が全く相一致したので、それより両者は終生無二の知己となつた。その膠漆《こうしつ》も啻《ただ》ならぬ交情は、私事は暫《しばら》く措き明治五六年以後の政局に対する、両者唱和の諷刺漫画に於《おい》て最も能く想察された。其漫画数葉を全生庵に蔵してゐたが、火災の時焼失して了《しま》つた。

居士勲功調査の召《めし》に応じて宮内省へ出頭されし二三日後の事。松岡萬《まつおかよろず》氏が勝氏勲功口述の一件を聞込《ききこ》んで大《おおい》に憤り、勝の如き卑劣漢を活《い》かし置いては、我等旧幕臣の恥辱であるから、速《すみやか》に成敗して呉れんと圍《いきま》き、これに石坂周造、村上新五郎等の諸氏相和して、暗に大騒動を引起さんとした。

居士早くも之を感知し諸氏を制止して、予《よ》は最初より功名に用は無いのだから、ソハ（それは）勝に遣《や》る積りである。所が今貴公達に騒がれてはその旨意《しい》が立たなくなり、ツマリ世間からは予と勝との功名争《こうみょうあらそい》と見做《みな》される。マアこんな事は天に一任して人間は手出しをせぬがよいと云《い》はれたので、諸氏は胸を撫でつゝ差控へたと。

松岡氏其後《そのご》又政府が居士を勲三等に叙したとて大《おおい》に憤《いきどお》り、今度は独窃《ひとりひそか》に岩倉右大臣を刺すべく匕首《ひしゅ》を呑んで右大臣を訪《と》ふた。右大臣一見してその気勢を察し、貴公の如きは元亀天正の頃に出たらば、立派な大将であつたらうと卓上一番し、頓《やが》て茶菓を饗して鄭重に待遇されたので、松岡氏拍子抜けして空しく帰つた。

而《そ》して其夜《そのよ》熟《つくず》く無謀の行動を悔い、居士に申訳なしとて咽喉を刺貫いて自殺を企《くわだ》てた。が幸《さいわい》に脈管を外《はず》れて一命は取留めた。後日右大臣が居士に、先達《せんだっ》て松岡がやつて来て実にスゴイ様《よう》であつたと語られたと。

明治十八年は天保度の大飢饉より五十年目に相当し、春夏《しゅんか》の交《こう》全国に渉《わた》つて風水害が甚だ多かつたので、或《あるい》は非常な凶歳であるまいかと世人一般に深く杞憂《きゆう》を抱いて居た。そこで居士其《その》厄除のため、同年八月二十九日隅田川に於《おい》て千僧を請《しょう》じ、諸難横死者追弔《ついちょう》の大法会を執行された。

当日の大導師は妙心寺管長無学禅師で、各宗僧侶千五百有余名来会し、実に古今稀有の大法会であつた。当日の光景は薩州人床次《とこなみ》某氏（床次竹次郎氏先考）が、横二間竪《たて》五尺の大額面に絵取《えがきと》つて置いた。又当日の無学禅師の香語を始め多数僧俗より寄贈せし詩歌等は、皆全生庵に蔵してゐたが、焼失して今僅《わずか》に左の二点を残存する。

千僧会即事

居士施親書普門品壹萬巻故云

浄土宗管長　鵜飼徹定

萬巻金経字々新。鐵舟居士筆如神。
要知菩薩圓通意。見此豪雄千臂人。

千僧会即事

居士、親しく『法華経』「普門品」一万巻を施した。故に云う。

浄土宗管長　鵜飼徹定

萬巻の金経は一文字一文字が新しく、鐵舟居士の筆は神のようである。
菩薩圓通の意を知ろうとするならば、この豪雄、千臂の人を見なさい。

千僧会の日舟にて

増上寺貫主　福田行誠

さして其、数ならねとも、今日はとて、
かすに入江の、蘆の一むら、

千僧会の日舟にて

増上寺貫主　　福田行誡

それ程の数ではないけれども千僧会の今日は、
川辺の蘆が群生しているように入江に船が並んでいる。

居士明治十九年十月より大蔵経書写を発願され、増上寺の朝鮮板蔵経を借用し、昼間は多忙であつたから夜分点燈後若《もし》くは人定後《じんじょうご》に従事された。而《そ》して同二十一年七月十八日即ち薨去《こうきょ》の前日までに、大般若経百二十六巻を書写された。ソハ（それは）皆全生庵に蔵して居たが、惜哉《おしいかな》火災の時焼失して了《しま》つた。

居士の門人中に、維新後父の敵打《かたきうち》を行《や》つた者が二人あつた。一は臼井《うすい》六郎《ろくろう》一は川上《かわかみ》行義《こうぎ》である。臼井が初めて入門するや、居士其《その》挙動の常人に異るを察し、或日窃《ひそか》に臼井を召《よ》んでこれを質《ただ》された。すると臼井は潜然落涙してその報復の志を明したので、居士深く之を憐み、爾来《じらい》夜半寝所に於《おい》て真剣の秘奥を指南された。而《そ》して後年臼井が其志《そのこころざし》を果すや。囚《とらわ》れて死罪に処せらるべきを、居士の尽力に依つて十年の重懲役に減刑されたと。

居士の健筆は誰も知る所だが、試《こころみ》に其《その》概況を挙げて見ると、少壮時代には愛読書を大抵一本づゝ手写して居られる。其《その》写本日本外史外《ほか》数本を今全生庵に蔵してゐる。又中晩年には支那の墨摺鉢《すみすりばち》で三四人の書生が墨摺りに掛《かか》り切りと云ふ體《てい》で、毎日平均五六百枚の墨蹟を揮毫された。

又明治二十年即ち薨去《こうきょ》の前年より兎《と》角《かく》健康が勝れぬので、他の勧告により絶筆と称して一切揮毫を謝絶し、唯だ全生庵より申込《もうしこみ》の分を例外として居られた。が其《その》例外を八ケ月間に十萬千三百八十枚揮毫された。（これは全生庵執事より居士へ差出せし受取書に依つて知られたり）又薨去の年の二月より七月即ち薨去の月まで褥上《じょくじょう》に於《おい》て、撃剣道場篤信館建設のため、扇子十萬本の内約四萬本を揮毫されたと。

居士は始め書を飛騨の岩佐一亭に学んで、入木道《じゅぼくどう》五十三世の伝統を継ぎ、後物徂来《のちぶっそらい》の秘蔵せし宋刻羲之十七帖を得て二十年間これを熟観し、遂《つい》に其神《そのしん》を会得されたと。

因《ちなみ》に一亭は、一の字を三年稽古したといふ篤学で、其書西銘東銘壹巻《そのしょせいめいとうめいいっかん》を全生庵に蔵して居るが真に稀代の名蹟である。

居士は何の道に於《おい》ても古法を重んじられたが、書道も常に斯学《しがく》の大家成瀬《なるせ》太域《たいゐき》氏に問ひ、篆隷楷行草《てんれいかいぎょうそう》の各體共《かくたいとも》、一点一画も苟且《こうしょ》（その場かぎりの間に合わせ）にされなかつた。されば其辺《そのへん》の八ケ間敷屋《やかましや》と称されし某氏も、三度その草書に疑《うたがい》を容《い》れたが、居士毎度字書を出して憑據《ひょうこ》（証拠）を示されたので、それ以来某氏は居士の真蹟には決して誤字なしと云つて居た。

居士は人が揮毫の謝儀を呈すると難有《ありがとう》といつて快く受け、其儘《そのまま》それを本箱の中に突込まれた。而《そ》して困窮者が来て救助を乞ふと、居士自ら玄関へ出てその実況を察し、彼《かの》本箱の中の包を解いてソレ相応に恵与された。千葉立造氏屢《しばし》ば此《この》様子を見受けたから、先生は御揮毫の謝儀はみな人に御遣《おや》りになるのですかと訊くと、居士予《よ》は一體字《たいじ》を書いて礼を取る気は無いが、困つた者にやり度《た》く思つて呉《く》れゝば貰つて居る次第だと云はれたと。

居士は書を以て専《もっぱ》ら済世《さいせい》の方便として居られた。されば一枚ごとに衆生無辺誓願度の句を唱へつゝ揮毫された。而《そ》して其《その》終生の揮毫は社会公益、教育事業、災厄救助、各宗教の慈善事業、各宗教の寺院教会興廃等の為であつたと。

居士の貧乏は天下の通りものであつた。貧乏の原因は畢竟《ひっきょう》与《や》る奪《と》られる義理張《ぎりば》るの三ツに帰着するのである。今其《いまその》二三例を挙げると、義弟石坂周造氏が金二十六萬圓の債務を背負はせたことがある。

全体石坂氏の人物は是非善悪の畦畔《けいはん》や義理人情の束縛抔《など》を超逸し、そこへ智勇弁舌を兼有してゐたから如何なる事でも思ふ儘《まま》に行《や》つて除《の》けるといふ怪傑であつた。が夙《つと》に居士の偉大な処に深く打込んで一死を許して居た。居士も亦《また》それに銜《くつわ》を食《は》ませて巧《たくみ》に善用されたので、維新の際には居士の唯一の股肱《ここう》（最も頼りになる部下）となつて非常に働いた。然《しか》るに維新後は石油業を創《はじ》めて大《おおい》に国家を利益し、特に位階を賜わつた。が其《その》事業のために恩怨親疎を挙《あ》げて皆犠牲に供してゐる。

而《そ》して居士は所謂《いわゆる》善用の目的で、始終それを助けて居られたから、犠牲になられたことも幾度か知れぬ。今此《いまこの》二十六萬圓は就中《なかんずく》その著大なものである。始め二十五萬圓を背負はせたのだが、ソハ（それは）居士の徳望で債務の太半を減じ得た。されど居士は素ツ裸になつた上に、月給三百五十圓の内二百五十圓を十幾年間差押へられ、ために家人は粥を啜《すす》るさへ困難である。

そこへ更に又壹萬圓を追掛《おいかけ》背負はせた。この時は最早《もはや》居士に何等策の施すべき余地がない。殊に債権者が高利貸であつたから寸毫《すんごう》も容赦せぬ。居士遂に家資分散の処分を受くべく決心された。時に勝安房氏此《この》事情を聞込み、駆けて徳川家へ申告に及ぶ。徳川家では捨置けぬとあつて、早速金壹萬圓を贈られた。が居士は堅く辞して受られない。

すると勝氏が君の家資分散は徳川家の恥辱であるから辞退は萬許さぬと強談《ごうだん》したので、居士無據《よんどころなく》恩借金として之《これ》を受けて追掛《おいかけ》の債務を果し、爾来《じらい》薨去の月まで毎月金二十五圓づゝ徳川家へ還納された。かゝる大厄害を掛けて置きながら、石坂氏は平然として居士の家に出入し、其《その》惨状を目撃しつゝ空嘯《そらうそぶ》いてゐる。家人は此體《このてい》を見て如何にも不平で堪らぬから、石坂氏と義絶すべく居士に要請した。

所が居士は懇々《こんこん》これを諭して、石坂氏が若《も》し俺を倒さなかつたら、その替りに必ず誰かを倒したのだ。が俺を倒したので誰か助かつてゐる訳である。且《か》つ俺が石坂を手放したら、それこそ何事を仕出来《しでか》すか知れぬ。マア我《わが》一家の事は相互に我慢をすれば済む。困難も人の所為《しょい》だと思ふとたまらぬが、自分の修養だと思へば自然楽地のあるものだと云《い》ひ、而《そ》して石坂氏を遇されること従前と少しも変らなかつた。

又或時《あるとき》渡邊義方といふ者が、居士の偽書偽印で金貳萬圓《に》を詐取し、居士其《その》責任を負つて之《これ》を弁償された。又旧忍藩主《おしはんしゅ》松平子爵家（忍藩＝現埼玉県行田市に藩庁を置いた）の危急に際し、金八千圓を抛出《なげだ》し、且《か》つ屏風千雙を揮毫して遣《や》られた。これ固《もと》より何の縁故もない、只一片の義気に出たことであると。

因《ちなみ》に居士は前記大債を漸次処分され、その薨去の時には唯だ徳川家の恩借金のみ未《み》了《りょう》であつたと。

居士一たび禅に入つてより、深く白隠禅師を追崇《ついそう》され、遂《つい》に明治十七年四月、本宗各派管長へ勧告状を発しられた。その趣意は諸師より白隠禅師へ国師号贈賜《ぞうし》を出願あるに於《おい》ては、一臂の力を致さんと云《い》ふにあつた。そこで諸師連署して之《これ》を出願する。居士直《すぐ》に　聖上《せいじょう》へ禅師の懿徳《いとく》（美徳）を奏聞し、且《か》つ当局者を説かれたので、翌五月二十六日を以《もっ》て正宗国師《しょうじゅうこくし》の徽号宣下《きごうせんげ》になつたのであると。

居士は人が諛辞《ゆじ》（へつらいの言葉）を呈すると怫然《むっ》として睥付《にらみつ》けられた。其《その》反対に忠言を受けることは、真に甘露を飲むが如くされた。その一二例を挙げると、或時《あるとき》千葉立造氏が居士に自隠禅師の墨蹟の箱書を請ふた。

時恰《ときあたか》も居士は他より大酔して帰邸し、直《すぐ》に筆を執られたがフト一字を誤られた。そこで千葉氏は居士に向ひ、先生物事を間違へる程御酒を召上つてはいけますまい。殊《こと》に大酒は胃病に大毒ですから、少し御控《おひか》へになつては如何ですかと、硬骨の千葉氏だから無遠慮に忠告した。

すると居士はヤア大《おお》いに悪るかつた。已後《いご》は屹度《きっと》慎みませうと云《い》つて、遂《つい》に其《その》箱蓋の裡面《りめん》へ右の事実を詳記して永久の紀念にされた。その軸物は後年千葉氏より全生庵へ寄附されたが、火災の時焼失して了つた。

又居士が或る重要の文を起草して居られる時、千葉氏側《そば》より、先生其《その》御文体は大分《だいぶ》激烈の様ですが、書いた物は後へ残りますから、御一考なさいましては如何ですかといふ。すると居士ウン然様《さよう》ですか、余り周囲の者が八ケ間敷《やかまし》くいふので、ツイ図に乗りました。イヤ能く気《よ》を付けて呉れましたとて、急に容《かたち》を改め千葉氏の面《おもて》を熟視しつゝ、足下《あなた》は予《よ》の為には神さまですか仏さまですかと云つて、暫《しば》し敬虔《けいけん》の念に堪へぬ様子であつたが、それより直《すぐ》に其《その》草稿を破棄《はき》して更《さら》に起草されたと。

居士は其人物の如何《いかん》その用件の如何《いかん》に係《かかわ》らず、訪問者は必ず引見された。而《そ》して時に或《あるい》は玄関番の鑑識で謝絶する者あるときは、大《おおい》に之《これ》を叱し遠く呼戻《よびもど》さしめられた。又人と会見の時は、其額《そのひたい》を疊に着けて丁寧に挨拶されたと。

居士は沢山古書画を蔵して居られたが、皆他《みなた》の贈品ばかりで、自分が求められた物は唯だ黄大癡《こうたいち》の書七絶二首雙幅《そうふく》の一点である。これも書画屋が持参して代金二百圓といふを、居士一覧してコハ（これは）面白い物だ、金があれば取つて置くが、貧乏の山岡だから仕方がないとて書画屋を還へされた。が跡《あと》で夫人これを聞き早速代金を調達して購入された。此《この》雙幅は今全生庵に蔵してゐる。

居士は往々客と対談中一寸《ちょっと》御免下さいと云《い》つて、起《た》つて奥の間に入られたかと思ふと、忽ち《たちま》鼾聲《かんせい》（いびき）雷《らい》の如くである。而《そ》して未だ半時間も経ぬうちに、ヤア大《おおい》に失礼しましたといひつゝ出来《いでき》たつて復《ま》た対談された。又常に客と談笑しつゝ揮毫して居られたが、滅多に字を誤られなかつたと。

居士壮年時代、佩刀《はいとう》は只だ丈夫堅固なものを択び、古作物抔《など》を愛用されず、又生涯衣服臥具等は木綿に限り、下駄は総て表なしに限り、又寒中足袋襯衣《しゃつ》を用ゐられず、又三度の食事はなんでも腹さへ張ればよいとて、曾《かつ》て一度も不平を鳴らされたことがない。又一箸の余菜一滴の余汁も台所へ下げては打棄《うっちゃ》るも知れぬと云《い》つて皆之《これ》を喫了《かたずけ》られたと。

居士は日常午前五時起床、六時より九時まで撃剣指南。午後零時より四時まで揮毫。夜分は午前二時まで修禅若くは写経されたと。

居士を訪ふ者は大抵昼は日没まで、夜は十二時甚《はなはだ》しきは二時三時頃まで居た。ソハ（それは）居士に対すると一切を打忘れて如何にも気楽になるからで、就中《なかんずく》別懇者抔《など》は、毎度厄介になるから今日こそは早く帰らんと考へて往《い》つても、居士の顔を見ると忽《たちま》ち空《むしん》になつて了《しま》つて。矢張《やはり》日を暮《くら》し夜を更《ふか》してかへつたと。

居士の夫人は死生貧富の境涯に堪えて、終始能《よ》く居士の偉大を助成された。されば居士も俺の如き者に連添つた為めに、人十倍の苦労をすると云つて、其《その》中年以後は非常に夫人を大切にされたと。

因《ちなみ》に夫人の言行《げんこう》は、他の伝記に載つて居るから之《これ》を略す。

居士は三十四五歳の頃より胃病に罹《かか》り居られたが、五十二歳即ち明治二十年の八月に至り、右脇腹の内部に一大硬結《かたまり》が出来た。そこで千葉立造氏これを胃癌と診察し、ベルツ博士は肝臓硬化症と診察した。これより食物嚥下に困難となり、翌二十一年二月より全く流動物のみを攝取《せっしゅ》されるやうになり、身體日一日に衰弱を増した。が紀元節には自ら之が最後ならんと云《い》つて例の如く参内された。其後《そのご》　聖上《せいじょう》より御見舞の勅使幷《ならびに》侍医を差遣《さしつか》はされたので、居士　聖旨《せいし》の難有《ありがたき》に感泣し、

数ならぬ、身のいたつきを、大君の、みことうれしく、かしこみにけり

取るに足らない私の病気に対し、それを労《いた》わってくださる陛下のお言葉がうれしく、恐れ多いことです。

と詠んで奉《たてまつ》られた。尚《な》ほその後屡《しばし》ば御見舞の内使を賜つたが、殊《こと》に居士唯一の嗜好物なる酒の通らぬことを聞召《きこしめ》して、痛く御憫察《ごびんさつ》あらせられ、御料の和洋酒中最も清冽なるものを、畏《かしこ》くも陛下親《したし》く御試嘗《ごししょう》あらせられ、これなれば通るかも知れぬと宣《のたま》ひ、その御盃諸共《ぎょはいもろとも》に下賜されしこと両回に及んだ。（今其御盃二箇の内洋盃は駿河の鐵舟寺に秘蔵し和盃は全生庵に秘蔵してゐる。）斯《か》く聖上《せいじょう》を始め奉《たてまつ》り、家人門生親族知己等の一方ならぬ懸慮《けんりょ》に対し、居士は勤めて医薬に親んで居られた。併《しか》し見舞客を合せて平生に倍加する来客に、一々表座敷へ出て接見し、例の如くこれを玄関まで送られ、又来客の余暇には褥上《じょくじょう》（蒲団の上）で揮毫も行《や》られる。大患とはいひながら殆《ほとん》ど偃臥《えんが》されることは無《なか》つた。而《そ》して三月三十日稽古始の祝宴中。巡行の大盃が無端《はしなく》真《ま》ッ二《ぷたつ》に割れたので、一座其《その》変事に色を失つた。居士は造つた物の毀《こわ》れるに何の不思議もないと云《い》つて笑つてゐられた。が家人及門生等はこれより暗に疑懼《ぎく》（うたがって不安に思うこと）を懐くに至つた。その後は病勢一進一退の間に在つて、或時は千葉氏に向ひ、

御医者さん、胃癌〳〵と申せども、いかん中にも、よいところもあり

と書き如何《どう》ですといつて一笑され、又或時は

二竪何因煩此躬。　大飲暴食害不空。

轉苦為樂観自在。　生死任天臥褥中。

病気よ、どうしてこの体を煩わすのか。大飲暴食の害は空しからず。苦を轉じて楽と為せ、観自在菩薩。病に臥して生死は天に任す。

の述懐《じゅっかい》を示されたこともあつた。が七月に入り病勢頓《びょうせいとん》に減退したから、居士却《かえっ》て末期《まつご》の近きを知り、其《その》八日に於《おい》て撃剣門人を招集し、一人漏らさず最後の指南をされた。これより二三日後の事、松岡萬《まつおかよろず》氏が見舞に来たので、夫人鐵舟も彼《あ》の通りの衰弱ですから、最早長くはありますまいと云はれると、松岡氏ソハ（それは）大変だといつて慌《あわただ》しく去《さ》つて了《しま》つた。

が其夜《そのよ》深更何処《しんこういずこ》より忍込《しのびこ》んだものか、窃《ひそか》に居士の病室に至り、唐突《だしぬけ》にムンズと居士に組付く。時に居士は縟上《じょくじょう》に安坐して居られたが、組付き掛かる松岡氏を其儘《そのまま》ヒヨイト抱上げ、松岡さん如何《どう》したんだッと云《い》はれる。松岡氏は抱上げられながら、大声でヤア大丈夫〳〵と叫び、それより夫人に向ひ、先生は大丈夫ですから御安心めされよといつて、独り大《おおい》に安心して帰つた。而《そ》して十七日の夕刻に至り、居士入浴して夫人に白衣を持来《もちきた》れと命じられ、夫人これを忌避される様子であつたから、馬鹿な奴だと叱《しっ》し強《しい》て白衣を着けて室に帰り、皇城に対し恭《うやうや》しく一礼して縟《じょく》に就かれた。

がその夜午前一時を過ぐる頃忽然《こつぜん》癌腫が破裂する。直《すぐ》に千葉氏を召《よ》び手当を施したが、遂《つい》に胃穿孔《いせんこう》のため腹膜炎を起《おこ》し危篤に陥《おちい》られた。これより千葉氏は詰切《つめき》りで看護する。既《すで》にして危篤の報諸法へ伝はり、十八日午前七時頃には、親族門人知己の者貳百人余馳集《はせあつま》り。戸障子を取外《とりはず》して居士の病縟《びょうじょく》を圍繞《かこ》み、一同悽然《せいぜん》として坐し居る。

そこへ勝安房《かつあわ》氏も亦駆付《またかけつ》けられ此體《このてい》を見て、御前達はこれまで鐵舟を責《せめ》抜き、此後《このご》に及んで尚《な》ほ責殺《せめころ》す積《つも》りかッと大喝されたので、一同は別室へ引退《ひきさが》つた。そこで勝氏は居士に向ひ、君は俺を残して先にゆくのか、独り味をやるではないかと云ひ、居士は最早用事が済んだから御先御免蒙るといはれ、勝氏又談《はなし》相手になる坊さんでも召《よ》んでは如何《どう》かといひ、居士ソハ今遠方へ行つて留守だと云はれた（これは滴水老師を指されたので老師は当時出雲国雲樹寺の法会に赴いて居られた）。斯《か》く勝氏は暫《しば》し訣別の辞《ことば》を交えて後、二階へあがり紙筆を求めて、

横行塵世。磅礴精氣。殘月如弦。光芒照地。

〔君は〕俗世を自由気ままに歩き回る満ち溢れた精気を持っている。〔命がわずかな君のように〕残月は弦のようであるが、その光は地を照らしている。

の詩を書し、之《これ》を居士に呈似《ていじ》された。午前八時居士常の如く子女を学校へ遣《や》り、又門人諸氏に撃剣稽古を命じ、又此日は夫人の琴の稽古日なれば夫人にも稽古を命じ、而《そ》して居士自分も亦《また》太刀を抜いて五點《くみだち》をつかひ、傍人を顧《かへり》み平生と変らぬネと云つて微笑された。

同十時に至り池田謙齋氏《いけだけんさい》　勅を奉じて診問し、且《か》つ人払にて謙齋氏　聖上《せいじょう》の御密旨を伝へ、居士これに奉答する所あり、約一時間にして謙齋氏辞し去られ、尋《つ》いで又浅《あさ》田宗伯氏《だそうはく》、東宮殿下の命を奉じて診問せられた。

午後一時居士経机を取寄せ写経に掛かられたが、額より油汗が流れるので之《これ》を拭き〳〵書いて居られると、二滴ばかりタラ〳〵と紙上へ落ちて滲《しみ》となつた。が慚《よう》く半枚を畢《お》はられるに及んで、千葉氏側《そば》より先生半枚も一枚も同じことでせうから、モウ御《お》停《や》めになつては如何《どう》ですかといひ、居士ウム然《そ》うですなと云《い》つて直《すぐ》に擱筆《かくひつ》された。此絶筆の写経も全生庵に蔵してゐたが惜哉《おしいかな》焼失して了《しま》つた。

同二時従三位勲二等陸叙《しょうじょ》の勅使あり、松平定教《まつだいらていきょう》（旧桑名侯）関口隆吉《せきぐちりゅうきち》、の二氏代つて拝受する。同三時徳川家達《とくがわいえさと》公の見舞あり、公は午前中に一度見舞はれたが、憂慮措《お》かず再度来られたので、居士特に公と水盃《みずさかずき》を挙げて訣別を叙《じょ》された。併《しか》し公は此夜尚《な》ほ寝《しん》を安《やす》んせず。橋本綱常《はしもとこうじょう》氏をして診問せしめられた。この夜居士は親族知人の詰居る者は定めし寂寥《せきりょう》ならん。予《よ》も亦《また》退屈だからといひ、三遊亭圓朝に落語《はなし》を命じられ、圓朝も亦《また》詰居たので早速《さっそく》落語に取掛つたが、何分満座の憂傷の気に打たれて、涙を零《こぼ》し声を震はし動《やや》もすると落語が途切れんとする状態であつた。が居士は衾褥《きんじょく》（蒲団・寝具）に凭《もた》れ始終微笑を含んで聞いて居られた。それより居士は衾褥にもたれた儘《まま》一夜を送られ、十九日の暁方《あけがた》千葉氏に向ひ、

腹張つて、苦しきなかに、明烏

の句を示し、マアこんなものですナと云《い》はれた。然《しか》るに午前九時に至り千葉氏に暫時《ざんじ》人払をして呉《く》れよといはれる。千葉氏如何《いかが》なさいますかと訊《き》くと、居士ナニ昼寝の邪魔になるからと云《い》はれる。千葉氏直《すぐ》に一同を別室へ遠慮させた。すると居士徐《しずか》に身を起して衾褥《きんじょく》を離れ、皇城へむかつて結跏趺坐し、須臾《しゅゆ》にして右手を差出される。千葉氏其意《そのい》を察し傍《そば》に在《あ》つた対馬祭の団扇《うちわ》を捧げる。居士これを把《と》り瞑目しつゝ、其柄《そのえ》で左掌になにか字を書いて居られたが、急に気息切迫の體《てい》であるから、千葉氏直《すぐ》に薬を進めた。が最早之《これ》を服するの余地なく、遂《つい》に九時十五分を以《もっ》て薨去された。亨年《きょうねん》五十三である。時に勝氏は前日来二階に詰切つてゐられたが、茲《ここ》に至つて、

凡俗頻煩君。看破塵世群。弃我何處去。精霊入紫雲。

世俗のつまらない人々がしきりに君を煩わしていたが、君はそうした俗世の群を見抜いていた。私を捨ててどこに行ったのか。精霊は〔阿弥陀仏が迎えに来た時に乗る〕紫雲に入った。

の詩を賦《ふ》し、直《すぐ》に自邸に帰り連日被《ひ》を覆《おお》ふて哀悼され、其他《その》一同の悲歎慟哭はいふまでもないが、就中《なかんずく》和田《わだ》中彦《なかひこ》氏は気絶し、村上新五郎、神山誠、の二氏は殉死《じゅんし》せんとした。

而《そ》して薨去の報 天聴《てんちょう》に達し、同十時三十分 勅使を差遣《さしつか》はされ、聖上より白絹貳匹祭祀料金貳千圓 皇后宮より金五百圓を賜《たま》はつた。薨後の居士は面《おもて》に微笑を含み手に団扇を握《と》り、端然趺坐して居られるので、吊問者《ちょうもんしゃ》は皆《みな》其《その》薨去を疑つた。全体居士は病中一度も苦痛を叫ばれたことなく、常に微笑を含んでゐられた。されば病中、わたしが病気は胃癌じやと、おやをかし、いがむにあらず、にこりぢやものと書いて侍人《じじん》に戯《たわむ》れられたこともある。斯《か》く澆季《ぎょうき》（末世のこと）には絶無の大往生であるから、広く衆人に礼拝せしめんため、可成《なるべく》入棺を延引せんことを希望する者が多かつた。されど千葉氏は盛夏の候であるからと注意し、強《しい》て翌二十日の夜入棺せしめた。

何分居士生前の交際が所有《あらゆる》方面所有《あらゆる》階級に渉つて居たので、一たび薨去の報伝はるや、上は王侯貴族より下は乞食卑人に至る。種々雑多の吊問者が肩摩《けんま》轂撃《こくげき》して出入する。殊《こと》に宗教界に因縁が深かつたから、仏教各宗派の僧侶は勿論、神官牧師等が混合連続して、各様各式の弔祭を行ふ状況は、真に奇観の極《きわみ》であつた。

それより二十二日午後一時四谷仲町の邸を出棺し、宮城前を過ぐる時畏《かしこ》くも　聖上特に高殿に登御遙《はるか》に目送《もくそう》あらせられた。同三時全生庵へ着棺五仏事を以て葬儀を執行し、大導師は全生庵主席南隠《なんいん》老師、脇導師は圓覚寺管長洪川《こうせん》老師、妙心寺管長無学《むがく》老師、国泰寺貫主雪門《せつもん》老師、南天棒鄧州《なんてんぼうとうしゅう》老師、であつた。南隠老師の掩土《えんど》香語《こうご》は左の如くである。

濁之不濁清不清。　蕩々巍々不可名。
縦令大機似黄蘗。　還吾全死復全生。
雖然恁麼山僧家有佛祖不伝底之秘曲。
未曾容易為人弾。　今日遭居士之大歸。
聊撫一曲以充送行。　抛棄鑁云
明皇幸蜀。三郎々當。　喝。

葬儀後全生庵墓地内の深さ二丈の壙穴《こうけつ》（墓穴）へ埋棺し畢《おわ》つたのが同七時であつた。当日は篠突く大雨天であつたが、会葬者は無慮《むりょ》（あらまし）五千人に及んだ。

又当日は種々の事故もあつた。就中《なかんずく》村上新五郎《むらかみしんごろう》は殉死の虞《おそ》れがあるので、終日四谷警察署へ預けられ、門人粟津清秀《あわづきよひで》氏は全生庵鎮守山で窃《ひそか》に迫腹《おいばら》せんとし、幸《さいわい》に発見されて事なきを得た。而《そ》して門人鈴木寛長《すずきかんちょう》氏は落髪して棺後に随《したが》ひ、そのまゝ全生庵へ留《とど》まり三年間墓側《ぼそく》に侍して居たのである。

居士の官歴《かんれき》は大要左の通りである。

文久三年。　脱藩浪士尊攘有志三百余名之取締役被申付。将軍家茂先供として上京。

学習院へ上言候処。追而　朝廷より御沙汰之旨有之。浪士一同召連れ江戸表へ帰府候事。

慶應四年。　精鋭隊頭歩兵頭格被申付。

同　同　作事奉行格大目附被申付。

同　同　若年寄格幹事役被申付。

同　同　三月。将軍慶喜之旨を稟け。駿府大総督宮参謀へ罷越。朝命五箇條拝受候事。

同　同　四月。大総督宮参謀より内命有之。東叡山へ彰義隊解散説諭に罷越候事。

同　同　同　大総督宮参謀より内命有之。相州箱根へ脱兵鎮撫に罷越候事。

明治二年六月。任静岡藩政輔翼。

同　四　年十一月。任茨城縣参事。

同　　同　十二月。任伊萬里縣権令。

同　五　年六月。任侍従。

同　同　十月。任侍従番長。

同　六　年五月。任宮内少亟。

同　七　年三月。御用有之九州へ被差遣候事。

同　同　十二月。宮内省庶務課長被仰付候事。

同　八　年四月。任宮内大亟。

同　同　六　月。御用有之奈良縣へ被差遣候事。

同　九　年六月。三品内親王御葬式御用掛被仰付候事。

同　同　八　月。皇后宮相州宮の下行啓供奉被仰付候事。

同　十　年一月。　行幸中宮内卿代理被仰付候事。
同　同　六　月。　当分出納課長兼勤被仰付候事。
同　同　七　月。　萬里小路宮内大輔忌服中宮内卿代理被仰付候事。
同　同　八　月。　任宮内大書記官。
同　　同　　同　　庶務内廷両課長被仰付候事。
同　　同　　同　　静寛院宮華頂宮家政取締被仰付候事。
同　十一年九月。　御巡幸御用掛被仰付候事。
同　同　十二月。　兼任皇后宮亮。
同　十二年七月。　御用有之堺縣奈良表へ被差遣候事。
同　同　九　月。　内任課長兼勤被仰付候事。
同　十三年四月。　御巡幸御用掛被仰付候事。
同　　同　　同　　御巡幸供奉御先發被仰付候事。
同　同　四　月。　御用有之愛知縣へ被差遣候事。
同　同　五　月。　御用有之愛知縣へ被差遣候事。

同　同　六　月。　植物御苑掛兼勤被仰付候事。
同　十四年二月。　神奈川縣下武州八王子驛行幸供奉被仰付候事。
同　同　五　月。　任宮内少輔。
同　十五年六月。　宮内省御用掛被仰付候事。

編者曾《かつ》て鳥尾《とりお》得庵《とくあん》子を訪《と》ふた時、座に二客あつて甲客《こうきゃく》得庵子に向ひ、鐵舟公は如何なる人格でしたかと訊く。得庵子マア神仏の権化と謂《い》ふべきであらうと云《い》はれた。すると乙客《おつきゃく》が、偉人の後は兎角振《ふる》はぬやうに見受けますが如何《いか》なる訳でせうときく。得庵子ソハ（それは）父祖の如何《いかん》に係《かかわ》らず、人生は人々独自の努力に在《あ》ることを證明するもので、即ち偉人が世に示す一大教訓であらう。併《しか》し父祖の遺徳は空しく消滅するものでない。其《その》遺徳を受用するに堪ゆる者に於《おい》て必ず発現するのであると云《い》つて居られた。

又勝海舟伯《かつかいしゅうはく》は、山岡は明鏡の如く一点の私《わたくし》を有《も》たなかつたよ。だから物事に当り即決して毫《ごう》も誤らない。而《しか》も無口であつたが能《よ》く人をして自ら反省せしめたよと云《い》つて居られた。

又滴水《てきすい》老師に居士の人格を問ふ者があると、老師は毎度アレは別物じやッと云《い》つて居られた。

又南隠《なんいん》老師は、昔より支那でも日本でも至誠の人は滅多に無いものだが、居士は真に其人《そのひと》であつたと云《い》つて居られた。

鐵舟居士遺稿

清川八郎氏碑文

君諱正明。姓清川。通称八郎。號樂水。羽前東田川郡清川村人也。弱冠遊江戸嘆曰。大丈夫読書。豈可不經理天下哉。時海関多警。憂国之士。爭唱攘夷。而廟議未有所决也。君謂。夷狄之汚神州。古今未曾有也。聖明憂於上。志士奮於下。幕吏因循。国體殆滅矣。乃仗劍遊四方。交道漸廣。名聲動一時。既而得罪。幕吏来捕君與安積五郎。變服遁匿。後潛還于江戸。文久三年四月十三日夕。過赤羽根。為刺客所殺。生於天保元年十月十日。享齢三十有四。葬于某寺。所著有論語篇、学庸論、文道篇、兵鑑、潜中紀事。其他詩文若干卷。傍好劍善書。明治二年。官追嘉君之節。賜祭祀料。今茲丙戌。其門人将建碑。以予為知君者也。来請銘。嗚呼君懐慷慨憂国之志。間關崎嶇。終不免乎禍。何其不幸哉。雖然禍福窮達之理。不可執一而論。君雖生而遘禍。死而沐至大之　天恩。則死猶生。抑亦何憾焉。予所私憾者。不能倶優遊聖世。談笑當年。傾吐懐抱而已矣。碑銘之請。寧得辞哉。銘曰。

奕々神采。昔者吾友。慷慨憂國。身死人手。天嘉其節。雨露既厚。千秋萬古。斯人不朽。

明治十九年　月　日　　正四位山岡鐵太郎撰並書

清川八郎氏碑文

君、諱は正明。姓は清川。通称は八郎である。楽水と号する。羽前東田川郡清川村の人である。二十歳になってから江戸に行き、そこで次のように嘆いた。

「立派な男子は書を読むが、どうして天下を経理しないでよかろうか。今は海防が危険な時である。憂国の士は、争って攘夷を唱えているが、政府の議論(廟議)はいまだ決まらない」。

君はいう。

「野蛮人(夷狄)が日本(神州)を汚すなど、これまでになかった未曾有の事態である、上は天皇〔聖明〕これを憂い、下は志士奮うが、幕吏はもたもたしている。これでは日本の本質〔国体〕が滅んでしまう」。

そこで剣をとって四方に出かけ、人間関係が徐々に広がり名声は一時に動かした。〔しかし〕罪人となり、幕吏が来て、君と安積五郎とを捕まえようとするが、変装して逃げ、後にひそかに江戸に帰った。文久三年（一八六三）四月十三日の夕べ、赤羽根を過ぎたところで刺客から殺害された。〔清川氏は〕天保元年（一八三〇）十月十日に生まれ、享年三十四歳である。某寺に葬られた。

著作には『論語篇』、『学庸論』、『文道篇』、『兵鑑』、『潜中紀事』。その他、詩文が若干巻ある。傍らに剣を好み、書が得意であった。明治二年（一八六九）、官は追って君の忠節をほめたたえ、祭祀料を賜った。今、この丙戌の年（明治十九年）に、門人が碑を建てようとしたとき、私が君を知っているということで私に銘文を請うてきた。

ああ、君は嘆いて憂国の志を懐いたが、多くの困難に遭い、ついには禍を避けることはできなかった。何という不幸であろうか。しかし、禍いと幸せとはどちらか一つに執着して論じてはいけない。

君は生きて、禍いに遭遇してしまったが、死後に至大の天恩に沐したのだから、君の死は生きているのと同じである。そもそもどうして残念に思うことがあろうか。私がひそかに残念に思うのは、〔君と〕一緒にこの明治という時代を遊び、当時のことを談笑しあい、思いのたけを語りあうことができないだけだ。〔そんな私だから〕碑銘を書いてくれという要請をどうして断ろうか。

詩に歌っていう。

光輝き神のように気高かった昔のわたしの友よ。嘆いて国を心配し、その体は人の手にかかって死んでしまったが、天はその忠節をほめ、恩沢を厚く蒙っている。いくら時間が経ったとしても、その人が朽ちることはない。

明治十九年　月　日　正四位　山岡鐵太郎が文を著わし、並びに書いた。

題飜刻宋脩内司本十七帖後

世多十七帖。而獨於此宋脩内司本。覩其精神。称之玉中連城璧。亦何不可。楚山産霊玉。得卞和光初発。嗚呼玉石之判。在于玉人。而命之者。其在于明君矣乎。物莫不皆然也。後之論書者。曰懸腕。曰直筆。曰何。窘於外貌。而少精神。未為得也。夫我所伝之入木者。異于彼焉　身心倶忘。自有天地萬物帰于一筆之妙矣。不至是。則此帖徒属乎片璞而已。余愛玩之旧矣。今贈千葉氏。氏翻刻欲頒諸同臭。因贅言其末云。

明治十五年十二月　　鐵舟居士識

翻刻『宋脩内司本十七帖』の後に題する

世に十七帖（書聖・王羲之の書）は多いが、ただ一つこの宋脩内司本だけは、その精神をありありと見ることができる。これを〔例えて〕玉の中の〔古代中国で、秦の昭王が十五の城と交換したいと申し入れたほどの、趙の恵文王の所蔵していたすぐれた璧《たま》である〕連城璧と称しても、どうしていけないことがあろうか。〔古代中国の説話に〕楚山には霊玉を産するが、〔それを見分けた〕卞和《べんわ》がいてこそ〔玉が〕の光が初めておこる。ああ、玉と石とを見分けるのは玉人にかかっている。そしてそれを命ずるのは明君にかかっている。すべてのものはみなそうなのだ。後世に書を論ずる人は、〔書道の技法である〕懸腕、直筆、何々など、外側の表面的な姿に苦労するが精神は少なく、いまだそれを得ていない。それに対して、私が伝える書（入木）はそれらとは違っている。身心を倶に忘れ、自から天地萬物が一筆に帰する妙《すばらしさ》がある。ここに至らなければ、この帖は徒らにかけら（片璞）に属するだけである。私はこれを長い間、大切にしていたが、今、千葉氏に贈った。すると氏はそれを翻刻して仲間に配布しようと考え、そこでその末尾に跋文を書いた。

明治十五年十二月　鐵舟居士、識す

題没絃琴

没絃琴一聲。在天即日月。在地即山川。在人即明徳。明徳何物即一聲。一聲何物即没絃琴。没絃琴何物即一聲。是此一聲眞没絃琴。

没絃琴《もつげんきん》に題す

没絃琴（絃が無い琴）が奏でる一声とは、天にあれば日月のことであり、地にあれば山川のことであり、人にあれば明徳のことである。その明徳とは何であるか。それが一声である。一声とは何物か。それが没絃琴である。没絃琴とは何物か。一声である。この一声こそ真実の没絃琴である。

題春風舘

論心総是惑心中。凝滞輸贏還失工。要識剣家精妙処。電光影裏斬春風。

春風舘に題す

心というものを論ずれば、それ自体がすでに惑いの心である。〔剣道において〕勝ち負けにこだわってしまうと、はたらきが失われてしまう。剣道家の精妙の処を知ることが必要だ。それは〔禅の言葉にある〕「電光影裏に春風を斬る（鋭く光る稲妻で春風を切り裂いたとしても、春風は何の影響もなく、いつもどおり吹く）」ということだ。

題道本號

行険徼幸皆邪路。居易守仁途不窮。更有乾坤無私句。不生不滅主人公。

道本号に題す

〔中国古典の『中庸』にあるように〕人の道を外れて幸せを求めるのはすべて邪《よこしま》な路である。それに対して人の道にかなうように処し仁を守っていれば、途《みち》は行き詰ることはない。さらにこの天地乾坤の中において私心から出た言葉はない。それが不生不滅の主人公である。

偶作

衣食常知足。疎迂而数奇。凡情何齷齪。自是有天貲。

偶作

衣食は常に足りているが、世の役に立たず、不遇である。凡情はどうして落ち着かないのか。自らに天の財産があるというのに。

剣術の流名を無刀流と稱する譯書

無刀とは。心の外に刀なしと云事にして。三界唯一心也。内外本来無一物なるが故に。敵に対する時。前に敵なく。後に我なく。妙応無方朕迹を留めず。是余が無刀流と稱する譯なり。

過現未の三際より。一切萬物に至る迄。何ひとつとして。心に非ざるものは無し。其心はあとかたもなき者にして。活潑無盡蔵なり。其用や。東涌西没。南涌北没。神変自在。天も測ることなし。此処を能々自得するときは。倚天長剣逼人寒。敵に対して敵あらばこそ。金翅鳥王の宇宙に當るが如し。其妙応なるや。愈出でゝ愈奇。青は藍より出でゝ藍よりも青し。又其日用事々物々上に於けるも亦然り。活潑自在にして物に滞らず。坐せんと要せば便ち坐し。行かんと要せば便ち行く。語默動静一々眞源ならざるはなし。心刀の利用亦快ならずや。

剣術の流名を無刀流と称する理由

無刀とは、〔自分の〕心の外に刀がないという事で〔仏教でいう〕「世界はただ自分の心である（三界唯一心）」ということである。〔また仏教でいう〕「内も外も本来、何も無い」ということであるから、敵と対する時、〔自分の〕前に敵はおらず、自分もおらず、妙応は無方で痕跡を留めることがない。これが無刀流と称する理由である。

過去・現在・未来の三際から一切万物にいたるまで、どれ一つをとっても心でないものはない。その心は痕跡もなく、活潑であり無尽蔵である。その働きは東に現れては西に没し、南に現れては北に没し、神変自在である。天でさえ予測不能である。ここをよく自ら体得したならば、「天による長剣をもって人に逼って寒じ《すさま》」（楠木正成が討ち死に前夜に極俊禅師から示されたとされる句「裁断両頭、一剣倚天寒」に基づくとされる）の境地であり、敵に対しても敵があるとは思わない。〔仏教の想像上の動物である〕金翅鳥王が宇宙に対するようである。その妙なる対応のすばらしさは、ますます出でてますます奇である。青は藍から出て〔もとの〕藍よりも青いのである。

それは日常生活においても同様である。活潑自在であって物に滞らない。坐りたければ坐り、行きたければ行く。語、黙、動、静、一つ一つが真実でないものはない。心刀の切れ味は、何と快いものではないか。

無刀流剣術大意

一無刀流剣術者。勝負を争はず。心を澄し膽を錬り。自然の勝を得るを要す。

一事理の二つを修行するに在り。事は技なり理は心なり。事理一致の場に至る。是を妙処と為す。

一無刀とは何ぞや。心の外に刀なきなり。敵と相対する時。刀に依らずして心を以て心を打つ。是を無刀と謂ふ。其修行は刻苦工夫すれば。譬へば水を飲んで冷暖自知するが如く。他の手を借らず。自ら発明すべし。

無刀流剣術大意

一つ、無刀流の剣術とは、勝負を争わず、心を澄まし膽《きも》を錬り、自然の勝を得ることを必要とする。

一つ、事理の二つを修行することにある。事とは技であり、理とは心である。事理一致の場に至る。これを妙所とする。

一つ、無刀とは何であるか。心の外に刀がないことである。敵と相対する時、刀によらずして心によって心を打つ。

これを無刀という。その修行は刻苦工夫すれば、譬えば水を飲んで冷暖自知するが如く、他の手を借りずに、自ら発明することができる。

門人に示す

剣術の妙処を知らんと欲せば。元の初心に還るべし。初心は何の心もなし。只一途に相手へ向つて打込むで行計なり。是が我身を忘れたる証拠なり。業の出来たる人は。思案分別が邪魔をして害となる。是を去れば則妙処を知る。先試に上手の人に打たれて見るべし。なか〳〵唯打たれることは出来ぬものなり。其所をどこまでも忍んで。我よりは決して打たじと覚悟して。心を動かさず。修行おこたらざるときは。なるほどゝ云場処あり。少しも疑の念をいれず修行して見よ。必ず妙処を発明するの時節あらん。

門人に示す

剣術の妙処を知ろうとするならば、初心に還らなければならない。初心には何の心もない。ただ一途に相手に向って打ちこんでいくだけである。これが我が身を忘れた証拠である。技が出来た人は、思案分別が邪魔をして害となる。これを取り去れば妙処を知る。

まず試しに上手な人に打たれて見るとよい。ただ打たれるというのはなかなか出来ないものだ。それをどこまでも耐えて、自分からは決して打たないと覚悟して、心を動かさず、修行を怠けない時は、なるほどと云う場処がある。少しも疑の念をいれずに修行して見よ。必ず妙処を発明する時があるであろう。

竹刀長短の是非を辨ず

上古より剣の寸尺は。十拳を以て定法となす。十拳は我半體なり。剣と我半體とを合すれば。敵に向ひ我全體と為る所以なり。又八拳の剣あり。八拳は十拳を減殺するものにして。敵に向ひ我精神を鋭進する所以なり。古来撃剣を以て世に鳴り。一家の流儀を伝ふる者。皆十拳以下の竹刀を用ゐたり。然るに天保年間柳川藩大石進と云者あり。漫に勝負を争ふより。始めて五尺以上の竹刀を作る。江戸に来りて諸道場に於て試合し。頗る勝を得たり。時に大石進と千葉周作との試合あり。大石は五尺余の竹刀を以てし。千葉は之に応ずるに四斗樽の蓋を取りて鍔となせりと云。其争ふ所戯技に過ぎずして。我所謂剣術には非ざるなり。爾後諸流の修行者。多く古法の真理を知らず。世の風潮に随ひて。竹刀の長きを以て利ありとなす。其浅学無識歎ずべきなり。苟も剣術を学ばんと欲する者は。虚飾の勝負を争ふ可からず。当時浪人師匠と稱し。此術を以て名を衒らひ口を糊する者。勝負の甚だ道場の冷暖に関するを懼れ。竟に竹刀を長ふするの弊害を生じたり。今也剣道を恢復せんと欲せば。宜く先づ竹刀を作るに古法を以てし。真剣実地の用に当らんことを要すべし。

竹刀長短の是非を辨ず

上古より剣の寸尺は、十拳を以て定法とする。十拳は我々の体の半分である。剣と我が体の半分を合せれば、敵に向い、我全體となるのである。また八拳の剣がある。八拳は十拳を減らしたものであり、敵に向い我が精神を鋭進するものである。

古来撃剣を以て世に鳴り。一家の流儀を伝ふる者皆十拳以下の竹刀を用いた。ところが天保年間、柳川藩に大石進という人がいた。みだりに勝負を争い、始めて五尺以上の竹刀を作った。江戸に来て諸方の道場に於て試合をし、頗る勝を得た。時に、大石進と千葉周作との試合があった。

大石は五尺余の竹刀を以てし、千葉はこれに応ずるに四斗樽の蓋を取りて鍔《つば》としたという。その争ふ所は戯技に過ぎずして、わが所謂る剣術ではない。

その後の諸流の修行者、多く古法の真理を知らず、世の風潮に随って、竹刀の長いことを有利とする。その浅学無識ぶりは嘆くべきである。仮にも剣術を学ぼうとする者は、虚飾の勝負を争ってはいけない。

当時、浪人師匠と称し、この術を以て名を衒《て》らひ口を糊する者、勝ち負けが道場の盛衰に関わるため、ついに竹刀を長くするという弊害を生じたのである。いま剣道を恢復しようとするならば、宜く、まず竹刀を作るに古法により、真剣実地の用に当ることが必要である。

大工鉋の秘術

大工の鉋を遣ふには。あらしこ、中しこ、上しこ、の三つあり。其稽古をするに。先づあらしこを遣ふには。體を固め。腹を張り。腰をする。左右の手にひとしく力を入れて。荒けづりをする。つまり総身の力を込め。骨を惜まず。十分に働かざればならぬ。荒けづりは出来ぬものぞ。次は中しこなり。中しこは。只だ総身の力を入れし計りにてはならず、自ら手の内に加減ありて。平らかにけづり。凡そ仕上の小口となるなり。されど荒しこの精神なければ。此中しこの。平らけきとなることなし。それより上しこの場に至るには。中しこの平らけき上を。又むらのなき様にけづるなり。それは一本の柱なれば。始より終り迄。一鉋にてけづらねばならぬ。柱の始より終り迄一鉋にてけづるには。心を修むるを第一とす。心修まらざれば。種々のさはり出来てむらとなる。むらとなれば仕上にならず。こゝが大工のかんなを遣ふ肝要のところなり。まづ心、體、業、の三つが備はらねばならぬぞ。心體業とは。鉋と人と柱との三つなり。人がけづると思へば鉋がとゞこほる。鉋がけづると思へば。柱がはなるゝ。そこで心體業の三つが備はると云は。鉋と人と柱と一所に働らくところ。是が手に入らねば。いつ迄大工鉋の稽古をしても。柱をよくけづることはならぬものぞ。柱を能くけづるには。初の荒しこをつかう稽古が第一也。是をよくつかひ得れば。中しこ上しこも遣ふことが出来る。されど上しこを遣ふに秘術あり。其秘術と云は別の事ではなし。心體業の三つを忘れて。只だすら〳〵と行く処にあり。これでこそ仕上が出来るなれ。其仕上の鉋と思はぬところが。秘術ともなんともいはれぬ。面白き味がある。是を学び得ねばなにを云てもむだ事ぞ。上しこの手の内は。自得でなければ。如何に思ふても伝ふると云ことは出来ません。

大工鉋《かんな》の秘術

大工のカンナを使うには、荒仕子、中仕子、上仕子、の三つがある。その稽古をするに、まず荒仕子を使うには、体を固め、腹を張り、腰を据えて、左右の手にひとしく力を入れて荒けづりをする。つまり全身の力を込め、骨を惜まない。十分に働かなければ、荒削りは出来ないものである。

次は中仕子である。中仕子は、ただ全身の力を入れるだけではだめだ。自ら手の内を加減して平らに削り、凡そ仕上の小口となる。しかし荒仕子の精神がなければ、この中仕子の、平らけきとなることなし。それから上仕子の場に至るには、中仕子の平らな上を、またムラのないように削る。それは一本の柱であるから、始から終りまで一カンナで削らねばならない。柱の始から終りまで一カンナで削るには、心を修めるのを第一とする。心が修まらなければ種々の障りが出来てムラになる。ムラになると仕上にならない。ここが大工のカンナを使う肝要のところである。

まず心、体、業、の三つが備わらねばならない。心、体、業とは、カンナと人と柱との三つである。人が削ると思へばカンナが滞る。カンナが削ると思えば柱が離れる。そこで心、体、業の三つが備はると云うのは、鉋と人と柱と一所に働らくところ。これが手に入らなければ、いつまで大工カンナの稽古をしても、柱をよく削ることはできないものだ。柱をうまく削るには、初の荒仕子を使う稽古が第一である。これをよく使うことができれば、中仕子、上仕子も使うことが出来る。

しかし上仕子を使うには秘術がある。その秘術というのは特別の事ではない。心、体、業の三つを忘れて、ただスラスラと行く処にある。これでこそ仕上が出来るのである。その仕上げのカンナと思わないところが、秘術とも、何ともいわれない面白い味がある。これを学ぶことができなければ、何を言っても無駄なことだ。上仕子の手の内は、自得でなければ、いかに思っても伝えるということはできない。

或人に示す

悟とは。念を滅却するを云。念を以て身をなす。悟れば生きながら身なし。

不二山

晴てよし、曇りてもよし、不二の山、もとの姿は、かはらさりけり、

山家花

思ひいる、かひこそはあれ、咲うつむ、やまさくら戸の、花の盛は、

一心の号を

まこゝろの、ひとつ心の、こゝろより、萬のことは、なり出にけむ、

劫火洞然を

安心を、すれは何にも、こはくなし、地震雷火事親父迄

折に触れて

よのなかに、望なけれと、しなぬうちは、見聞につけて、働かねはならん、

骸骨を画きて

死に切て、みれは誠に、楽かある、しなぬ人には、真似もなるまい、

闘拳の図を画きて

名主さん、鉄砲でうては、大騒き、はかす狐の、世渡りかよし、

蛞蝓を画きて

世の中は、蛇と蛙て、恐ろしや、たゝなめくぢの、あるてたすかる、

蛆を画きて

糞をおき、うじを掃ふは、何事そ、くそより出来し、蛆としらすや、

折に触れて

世の中は、さいの河原と、成にけり、つめはくつるゝ、〳〵、

全生庵梵鐘供養の日に

みな人の、けふは誠の、あらはれて、法の筵は、にきはひにけり、
剣術を
うち合す、剣のもとに、迷なく、身をすてゝこそ、生きる道あれ、
火の車に乗れる図を画きて
馬車ならて、わか乗るものは、火の車、かけとる鬼の、絶ゆる間もなし、
梅を観て
梅咲や、財布のうちも、無一物、
鵑を聞きて
珍らしや、四五年ふりて、郭公、
蝸牛を画きて
行先に、我家ありけり、かたつむり、
海舟筆麥魚の画に
薄氷、とけて目高の、鼻そろひ、
烏瓜を画きて

我祖師に、似た処あり、からすうり、
自像を画きて
死んだとて、損得もなし、馬鹿野郎、

慶應戊辰三月駿府大総督府ニ於テ西郷隆盛氏ト談判筆記

戊辰《ぼしん》ノ年《とし》官軍《かんぐん》。我主徳川慶喜《わがしゅとくがわけいき》御征討《ごせいとう》ノ節《せつ》。官軍《かんぐん》ト徳川《とくがわ》ノ間《あい》ダ隔絶《かくぜつ》。旧主家《きゅうしゅか》ノ者《もの》如何《いかん》トモ尽力《じんりょく》ノ途《みち》ヲ失《うしな》ヒ。論議紛紜《ろんぎふんうん》。廟堂上《びょうどうじょう》一人《にん》トシテ。慶喜《けいき》ノ恭順《きょうじゅん》ヲ大総督《だいそうとくの》宮《みや》ヘ相訴《あいうった》ル者《もの》ナク。日夜焦心苦慮《にちやしょうしんくりょ》スルノミナリ。其内譜代《そのうちふだい》ノ家士《かし》数万人《すうまんにん》。論議《ろんぎ》一定不致《ていいたさず》。或《あるい》ハ官軍《かんぐん》ニ抗《こう》セントスル者《もの》アリ。又《また》ハ脱走《だっそう》シテ事《こと》ヲ計《はか》ラントスル者《もの》アリ。其勢《そのいきおい》言語《げんご》ニ尽《つく》ス能《あた》ハザルナリ。旧主徳川慶喜《きゅうしゅとくがわけいき》儀《ぎ》ハ。恭順謹慎《きょうじゅんきんしん》。朝廷《ちょうてい》ニ対《たい》シ公正無《こうせいむ》二ノ赤心《せきしん》ニテ。譜代《ふだい》ノ家士《かし》等《ら》ニ示《しめ》スニ。恭順謹慎《きょうじゅんきんしん》ノ趣旨《しゅし》ヲ厳守《げんしゅ》スベキヲ以《もっ》テス。若不《もしふ》軌《き》ノ事《こと》ヲ計《はか》ル者《もの》アラバ。予《よ》ニ刃《じん》スルガ如《ごと》シト達《たっ》シタリ。故《ゆえ》ニ余旧主《よきゅうしゅ》ニ述《のぶ》ルニ。今日《こんにち》切迫《せっぱく》ノ時勢《じせい》。恭順《きょうじゅん》ノ趣旨《しゅし》ハ如何《いか》ナル考《かんがえ》ニ出候哉《いでそうろうや》ト問《と》フ。旧主《きゅうしゅ》示《しめ》スニ。予《よ》ハ　朝廷《ちょうてい》ニ対《たい》シ公正無《こうせいむ》二ノ赤心《せきしん》ヲ以《もっ》テ謹慎《きんしん》スト雖《いえど》モ。朝敵《ちょうてき》ノ命下《めいくだ》リシ上《うえ》ハ。トテモ予《よ》ガ生命《せいめい》ヲ全《まっとう》スル事《こと》ハ成《なる》マジ。斯迄衆人《かくまでしゅうじん》ニ悪《にく》マレシ事《こと》。返《かえ》ス返《がえ》スモ歎《なげ》カハシキ事《こと》ト落涙《らくるい》セラレタリ。余《よ》旧主《きゅうしゅ》ニ述《のぶ》ルニ。何《なに》ヲ弱《よわ》キツマラヌ事《こと》ヲ申《もう》サルヽヤ。謹慎《きんしん》トアルハ詐《いつは》リニテモ有《あら》ンカ。何《なに》カ外《ほか》ニタクマレシ事《こと》ニテモ有《ある》ベキカ。旧主曰《きゅうしゅいわく》予《よ》ハ別心《べっしん》ナシ。如何《いか》ナル事《こと》ニテモ　朝命《ちょうめい》ニ背《そむ》カザル無《む》二赤心《せきしん》ナリト。余《よ》曰《いわく》真《しん》ノ誠意《せいい》ヲ以《もっ》テ謹慎《きんしん》ノ事《こと》ナレバ　朝廷《ちょうてい》ヘ貫徹《かんてつ》シ。御疑念氷解《ごぎねんひょうかい》ハ勿論《もちろん》ナリ。鐵太郎《てつたろう》ニ於《おい》テ。其邊《そのへん》ハ屹《きっ》ト引受《ひきうけ》。必赤心徹底可致様尽力致《かならずせきしんてっていいたすべくようじんりょくいた》スベシ。鐵太郎眼《てつたろうまなこ》ノ黒《くろ》キ内《うち》ハ。決《けっ》シテ配慮有之間敷《はいりょこれあるまじく》ト断言《だんげん》ス。爾後自《そののちみずか》ラ天地《てんち》ニ誓《ちか》ヒ死《し》ヲ決《けっ》シ。只《ただ》一人官軍《にんかんぐん》ノ營中《えいちゅう》ニ至《いた》リ。大総督宮《だいそうとくのみや》ヘ此《この》衷情《ちゅうじょう》ヲ言上《ごんじょう》シ。国家《こっか》ノ為《ため》ニ無事《ぶじ》ヲ計《はか》ラント欲《ほっ》ス。大総督府本営《だいそうとくふほんえい》ニ到《いた》ル迄《まで》。若《も》シ余《よ》ガ命《いのち》ヲ絶《た》ツ者《もの》アラバ曲《きょく》ハ彼《かれ》ニアリ。余《よ》ハ国家《こっか》百萬ノ生霊《せいれい》ニ代《かわ》リ。生《せい》ヲ捨《すつ》ルハ素《もと》ヨリ余《よ》ガ欲《ほっ》スル所《ところ》ナリト。心中青天白日《しんちゅうせいてんはくじつ》ノ如《ごと》ク。一點《てん》ノ曇《くもり》ナキ赤心《せきしん》ヲ。一二ノ重臣《じゅうしん》ニ計《はか》レドモ。其事決《そのことけっ》シテ成難《なりがた》シトシテ肯《がえん》ゼズ。当時《とうじ》軍事総裁勝安房《ぐんじそうさいかつあわ》ハ。余素《よもと》ヨリ知己《ちき》ナラズト雖《いえど》モ。曾《かつ》テ其膽略《そのたんりゃく》アルヲ聞《き》ク。故《ゆえ》ニ行《ゆい》テ是《これ》ヲ安房《あわ》ニ計《はか》ル。安房余《あわよ》ガ粗暴《そぼう》ノ聞《きこ》ヘアルヲ以《もっ》テ少《すこ》シク不信《ふしん》ノ色《いろ》アリ。安房余《あわよ》ニ問曰《とうていわく》。足下如何《そっかいか》ナル手立《だて》ヲ以《もっ》テ官軍營《かんぐんえい》中《ちゅう》ヘ行《ゆく》ヤト。余曰官軍營中《よいわくかんぐんえいちゅう》ニ到《いた》レバ。斬《ざん》スルカ縛《ばく》スルカノ外《ほか》ナカルベシ。其時雙刀《そのときそうとう》ヲ渡《わた》シ。縛《ばく》スレバ縛《ばく》ニツキ。斬《き》ラントセバ我旨《わがし》意《い》ヲ一言《ごん》大総督宮《だいそうとくのみや》へ言上《ごんじょう》セン。若其《もしその》言《こと》ノ悪《あし》クバ。直《ただち》ニ首《くび》ヲ斬《き》ルベシ。其言《そのこと》ノヨクバ。此所置《このしょち》ヲ余《よ》ニ任《まか》スベシト云《い》ハン而《の》已《み》。是非《ぜひ》ヲ問《と》ハズ。只空《ただむなし》ク人《ひと》ヲ殺《ころ》スノ理《り》ナシ。何《なん》ノ難《かた》キコトカ之《これ》アラント。安房其《あわその》精神不動《せいしんふどう》ノ色《いろ》ヲ見《み》テ。断然同意《だんぜんどうい》シ余《よ》ガ望《のぞみ》ニ任《ま》カス。夫《それ》ヨリ余家《よいえ》ニ帰《かえ》リシトキ。薩人《さつじん》益満休之助《ますみつきゅうのすけ》来《きた》リ同行《どうこう》セン事《こと》ヲ乞《こ》フ。依《より》テ同行《どうこう》ヲ承諾《しょうだく》シ。直《ただ》チニ駿府《すんぷ》ニ向《むか》ヒテ急行《きゅうこう》ス。既《すで》ニ六郷河《ろくごうがわ》ヲ渡《わた》レバ。官軍《かんぐん》ノ先鋒《せんぽう》。左右皆銃隊《さゆうみなじゅうたい》。其中央《そのちゅうおう》ヲ通行《つうこう》スルニ止《とど》ムル人《ひと》ナシ。隊長《たいちょう》ノ宿営《しゅくえい》ト見《み》ユル家《いえ》ニ到《いた》リ。案内《あんない》ヲ乞《こ》ハズシテ立入《たちいり》リ。隊長《たいちょう》ヲ尋《たず》ヌルニ是《これ》ナルベシト思《おも》フ人《ひと》アリ。（後聞ケバ篠原国幹ナリ）則《すなわ》チ大音《だいおん》ニテ。朝敵徳川慶喜《ちょうてきとくがわけいき》家来《けらい》山岡鐵太郎《やまおかてつたろう》。大総督府《だいそうとくふ》へ通《とお》ルト断《こと》ハリシニ。其人徳川慶喜《そのひととくがわけいき》徳川慶喜《とくがわけいき》ト。二声《こえ》小音《こごえ》ニテ云《いい》シノミ。此家《このいえ》ニ居合《いあわ》ス人《ひと》。凡《およ》ソ百人《にん》計《ばか》リト思《おも》ヘドモ何《いず》レモ声《こえ》モ出《いだ》サズ。唯余《ただよ》ガ方《ほう》ヲ見《み》タル計《ばか》リナリ。依《より》テ其家《そのいえ》ヲ出《いで》。直《ただち》ニ横浜《よこはま》ノ方《ほう》ニ急行《いそぎゆ》キタリ。其時益満《そのときますみつ》モ後《うしろ》ニ添《そう》テ来《きた》レリ。横浜《よこはま》ヲ出《いで》。神奈川駅《かながわえき》ニ到《いた》レバ長州《ちょうしゅう》ノ隊《たい》トナレリ。是《これ》ハ兵士《へいし》旅営《りょえい》ニ入《い》リ。駅《えき》ノ前後《ぜんご》ニ番兵《ばんぺい》ヲ出《いだ》セリ。此所《ここ》ニテハ。益満《ますみつ》ヲ先《さき》トナシ余《よ》ハ後《うしろ》ニ従《したが》ヒ。薩州藩《さっしゅうはん》ト名乗《なの》リ急《いそ》ギ行《ゆ》クニ更《さら》ニ支《ささ》フル者《もの》ナシ。夫《それ》ヨリ追々薩藩《おいおいさっぱん》ト名乗《なの》レバ。無印鑑《むいんかん》ナレドモ。

礼《れい》ヲ厚《あつく》シ通行《つうこう》サセタリ。小田原駅《おだわらえき》ニ着《つき》タル頃《ころ》。江戸《えど》ノ方《ほう》ニ兵端《へいたん》ヲ開《ひら》ケリトテ。物見《ものみ》ノ人数路上《にんずうろじょう》ニ絶《た》ヘズ。東《ひがし》ニ向《むか》ヒテ出張《しゅっちょう》ス。戦争《せんそう》ハ何処《いずこ》ニテ始《はじま》リシト尋《たず》ネシニ。甲州《こうしゅう》勝沼《かつぬま》ノ辺《へん》ナリト云《い》フ。仄《ほのか》ニ聞《きく》。近藤勇甲州《こんどういさみこうしゅう》ヘ脱走《だっそう》セシガ。果《はた》シテ是《これ》ナルベシト心《こころ》ニ思《おも》フタリ。昼夜兼行駿府《ちゅうやけんこうすんぷ》ニ到着《とうちゃく》。伝馬町某家《でんまちょうぼうけ》ヲ旅営《りょえい》トセル。大総督府下参謀西郷吉之助方《だいそうとくふかさんぼうさいごうきちのすけかた》ニ行《ゆ》キテ面謁《めんえつ》ヲ乞《こ》フ。同氏《どうし》異議《いぎ》ナク対面《たいめん》ス。余《よ》西郷氏《さいごうし》ノ名《な》ヲ聞事久《きくことひさ》シ。然《しか》レドモ曾《かつ》テ一面識《めんしき》ナシ。西郷氏《さいごうし》ニ問曰《とうていわく》。先生此度朝敵征討《せんせいこのたびちょうてきせいとう》ノ御旨意《ごしい》ハ。是非《ぜひ》ヲ論《ろん》ゼズ進撃《しんげき》セラル丶カ。我徳川家《わがとくがわけ》ニモ多数《たすう》ノ兵士《へいし》アリ。是非《ぜひ》ニカ丶ハラズ進軍《しんぐん》トアルトキハ。主人徳川慶喜《しゅじんとくがわけいき》。東叡山菩提寺《とうえいざんぼだいじ》ニ恭順謹慎致《きょうじゅんきんしんいた》シ居《お》リ。家士共《かしども》ニ厚《あつ》ク説諭《せつゆ》スト雖《いえ》ドモ。終《つい》ニハ鎮撫行届《ちんぶゆきとど》カズ。或《あるい》ハ朝意《ちょうい》ニ背《そむ》キ。又《また》ハ脱走不軌《だっそうふき》ヲ計《はか》ル者多《ものおお》カラン。左《さ》スレバ主人徳川慶喜《しゅじんとくがわけいき》ハ。公正無二《こうせいむに》ノ赤心《せきしん》。君臣《くんしん》ノ大義《たいぎ》ヲ重《おも》ンズルモ。朝廷《ちょうてい》ヘ徹《てっ》セズ。余其《よそ》ノ事《こと》ヲ歎《なげ》キ。大総督宮《だいそうとくのみや》ヘ此事《このこと》ヲ言上《ごんじょう》シ。慶喜《けいき》ノ赤心《せきしん》ヲ達《たっ》セン為《た》メ。是迄参《これまでまい》リシナリト。西郷氏曰《さいごうしいわく》。最早甲州《もはやこうしゅう》ニテ兵端《へいたん》ヲ開《ひらき》シ旨注進《むねちゅうしん》アリ。先生《せんせい》ノ言《い》フトコロトハ相違《そうい》ナリト云《い》フ。余曰夫《よいわくそれ》ハ脱走《だっそう》ノ兵《へい》ノナス所《ところ》ナリ。縦令兵端開《たといへいたんひら》キタリトテ何《なん》ノ子《し》細《さい》モナシト云《い》ヒケレバ。西郷氏曰《さいごうしいわく》。夫《それ》ナレバヨシトテ後《あと》ヲ問《と》ハズ。余曰先生《よいわくせんせい》ニ於《おい》テハ。戦《たたかい》ヲ何途《どこ》迄《まで》モ望《のぞ》マレ。人《ひと》ヲ殺《ころ》スヲ専《せん》一トセラルゝカ。夫《それ》デハ王師《おうし》トハ云《い》ヒ難《がた》シ。天子《てんし》ハ民《たみ》ノ父母《ふぼ》ナリ。理非《りひ》ヲ明《あき》ラカニスルヲ以《もっ》テ王師《おうし》トスト。西郷氏《さいごうし》曰《いわく》。唯進撃《ただしんげき》ヲ好《この》ムニアラズ。恭順《きょうじゅん》ノ実効《じっこう》サヘ立《た》テバ。寛典《かんてん》ノ御所置《ごしょち》アラン。余曰其実効《よいわくそのじっこう》ト云《い》フハ如何《いか》ナル事《こと》ゾ。勿論慶喜《もちろんけいき》ニ於《おい》テハ。朝命《ちょうめい》ハ背《そむ》カザルナリ。西郷氏曰《さいごうしいわく》。先日静寛院宮《せんじつせいかんいんのみや》天璋院殿《てんしょういんでん》ノ使者来《ししゃきた》リ。慶喜殿恭順謹慎《けいきどのきょうじゅんきんしん》ノ事歎願《ことたんがん》スト雖《いえど》モ。只恐懼《ただきょうく》シテ更《さら》ニ條理分《じょうりわか》ラズ。空《むな》シク立戻《たちもど》リタリ。先生是迄出張江戸《せんせいこれまでしゅっちょうえど》ノ事情《じじょう》モ判然《はんぜん》シ。大《おおい》ニ都合《つごう》ヨロシ。右《みぎ》ノ趣《おもむき》大総督宮《だいそうとくのみや》ヘ言上可致《ごんじょういたすべく》。此所《ここ》ニ扣《ひか》ヘ居《お》ルベシトテ。宮《みや》ヘ伺候《しこう》ス。暫《しばら》クアリテ西郷氏帰営《さいごうしきえい》シ。宮《みや》ヨリ五箇條《かじょう》ノ御書御下《ごしょおさ》ゲ有《あり》タリ。其文《そのぶん》ニ曰《いわく》。

一　城《しろ》ヲ明渡《あけわた》ス事《こと》。

一　城中《じょうちゅう》ノ人数《にんずう》ヲ向島《むこうじま》ヘ移《うつ》ス事《こと》。

一　兵器《へいき》ヲ渡《わた》ス事《こと》。

一　軍艦《ぐんかん》ヲ渡《わた》ス事《こと》。

一　徳川慶喜《とくがわけいき》を備前《びぜん》ヘ預《あずけ》ル事《こと》。

西郷氏曰《さいごうしいわく》。右《みぎ》ノ五箇《か》ヶ條実効相立上《じょうじっこうあいたつうえ》ハ。徳川家寛典《とくがわけかんてん》ノ御所置《ごしょち》モ可有之《これあるべし》ト。余曰《よいわく》　謹《つつしん》デ承《うけたまわ》リタリ。然《しか》レドモ右《みぎ》五ヶ條《じょう》ノ内《うち》ニ於《お》テ。一ヶ條《じょう》ハ拙者《せっしゃ》ニ於《お》テ何分《なにぶん》ニモ御請《おうけ》難致旨之有候《いたしがたきむねこれありそうろう》。西郷氏《さいごうし》曰夫《いわくそれ》ハ何《なん》ノ箇條《かじょう》ナルカ。余曰《よいわく》主人慶喜《しゅじんけいき》ヲ独《ひと》リ備前《びぜん》ヘ預《あずけ》ル事《こと》。決《けっ》シテ相成《あいなら》ザル事《こと》ナリ。如何《いかん》トナレバ。此場《このば》ニ至《いた》リ徳川恩顧《とくがわおんこ》ノ家士《かし》。決《けっ》シテ承《しょう》伏不致《ふくいたさざる》ナリ。詰《つま》ル所兵端《ところへいたん》ヲ開《ひら》キ。空《むな》シク数万《すうまん》ノ生命《せいめい》ヲ絶《た》ツ。是王師《これおうし》ノナス所《ところ》ニアラズ。サレバ先生《せんせい》ハ只《ただ》ノ人殺《ひとごろ》シナルベシ。故《ゆえ》ニ拙者此條《せっしゃこのじょう》ニ於《お》テハ決《けっ》シテ不肯《がえんぜざる》ナリ。西郷氏《さいごうし》曰《いわく》。朝命《ちょうめい》ナリ。余曰《よいわく》。タトヒ朝命《ちょうめい》タリト雖《いえど》モ。拙者《せっしゃ》ニ於《お》テ決《けっ》シテ承伏《しょうふく》セザルナリト断言《だんげん》ス。西郷氏《さいごうし》又強《またしい》テ　朝命《ちょうめい》ナリト云《いう》。余曰然《よいわくしか》レバ先生《せんせい》ト余《よ》ト。其位置《そのいち》ヲ易《か》ヘテ暫《しばら》ク之《これ》ヲ論《ろん》ゼン。先生《せんせい》ノ主人島津公《しゅじんしまづこう》。若誤《もしあやま》リテ朝敵《ちょうてき》ノ汚名《おめい》ヲ受《う》ケ。官軍征討《かんぐんせいとう》ノ日《ひ》ニ当《あた》リ。其君恭順謹慎《そのきみきょうじゅんきんしん》ノ時《とき》ニ及《およ》ンデ。先生余《せんせいよ》ガ任《にん》ニ居《お》リ。主家《しゅか》ノ為《た》メ尽力《じんりょく》スルニ。主人慶喜《しゅじんけいき》ノ如《ご》キ御所置《ごしょち》ノ　朝命《ちょうめい》アラバ。先生其命《せんせいそのめい》ヲ奉戴《ほうたい》シ。速《すみや》カニ其君《そのきみ》ヲ差出《さしだ》シ。安閑《あんかん》トシテ傍観《ぼうかん》スル事《こと》。君臣《くんしん》ノ情《じょう》。先生《せんせい》ノ義《ぎ》ニ於《お》テ如何《いかん》ゾヤ。此儀《このぎ》ニ於《お》テハ鐵太郎《てつたろう》決《けっ》シテ忍《しの》ブ事能《ことあた》ハザル所《ところ》ナリト激論《げきろん》セリ。西郷氏黙然暫《さいごうしもくぜんしばら》クアリテ曰《いわく》。先生《せんせい》ノ説尤《せつもっと》モ然《しか》リ。然《しか》ラバ則　徳川慶喜殿《すなわちとくがわけいきどの》ノ事《こと》ニ於《お》テハ。吉之助《きちのすけ》屹《きっ》ト引受《ひきう》ケ取計《とりはから》フベシ。先生　必《せんせいかなら》ズ心痛《しんつう》スル事《こと》ナカレト誓約《せいやく》セリ。後《のち》ニ西郷氏余《さいごうしよ》ニ謂《い》フ。先生官軍《せんせいかんぐん》ノ陣営《じんえい》ヲ破《やぶ》リ此《ここ》ヘ来《きた》ル。縛《ばく》スルハ勿論《もちろん》ナレドモ縛《ばく》サズト。余《よ》答《こたえて》曰《いわく》縛《ばく》ニツクハ余《よ》ガ望《のぞ》ムトコロ。早《はや》ク縛《ばく》スベシト。西郷氏《さいごうし》笑《わら》テ曰《いわく》。先《ま》ヅ酒《さけ》ヲ酌《くま》ント。数杯《すうはい》ヲ傾《かたむ》ケ暇《いとま》ヲ告《つぐ》レバ。西郷氏《さいごうし》大総督府《だいそうとくふ》陣営《じんえい》通行《つうこう》ノ符《ふ》ヲ与《あた》フ。之《これ》ヲ請《うけ》テ去《さ》ル。帰路急行《きろきゅうこう》。神奈川駅《かながわえき》ヲ過《すぐ》ル頃《ころ》。乗馬《じょうば》五六匹《ぴき》ヲ牽《ひ》キテ行《ゆく》アリ。何《いず》レノ馬《うま》ナルカト尋《たず》ネシニ。江川太郎左衛門《えがわたろうざえもん》ヨリ出《いだ》ス所《ところ》ノ官軍用馬《かんぐんようば》ナリト。其馬《そのうま》二匹《ひき》ヲ借《か》ルベシト云《い》ヒ。直《ただ》チニ益満《ますみつ》ト共《とも》ニ其馬《そのうま》ニ跨《また》ガリ。馳《はせ》テ品川駅《しながわえき》ニ到《いた》ル。官軍先鋒《かんぐんせんぽう》既《すで》ニ同駅《どうえき》ニ在《あ》リ。番兵《ばんぺい》余《よ》ニ馬《うま》ヲトヾメヨト云《い》フ。余《よ》不聞《きかず》シテ行《ゆ》ク。急《きゅう》ニ二三名走《めいはし》リ来《きた》リ。一人余《にんよ》ガ乗《のり》タル馬《うま》ノ平首《ひらくび》ニ銃《じゅう》ヲ当《あ》て。胸間《きょうかん》ヘ向《む》ケ放発《ほうはつ》セリ。奇《き》ナル哉《かな》。雷管発《らいかんはっ》シテ弾丸発《だんがんはっ》セズ。益満驚《ますみつおどろ》キテ馬《うま》ヨリ下《くだ》リ。其兵《そのへい》ノ持《もち》タル銃《じゅう》ヲ打落《うちおと》シ。西郷氏《さいごうし》ニ応接《おうせつ》ノ云々《うん〱》ヲ示《しめ》スニ聞《きか》ズ。伍長体《ごちょうてい》ノ人《ひと》出《い》デ来《きた》リ。其兵士《そのへいし》ヲ諭《さと》ス。兵不伏《へいふふく》ナガラ退《しりぞ》ク。（薩藩山本某ト云フ人ナリ）若銃弾発《もしじゅうだんはっ》スレバ其所《そこ》ニテ死《し》スベシ。幸《さいわい》ニ天《てん》ノ余《よ》ガ生命《せいめい》ヲ保護《ほご》スル所《ところ》ナランカト。益満《ますみつ》ト共《とも》ニ馬上《ばじょう》ニ談《だん》ジ。急《いそ》ギ江戸城《えどじょう》ニ帰《かえ》リ。即《すなわ》チ大総督宮《だいそうとくのみや》ヨリ御下《おさ》ゲノ五ヶ條《じょう》。西郷氏《さいごうし》ト約《やく》セシ云々《うんぬん》ヲ。詳《つまびら》カニ参政大久保《さんせいおおくぼ》一翁《おう》勝安房《かつあわ》等《ら》ニ示《しめ》ス。両氏其他《りょうしそのた》ノ重臣《じゅうしん》。官軍徳川《かんぐんとくがわ》ノ間《あいだ》。事情貫徹《じじょうかんてつ》セシ事《こと》ヲ喜《よろこ》ベリ。旧主徳川慶喜《きゅうしゅとくがわけいき》ノ欣喜《きんき》言語《げんご》ヲ以《もっ》テ云《い》フベカラズ。直《ただ》チニ江戸《えど》市中《しちゅう》ニ布告《ふこく》ヲナシタリ。其大意《そのたいい》如此《かくのごとし》。大総督府下参謀西郷吉之助殿《だいそうとくふかさんぼうさいごうきちのすけどの》へ応接相済《おうせつあいすみ》。恭順《きょうじゅん》謹慎実効相立候上《きんしんじっこうあいたちそうろううえ》ハ。寛典《かんてん》ノ御所置相成候《ごしょちあいなりそうろう》ニ付《つき》。市中《しちゅう》一同動揺《どうどうよう》不致《いたさず》。家業《かぎょう》可致《いたすべし》トノ高札《こうさつ》ヲ。江戸市中《えどしちゅう》ニ立《た》ツ。是《ここ》ニ於《おい》テ。市中《しちゅう》ノ人民《じんみん》少《すこ》シク安堵《あんど》ノ色《いろ》アリ。是《これ》ヨリ後西郷氏《のちさいごうし》江戸《えど》ニ著《ちゃく》シ。高輪薩摩邸《たかなわさつまてい》ニ於《おい》テ西郷氏《さいごうし》ニ。勝安房《かつあわ》ト余《よ》ト相会《あいかい》シ。共《とも》ニ前日約《ぜんじつやく》セシ四ヶ條必《じょうかなら》ズ実効《じっこう》ヲ可奏《そうすべし》ト誓約《せいやく》ス。故《ゆえ》ニ西郷氏《さいごうし》承諾進軍《しょうだくしんぐん》ヲ止《とど》ム。此時徳川家《このときとくがわけ》ノ脱兵《だっぺい》ナルカ。軍装《ぐんそう》セシ者同邸《ものどうてい》ナル後《うしろ》ノ海《うみ》ニ。小舟《こぶね》七八艘《そう》ニ乗組《のりくみ》。凡《およ》ソ五十人計《にんばか》リ同邸《どうてい》ニ向《むか》ヒ寄《よ》セ来《きた》ル。西郷氏《さいごうし》ニ附属《ふぞく》ノ兵士《へいし》。事《こと》ノ出来《いできた》ルヲ驚《おどろ》キ奔走《ほんそう》ス。安房《あわ》モ余《よ》モ之《これ》ヲ見《み》テ如何《いか》ナル者《もの》カト思《おも》ヒタリ。西郷氏神色自若《さいごうししんしょくじじゃく》。余《よ》ニ向《むか》ヒ笑《わらっ》テ曰《いわく》。私《わたくし》ガ殺《ころ》サレルト。兵隊《へいたい》ガフルヒマスト云《いい》タリ。其言《そのこと》ノ確乎《かくこ》トシテ不動事《どうぜざること》。真《しん》ニ感《かん》ズベキナリ。暫時《しばらく》アリテ其兵《そのへい》ハ何《いず》レヘカ去《さ》ル。全《まった》ク脱兵《だっぺい》ト見《み》エタリ。如此《かくのごとき》ノ勢《いきおい》ナレバ西郷氏応接《さいごうしおうせつ》ニ来《きた》ル毎《ごと》ニ。余往返《よおうへん》ヲ護送《ごそう》ス。徳川家《とくがわけ》ノ兵士議論《へいしぎろん》百端殺気《たんさっき》云《い》フ可《べか》ラザルノ秋《とき》。若《も》シ西郷氏《さいごうし》ヲ途中《とちゅう》ニ殺《ころ》サント謀《はか》ル者《もの》アレバ。余《よ》前約《ぜんやく》ニ対《たい》シ甚《はなは》ダ之《これ》ヲ恥《は》ヅ。萬一不慮《ふりょ》ノ変《へん》アル時《とき》ハ。西郷氏《さいごうし》ト共《とも》ニ死《し》セント心《こころ》ニ盟《ちかい》テ護送《ごそう》セリ。此日大総督府下参謀《このひだいそうとくふかさんぼう》ヨリ。急御用有之出頭《きゅうごようこれありしゅっとう》スベシトノ御達《おたっし》アリ。余《よ》出頭《しゅっとう》セシニ。村田新八《むらたしんぱち》出来《いでき》タリ。先日《せんじつ》官軍《かんぐん》ノ陣営《じんえい》ヲ足下《そくか》猥《みだり》ニ通行《つうこう》ス。其旨《そのむね》先鋒隊《せんぽうたい》ヨリ報知《ほうち》ス。我《われ》ト中村半次郎《なかむらはんじろう》ト。足下《そくか》ヲ跡《あと》ヨリ追付切殺《おいつききりころ》サントセシガ。足下《そくか》早《はや》クモ西郷方《さいごうかた》ヘ到《いた》リ面会《めんかい》セシニ依《より》テ切損《きりそん》ジタリ。余《あま》リ残念《ざんねん》サニ呼出《よびだ》シ是《これ》ヲ云《い》ヘルノミ。別《べつ》ニ御用向《ごようむき》ハ無《な》シト云《い》フ。予曰《よいわく》ソレハサモ有《ある》ベシ。予《よ》ハ江戸兒《えどっこ》ナリ足《あし》ハ尤《もっと》モ早《はや》シ。貴君方《きくんがた》ハ田舎者《いなかもの》ニテノロマ男故《おとこゆえ》。予《よ》ガ早《はや》キニハトテモ及《およ》ブマジト云《い》フテ。共《とも》ニ大笑《おおわら》ヒシテ別《わか》レタリ。両士《りょうし》モ其時《そのとき》軍監《ぐんかん》ニテ陣営《じんえい》ヲ護《まも》リナガラ。卒然《そつぜん》其職務《そのしょくむ》ヲ失《しく》ジリシヲ遺憾《いかん》ニ思《おも》ヒシト見《み》エタリ。如此《かくのごとき》ノ形勢《けいせい》ナレバ。予輩《よはい》鞠躬尽力《きくきゅうじんりょく》シテ。以《もっ》テ旧主徳川慶喜《きゅうしゅとくがわけいき》ガ君臣《くんしん》ノ大義《たいぎ》ヲ重《おも》ンズルノ心《こころ》ヲ體認《たいにん》シ。謹《つつしん》デ四ヶ條《じょう》ノ実効《じっこう》ヲ奏《そう》シ。且《かつ》百般《はん》ノ難件《なんけん》ヲ所置《しょち》スル者《もの》。是《こ》レ則《すなわ》チ予《よ》ガ国家《こっか》ニ報《むく》ユル所以《ゆえん》ノ微意《びい》ナリ。

明治十五年三月　山岡鐵太郎誌

慶應戊辰三月駿府大総督府ニ於テ西郷隆盛氏ト談判筆記

戊辰の年、官軍が我が主、徳川慶喜を御征討した時、官軍と徳川の間は隔絶して、旧主家の者は如何とも方策が尽き、論議は紛紜するが、幕府側では誰一人として慶喜の恭順を大総督宮に訴える者はおらず、日夜、焦心苦慮するだけであった。

その内、譜代の家士数万人は、議論が定まらず、あるいは官軍に抵抗しようとするものがおり、また、脱走して事を計画するものがおり、その勢は言語に尽すことができない状況であった。

旧主徳川慶喜は恭順謹慎し、朝廷に対し公正無二の赤心をもって、譜代の家士等に示すに、恭順謹慎の趣旨を厳守すべきとした。もしおかしなことを企むものがいたら、それは自分に歯向かうのと同じであると命令した。故に私は旧主に述べた。「今日切迫の時勢、恭順の趣旨はどのような考え方から出たものでしょうか」と。

旧主が言うに、「私は朝廷に対して公正無二の赤心をもって謹慎するが、朝敵の命が下った以上は、とても私の生命を全うすることはできないであろう。これまで衆人に憎まれたことは、返す返すも歎かわしいことである」と涙を落された。

私は旧主に述べた。「何を弱気なことを申されるのですか。謹慎といっても〔実は〕他のお考えがあるのでしょう。何かほかに計画していることがあるのですか」と。

旧主が曰う。「私には別心はない。どんなことでも朝命に背かない無二の赤心である」。私が曰う。「真の誠意をもって謹慎されれば、それが朝廷に貫徹し、御疑念が氷解されるのは当然です。鐵太郎がきっと引き受けます。必ず赤心が徹底いたすよう尽力致いたします。鐵太郎の眼が黒い内は、決して心配をおかけしないと断言いたします」。

その後、自ら天地に誓い、死を決意し、たった一人で官軍の営中に行き、大総督宮にこの衷情を申し上げ、国家のために戦争を回避する事を計ろうとした。大総督府本営に到るまで、もし私が絶命するようであれば、曲《とが》（まちがっている事）は官軍にある。私が国家百万の生霊に代り、生を捨てるのは、もとより自分が欲することですと。

心中は青天白日のようで、一点の曇ない赤心を、一、二の重臣に相談してみたが、「うまくいくはずがない」として納得してもらえなかった。

当時、軍事総裁である勝安房は、私とはもとからの知り合いではなかったが、以前からその膽略《たんりゃく》（緻密な計画性と実行力）があることを聞いていた。故に彼のもとに行き、計画を相談しました。安房は私が粗暴とのうわさがあったので、少し警戒していたようだった。

安房が私に問う。「君はどのような作戦で官軍の営中に行くのか」と。

私は答えた。「官軍の営中に行けば、斬られるか縛られるかの外はないでしょう。その時は持っている刀を渡し、縛られれば縛につき。斬られようとすれば、自分の旨意を一言、大総督宮に言上するつもりです。もしその言が悪かったら、すぐに首を斬るでしょう。その言がよければ、この処置を私に任せると言ってくれるだけでしょう。理由を聞かずに、でたらめに人を殺すはずはありません。何の難しいことがありましょうか」。

安房は、その精神の不動の色を見て、断然同意し、私の望に任せることにした。それから私が家に帰った時、薩摩の人・益満休之助が来て〔私に〕同行することを願ったので、よって同行を承諾し、すぐに駿府に向って急行した。

六郷川を渡ると、官軍の先鋒は左右は皆な銃隊、その中央を通行しましたが止める人はいない。隊長の宿営と見える家に到ると、案内を乞わずに入り、隊長を尋ねると、この人であろうと思われる人がいた。（後で聞いてみると篠原国幹であった）大声で、「朝敵たる徳川慶喜の家来、山岡鐵太郎、大総督府に通る」と断わったところ、その人は「徳川慶喜、徳川慶喜」と小声で言っただけであった。この家に居合せる人はだいたい百人ばかりと思われたが、誰も声を出さず、ただ私のほうを見ただけだった。よってその家を出て、すぐに横浜の方に急いで行った。その時、益満も後に付いてきた。横浜を出て神奈川駅に着くと、長州の隊がいた。ここでは兵士は旅営に入り、駅の前後に番兵を出していた。ここでは益満を先に行かせて私は後に従い、薩摩藩と名乗って急いで行くと、もう邪魔をする人がいなかった。それから追々、薩摩藩と名乗れば、印鑑が無くても礼を厚くして通行させてもらえた。

小田原駅に着いた頃、江戸の方で戦争が始まったとして、見物の人が路上に絶えず、東に向って行った。

「戦争はどこで始まったのか」と尋ねると、甲州勝沼の辺りという。近藤勇が甲州に脱走したと聞いたが、おそらくこのことであろうと思った。

昼夜問わずに進んで駿府に到着した。伝馬町の某家を旅営としていた大総督府下参謀の西郷吉之助方に行って面会を願った。同氏は異議なく対面した。私は昔から西郷氏の名を聞いていたが、一度も会ったことはなかった。

西郷氏に問うた。「先生、このたびの朝敵征討の御旨意は、是非を論ぜず進撃されるのですか。わが徳川家にも多数の兵士がいる。是非にかかわらず進軍となれば、東叡山の菩提寺に恭順謹慎いたしておりまする主人徳川慶喜が家士共に対して厚く説諭していても、ついに鎮撫が行届かず、あるいは朝意に背き、または脱走しておかしなことを企てる者が多くいるでしょう。

そうすれば、主人徳川慶喜は、公正無二の赤心をもって君臣の大義を重んじたとしてもそれが朝廷に徹しなくなります。私はこのことを嘆き、大総督宮にこの事を言上し、慶喜の赤心をお伝えするために参ったのです」と。

西郷氏は言った。「まさに甲州で兵端を開いたとの報告が届いた。先生の言うところとは違っているが」と。

私が言った。「それは脱走兵がしたことです。たとえ兵端が開いたといっても何の子細もありません」と言うと、

西郷氏が言った。「それならばよい。後は問わない」。

私が言った。「先生はどこまでも戦を望み、人を殺すことをもっぱらとされるのですか。それでは王師と言い難いでしょう。天子は民の父母です。理非を明らかにすることが王師のなすべきことです」と。

西郷氏が言った。「ただ進撃を好むのではない。恭順の実効さえ立てば、寛大な処置がある

であろう」。

私が言った。「その実効というのはどういうことでしょうか。もちろん慶喜においては、朝命には背きません」。

西郷氏が言った。「先日、静寛院宮と天璋院の使者が来て、慶喜殿は恭順謹慎の事を歎願していると言うが、ただ恐懼《きょうく》（おそれかしこまる）して更にこちらも条理が分らず空しく戻られた。先生がここまで出張してくれ、江戸の事情もよくわかりました。とても都合がよい。右の趣を大総督宮に言上いたします。ここで待っていてくださいと言って、宮に伺いに行った。

暫くして西郷氏が帰営し、宮から五箇条の御書の御下げがあった。

その文に曰う。
一、城を明渡す事。
一、城中の人数を向島に移す事。
一、兵器を渡す事。
一、軍艦を渡す事。

一、徳川慶喜を備前に預る事。

西郷氏が言った。「右の五箇ヶ条、実効が相立てば、徳川家に寛大な処置があるであろう」と。

私は言った。「謹んで承りました。ただし、右五ヶ条の内、一ヶ条は私としてどうしてもお受けできないものがあります。

西郷氏が言った。「それはどの条文か」。

私が言った。「主人慶喜を一人で備前に預ること。これは絶対に不可能です。なぜならば、こうなれば、徳川に恩顧がある家来たちは絶対に納得しないでしょう。そして戦争が起こり、空しく数万の生命が絶たれてしまいます。これは王師のすることではありません。そうなると先生はただの人殺しになってしまいます。故に私は、この条文は決して受け入れることはできません。

西郷氏が言った。「朝命である」。

私が言った。「たとえ朝命であるといっても、私は決して承服しないと断言いたします」。

西郷氏が、また強く言う。「朝命である」。

私が言った。「そうならば、先生と余と、その位置を易《か》えて論じてみましょう。先生の主人の島津公が、もし誤って朝敵の汚名を受け、官軍征討の日に当り、その君が恭順謹慎の時におよび、先生が私の任におり、主家のために尽力するに、主人である慶喜のような処置の朝命があったとしたら、先生はその命令を奉戴し、すみやかにその君を差出し、安閑として傍観することは、君臣の情、先生の義においてはいかがでしょうか。このことについては鐵太郎、決して我慢することが出来ません！」と激論した。

西郷氏は黙りこみ、しばらくしてから言った。「先生の説、もっともです。では徳川慶喜殿の事については吉之助が、きっと引受け取計います。先生には必ず心を痛めることがないようにすることを約束します」。

後に西郷氏が私に言うに、「先生が官軍の陣営を破りここに来た。縛《ばく》するのが当然であったが、縛しなかったのだ」と。

私は答えて言った。「縛につくのは私が望むところ。早く縛してください」と。

西郷氏は笑って言った。「まず酒を酌みましょう」。

数杯を傾け、暇《いとま》を告げると、西郷氏は大総督府の陣営の通行の符をくれた。これをもらって退去した。

帰路を急いだ。神奈川駅を過ぎる頃、乗馬五六匹を牽いて行く者がいた。何の馬であるかと尋ねたところ、江川太郎左衛門が出した官軍用の馬であるとのこと。「その馬二匹を借りる」と言い、直ちに益満とともにその馬に跨がり、馳《は》せて品川駅に着いた。官軍の先鋒は既に同駅におり、番兵は私に馬を止めよという。

私は聞かずに行った。すると急に二、三名のものが走ってきて、一人は私が乗っている馬の平首に銃を当て、胸間に向けて撃った。不思議なことに、雷管は発したが弾丸は出なかった。益満は驚いて馬から下り、その兵の持っている銃を打落し、西郷氏に応接の云々を示したが聞かなかった。伍長のような人が出てきて、その兵士を諭した。兵は不服ながら退いた。(薩藩の山本某という人である。)もし銃弾が出ていたら、そこで死んだであろう。幸に天が私の生命を保護したのであろうと、益満と共に馬上で話し、急いで江戸城に帰り、大総督宮から御下げの五ヶ条、西郷氏と約束したことなどを、細かく参政大久保一翁、勝安房等に示した。

両氏その他の重臣は、官軍と徳川との間の事情が貫徹した事を喜んだ。旧主である徳川慶喜の喜びようは、言葉ではあらわせないほどであった。直ちに江戸市中に布告をおこなった。

その大意は次のようである。

「大総督府下参謀、西郷吉之助殿に応接が済んだ。恭順、謹慎の実効が立った上は、寛大な処置が行われるので、市中一同は動揺せずに家業にいそしむべし」という高札を江戸市中に立てた。そこで市中の人々は少しだけ安堵の色があった。

これから後、西郷氏が江戸に到着して高輪の薩摩邸で西郷氏に、勝安房と私と会い、共に前日約束した四ヶ条、必ず実効を奏するようにすることを誓約した。故に西郷氏は承諾して進軍を止めたのである。この時、徳川家の脱兵であろうか。軍装した者が同邸の後の海に、小舟七、八艘に乗り組み、およそ五十人ばかりが同邸に向ってきた。西郷氏に附属した兵士は、こうした事態に驚き、奔走した。

安房も私もこれを見て、いかなる事かと思った。

西郷氏は泰然自若として私に向かって笑って言った。「私が殺されたら兵隊が奮い立ちますよ」と。その言葉の確乎として不動なる事、真に感ずべきものがあった。しばらくしてその兵はどこかに去った。全く脱兵と見えた。このような勢であるから、西郷氏が応接に来るたびに、私は行き帰りを護送した。

徳川家の兵士、議論百端して、その殺気は云うべからざる時である。もし西郷氏を途中で殺そうと謀る者がいたら、私は前の約束に対して甚だこれを恥じる。もし万が一、不慮の変があった時は、私は西郷氏と共に死のうと心に誓って護送した。

この日、大総督府下参謀から急な御用があるので出頭すべしとの御達があった。私が出頭してみると、村田新八が出てきて、「先日、官軍の陣営を、あなたがみだりに通行した。先鋒隊から知らせがあり、私と中村半次郎が、あなたを後ろから追付けて切殺そうとしたが、あなたの足が早く、西郷方に到着して面会したので、切損じてしまいました。あまりに残念なので呼出してこれを言ったのだ。別に用事は無い」と言った。

私は言った。「それはそうでしょう。私は江戸っ子です。足は最も速い。あなた方は田舎者で、のろま男だから私の早さにはとても及ばないでしょう」と言って、共に大笑いをして別れた。

二人ともその時、軍監として陣営を護りながら、卒然、その職務を全うできなかったことを遺憾に思ったと見えた。このような形勢であるから、私は鞠躬尽力（つつしんで全力を尽くす）して、それによって旧主徳川慶喜が君臣の大義を重んじる心を体認し、謹んで四ヶ条の実効を奏し、かつ百般の難件を処置すること。これが、私が国家に報いる所以の微意《びい》です。

明治十五年三月　　　　山岡鐵太郎　誌す

慶應戊辰四月東叡山に屯集する彰義隊及諸隊を解散せしむべき上使として赴むき覚王院と論議の記

今日公命《こんにちこうめい》を奉《ほう》じ来《きた》る所以《ゆえん》のものは。前幕下《ぜんばくか》　朝廷《ちょうてい》に対《たい》し。恭順謹慎《きょうじゅんきんしん》を表《ひょう》せられしに。誰《たれ》の命《めい》ずるありて。彰義隊及《しょうぎたいおよび》　諸隊此山《しょたいこのやま》に屯集《とんしゅう》するや。此際嫌疑《このさいけんぎ》少《すく》なからず。覚王院速《かくおういんすみやか》　に其《そ》れ之《これ》を解散《かいさん》せしむべし。覚王院曰《かくおういんいわく》。事既《ことすで》に茲《ここ》に到《いた》る。何《なん》ぞ其《そ》れ容易《ようい》ならん。苟《いやしく》も　志《こころざし》しあらん者《もの》の期《き》せずして相集《あいあつま》り。各自主家《かくじしゅか》に報効《ほうこう》する所以《ゆえん》にして。唯前幕下《ただぜんばくか》の為《た》めに守衛《しゅえい》するには非《あら》ず。東照宮《とうしょうぐう》より歴代《れきだい》の神霊《しんれい》と。当宮《とうみや》を警衛《けいえい》するに在《あ》り。而《しか》して此危急存亡《このききゅうそんぼう》を坐視《ざし》するに忍《しの》びず。是《これ》を以《もっ》て遽《にわか》に諸隊解散《しょたいかいさん》の命《めい》を奉《ほう》じ難《がた》し。予《よ》曰《いわく》　大総督府《だいそうとくふ》参謀《さんぼう》と応接已《おうせつすで》に結了《けつりょう》して。城郭及《じょうかくおよび》　海陸軍器《かいりくぐんき》等悉皆《とうしっかい》　朝廷《ちょうてい》に献納《けんのう》す。此《こ》れ則《すなわ》ち　天位《てんい》を尊《たっと》び国体《こくたい》を重《おも》んずるなり。抑《そもそも》　徳川家祖先以来《とくがわけそせんいらい》。殆《ほとん》ど三百年《ねん》天下泰平《てんかたいへい》に帰《き》す。其功業《そのこうぎょう》　徳沢歴々《とくたくれきれき》として炳焉《いちじ》るし。今之《いまこれ》を失墜《しっつい》せざらんと欲《ほっ》せば。君臣《くんしん》の名分《めいぶん》を明《あきらか》にし。蒼生《そうせい》の難苦《なんく》を救《すく》はざる可《べか》らず。前幕下《ぜんばくか》の至誠此《しせいここ》に在《あ》り。故《ゆえ》に其守衛《そのしゅえい》を除《のぞ》くの外《ほか》。各自組織《かくじそしき》する所《ところ》の兵隊《へいたい》は決《けっ》して許《ゆる》す可《べ》からず。速《すみやか》に解散《かいさん》の命《めい》を奉《ほう》ずべし。覚王院怫然《かくおういんふつぜん》として曰《いわく》。斯《かか》る癡言呆語《ちげんほうご》は聴《き》くに耐《た》へざるなり。今日《こんにち》の事《こと》。名《な》は　朝廷《ちょうてい》と雖《いえど》も。実《じつ》は薩長《さっちょう》に誑惑《おうわく》せられたるにて。朝廷《ちょうてい》にはあらず。貴殿《きでん》は世々《よよ》徳川家《とくがわけ》の恩沢《おんたく》に沐浴《もくよく》して一朝《ちょう》　之《これ》を忘却《ぼうきゃく》するか。徳川家《とくがわけ》祖先《そせん》も。予《あらか》じめ後世《こうせい》に此事《このこと》あるを知《し》り。此山《このやま》を経営《けいえい》し。皇族《こうぞく》を以《もっ》て之《これ》に主《しゅ》たらしめしなり。且《か》つ一幅《ぷく》の錦旗《きんき》を日光山《にっこうざん》に蔵《おさ》めたるは。若《も》し　朝廷残暴《ちょうていざんぼう》にして禍乱《からん》を作《な》すの変《へん》あるときは。当宮《とうみや》を以《もっ》て之《こ》れに易《か》へ。万民《ばんみん》を安《やす》んずるの意《い》なり。貴殿《きでん》の如《ごと》き軟弱《なんじゃく》にして恩《おん》を知《し》らざるものは。徳川《とくがわ》の賊臣《ぞくしん》にして之《これ》を蜂腰士《はちごしさむらい》と云《い》はずや。予曰前幕下《よいわくぜんばくか》は思慮深遠《しりょしんえん》にして。貴僧《きそう》の如《ごと》き頑鈍《がんどん》の者《もの》の窺《うかが》ひ知《し》る所《ところ》にあらず。朝命《ちょうめい》に違《たが》ひ国体《こくたい》を乱《みだ》すことを恐《おそ》れ。且《か》つ方今《ほうこん》は内国《ないこく》のみのことにあらず。万国《ばんこく》の交際多事《こうさいたじ》なり。名正《なただ》しくして言順《ことしたが》はざれば禦侮《ぎょぶ》の道立《みちた》たず。況《いわん》や一朝《ちょう》の忿《いか》りを以《もっ》て。数代蒼生《すうだいそうせい》を安《やす》ぜし積徳《せきとく》の祖宗《そそう》に汚辱《おじょく》を与《あた》ふべからず。是《ここ》に於《おい》てか。貴僧《きそう》が順逆《じゅんぎゃく》を弁《べん》ぜず是非《ぜひ》を分《わか》たず。紛々紜々《ふんふんうんうん》口吻《こうふん》に任《まか》せて罵詈《ばり》を極《きわ》むるも。予《よ》は敢《あえ》て取《と》らず。徹頭徹尾《てっとうてつび》此山《このやま》に屯集《とんしゅう》する兵隊《へいたい》を渙散《かんさん》せずば已《や》まざるなり。覚王院曰《かくおういんいわく》。貴殿《きでん》は万国《ばんこく》の交際《こうさい》を挙《あ》げ内国《ないこく》の事情《じじょう》を説《と》けり。聞《き》くが如《ごと》く。貴殿《きでん》は大目付《おおめつけ》にして眼球巨大《がんきゅうきょだい》なる故《ゆえ》に。万国《ばんこく》と内国《ないこく》の條理明白《じょうりめいはく》なるべし。愚僧《ぐそう》は山中暦日《さんちゅうれきじつ》なしにて。世界《せかい》の形勢《けいせい》に於《お》ける総《す》べて知《し》らざるなり。唯《た》だ徳川家《とくがわけ》の盛運《せいうん》を謀《はか》るのみ。他事《たじ》に至《いた》りては復《ま》た何《なん》ぞ管《かん》せん。東照宮《とうしょうぐう》の神慮如何《しんりょいかん》と顧《かえり》みれば。愚僧《ぐそう》が人間界《にんげんかい》に在《あ》らん涯《かぎ》りは。執着《しゅうちゃく》 止《や》むべからず。予曰僧侶《よいわくそうりょ》は人《ひと》を救《すく》ひ乱《らん》を治《おさ》むるを以《もっ》て慈悲《じひ》の本願《ほんがん》とす。知《し》らずや前幕下《ぜんばくか》は人《ひと》の生命《せいめい》を救《すく》ひ。世《よ》の無事《ぶじ》を図《はか》ることを。貴僧《きそう》は到底我意《とうていがい》を張《は》り。東照宮《とうしょうぐう》の神慮《しんりょ》を矯飾《きょうしょく》して。其後裔《そのこうえい》に於《お》ては関《かん》せずとするや。覚王院曰《かくおういんいわく》。予《よ》は当宮《とうみや》に随従《ずいじゅう》す。前幕下《ぜんばくか》に於《お》ては敢《あえ》て関《かん》せず。彰義隊《しょうぎたい》及《および》 諸隊《しょたい》も亦然《またしか》り。其隊《そのたい》たる前幕下《ぜんばくか》の命《めい》を以《もっ》て編成《へんせい》する者《もの》に非《あら》ず。此《こ》れ則《すなわ》ち宮《みや》を衛《まも》るの證《しょう》なり。且《か》つ貴殿《きでん》には大総督宮《だいそうとくのみや》々々々々《だいそうとくのみや》と云《い》はるゝが。当宮《とうみや》も宮《みや》なり。何《なん》の差別《しゃべつ》か之《こ》れあらん。予曰噫然《よいわくああしか》り噫然《ああしか》るか。貴僧《きそう》の思搆《しこう》する所《ところ》 乃《すなわち》 判然《はんぜん》たり。専《もっぱ》ら宮《みや》を衛《まも》るなれば徳川家《とくがわけ》に与《あず》かる所《ところ》なし。果《はた》して前幕下《ぜんばくか》を衛《まも》る無《な》きか。覚王院曰《かくおういんいわく》 然《しか》り。予曰貴僧《よいわくきそう》の抗弁已《こうべんすで》に了《りょう》ぜり。予敢《よあえ》て遏《とど》めず。直《ただち》に其決答《そのけっとう》を大総督宮《だいそうとくのみや》に告《も》をさん。彰義隊及《しょうぎたいおよび》 諸隊《しょたい》は徳川家《とくがわけ》の兵隊《へいたい》に非《あら》ずと。然《しか》る後貴僧《のちきそう》の欲《ほっ》する所《ところ》に随《したが》ひ。之《これ》を指揮《しき》して以《もっ》て両宮《りょうみや》の一戦《いっせん》を試《こころ》むべし。而《しこう》して此戦《このたたかい》に於《おい》ては徳川家《とくがわけ》に関係《かんけい》あるなきの確證《かくしょう》を出《いだ》せ。覚王院曰《かくおういんいわく》。妄《みだ》りに戦争《せんそう》を好《この》むにあらず。愚僧此大事《ぐそうこのだいじ》に遭《あ》ふや中心切迫《ちゅうしんせっぱく》して暴論《ぼうろん》を吐《は》きしなり。其不敬《そのふけい》に渉《わた》る者《もの》は請《こ》ふ許《ゆ》るせ。貴殿一《きでんひと》たび去《さ》らば。踵《きびす》を旋《めぐ》らさず此山《このやま》まさに戦地《せんち》となるべし。高諭或《こうゆあるい》は感《かん》ずる所《ところ》あり。猶《なお》一言《ごん》を陳《ちん》ぜん請《こ》ふ暫《しば》らく止《とど》まれ。予曰何《よいわくなん》ぞ前《まえ》には剛《ごう》にして後《のち》には怯《きょ》なるや。已《すで》に決心《けっしん》を示《し》めす。今将《いまは》た何《なに》をか言《い》はん。断然戦《だんぜんたたか》ふべし。予《よ》は前幕下《ぜんばくか》の慈仁《じじん》を伸張《しんちょう》せんと欲《ほっ》するのみ。背《そむ》くものは留《とど》めず。諸隊 尽《しょたいことごと》く背《そむ》くも予《よ》に於《おい》ては毫《ごう》も心《こころ》を動《うご》かさず。命《めい》の厚《あつ》き飽《あく》まで報《ほう》ぜざる可《べ》からず。覚王院曰《かくおういんいわく》。以上《いじょう》の言語《ごんご》甚《はなは》だ狂暴《きょうぼう》に陥《おち》いるも。皆徳川家《みなとくがわけ》累代《るいだい》の鴻恩《こうおん》に報《ほう》ずるの赤心《せきしん》なり。然《しこ》うして貴殿《きでん》に於《おい》て。愚僧《ぐそう》が苦陳《くちん》する所《ところ》一も諒察《りょうさつ》すること莫《な》くば。復之《またこれ》を如何《いかん》ともするなし。今日《こんにち》より蹶然彰義隊及《けつぜんしょうぎたいおよ》び諸隊《しょたい》を援引《えんいん》し。日光山《にっこうざん》に退去《たいきょ》して謹慎《きんしん》すべし。予曰日光山《よいわくにっこうざん》に退去謹慎《たいきょきんしん》の一條《じょう》は諾《だく》せり。必《かなら》ず偽《いつわ》りなくば其意《そのい》を具申《ぐしん》すべし。覚王院曰《かくおういんいわく》。誓《ちかっ》て違《たが》はず日光山《にっこうざん》に退去謹慎《たいきょきんしん》して当宮《とうみや》を衛《まも》るべし。因《よ》りて歎願《たんがん》する所《ところ》あり。請《こ》ふ情誼《じょうぎ》を含《ふく》んで憐察《れんさつ》せられよ。予曰何《よいわくなに》をか歎願《たんがん》するや。其可《そのか》なる者《もの》は宜《よろ》しく具申《ぐしん》すべし。覚王院曰《かくおういんいわく》。他《た》なし此山《このやま》に屯集《とんしゅう》する者多数《ものたすう》なり。日光山《にっこうざん》に退去《たいきょ》するも準備金《じゅんびきん》なきを如何《いかん》せん。請《こ》ふ二万金《きん》を恩賜《おんし》せられんことを。貴殿《きでん》の義膽《ぎたん》を以《もっ》て這《こ》の至情《しじょう》を酌量《しゃくりょう》して上申《じょうしん》せられよ。予曰後《よいわくのち》の一條《じょう》の如《ごと》きも不可《ふか》なりと云《いう》にあらず具申《ぐしん》すべし。以上覚王院《いじょうかくおういん》と議論多《ぎろんた》端漸《たんようや》く局《きょく》を結《むす》び。前條《ぜんじょう》の如《ごと》く具申《ぐしん》に及《およ》びしが。其時《そのとき》の都合《つごう》と云《い》ふを以《もっ》て。彼《かれ》が請《こ》ふ所《ところ》の金円《きんえん》を与《あた》え難《がた》く。数日《すうじつ》を経過《けいか》せしに。彰義隊《しょうぎたい》の輩日《はいひび》に暴行《ぼうこう》をなし。処々《しょしょ》に官兵《かんぺい》を殺傷《さっしょう》す。典刑《てんけい》に於《おい》て許《ゆる》さゞる所《ところ》なり。大総督府《だいそうとくふ》より鎮撫《ちんぷ》の命下《めいくだ》ること数回《すうかい》なり。西郷参謀《さいごうさんぼう》の内話《ないわ》により。力《ちから》を其道《そのみち》に尽《つく》したれども。彰義隊《しょうぎたい》と云《い》ひ何隊《なにたい》と云《い》ふも。其挙動《そのきょどう》を見《み》るに恰《あたか》も烏合《うごう》に似《に》たり。隊長《たいちょう》は有《あ》れども無《な》きが如《ごと》く。規律《きりつ》立《た》たずして兵士《へいし》は狂気《きょうき》の如《ごと》く。紛々擾々《ふんぷんじょうじょう》たるのみ。故《ゆえ》に條理《じょうり》を以《もっ》て説諭《せつゆ》すべからず。因循《いんじゅん》に日《ひ》を送《おく》りたり。一日大総督府《じつだいそうとくふ》より覚王院《かくおういん》を召喚《しょうかん》すべきの命《めい》あり。予《よ》覚王院《かくおういん》に到《いた》り。其旨《そのむね》を諭達《ゆたつ》せしに唯諾《いだく》して果《はた》さず。予《よ》を大総督府《だいそうとくふ》に召《め》し。西郷参謀《さいごうさんぼう》促《うなが》して曰《いわく》。覚王院《かくおういん》を召喚《しょうかん》せしに肯《あえ》て来《きた》らざるは何《なん》ぞや。近《ちか》ごろ彰義隊等《しょうぎたいとう》の動静《どうせい》を見《み》るに。官兵《かんぺい》を殺傷《さっしょう》すること数《すう》たび。乱逆《らんぎゃく》の蹤蹟判然《しょうせきはんぜん》たり。故《ゆえ》に覚王院《かくおういん》の来《きた》らざる知《し》るべきなり。予曰彰義隊及《よいわくしょうぎたいおよび》諸隊《しょたい》に於《おけ》る其長《そのちょう》たるもの。皆虚称《みなきょしょう》にして指揮《しき》す可《べか》らず。故《ゆえ》に節制《せっせい》あること無《な》く。画策《かくさく》あることなし。主人慶喜《しゅじんけいき》をも顧《かえり》みず。唯《た》だ徳川家《とくがわけ》に報《ほう》ぜんと云《いう》に過《す》ぎず。冥頑凝結《めいがんぎょうけつ》して遂《つい》に空《むな》しく東叡山《とうえいざん》に斃《たお》るゝのみ。然《しか》るに数代恩義《すうだいおんぎ》の羈絆《きはん》に繋《つなが》るもの遽《にわ》かに此極《このきょく》に至《いた》るに衷情《ちゅうじょう》或《あるい》は然《しか》らずや。而《しこう》して若《も》し予《よ》を官軍《かんぐん》の隊長《たいちょう》となし。彼烏合《かのうごう》の衆《しゅう》を撃《うた》しむときは。地形《ちけい》といひ人物《じんぶつ》といひ明瞭《めいりょう》なれば。之《これ》を潰滅《かいめつ》する半日《はんにち》を出《い》でず。実《じつ》に憫諒《びんりょう》に勝《た》へざるなり。猶精力《なおせいりょく》を尽《つ》くして解散《かいさん》を図《はか》るべしと。而《しこう》して屡丶《しばしば》西郷海江田両参謀《さいごうかいえだりょうさんぼう》に面接《めんせつ》して情実《じょうじつ》を縷述《るじゅつ》し。覚王院《かくおういん》に諭示《ゆじ》すること。口酸《こうさん》を覚《おぼ》うに至《いた》るも未《いま》だ寸効《すんこう》を見《み》ず。且《か》つ彰義隊《しょうぎたい》の予《よ》に遇《あ》ふや。或《あるい》は無状《ぶじょう》を以《もっ》てす。隊長等《たいちょうら》に談《だん》ずれば。面前《めんぜん》に首肯《しゅこう》して退《しりぞ》けば否《しか》らず。之《これ》を要《よう》するに。其任《そのにん》に当《あた》らざるもの丶指令《しれい》なれば。兵士《へいし》に行《おこな》はる可《べ》からず。然《しか》れども未《いま》だ鎮撫《ちんぶ》の方《ほう》なからず。予必《よかなら》ず之《これ》を処置《しょち》せんと云《い》ひしに。西郷参謀《さいごうさんぼう》又急《またきゅう》に予《よ》を促《うなが》し曰《いわく》。覚王院《かくおういん》の召喚《しょうかん》に応《おう》ぜざるは不審千万《ふしんせんばん》なり。此條《このじょう》如何《いかん》。予曰覚王院《よいわくかくおういん》は彰義隊等《しょうぎたいとう》の慫慂《しょうよう》する所《ところ》となり。漫《みだり》に議論《ぎろん》を吐《は》くのみにて。己《おのれ》の精神《せいしん》に出《いず》るにあらず。然《しか》るに一たび其類《そのるい》に与《く》みす。故《ゆえ》に恐懼《きょうく》する所《ところ》ありて来《き》たる能《あた》はざるなり。参謀曰《さんぼういわく》。心中正《しんちゅうただ》しければ何《なん》の恐懼《きょうく》か之《こ》れあらん。必《かなら》ず私邪《しじゃ》の致《いた》す所《ところ》なり。猶《な》ほ其《そ》れ之《これ》を厳責《げんせき》せよ。予曰諾《よいわくだく》せり。翌日参謀《よくじつさんぼう》又《また》予《よ》を召《め》す。至《いた》れば渡邊清左衛門《わたなべせいざえもん》席《せき》に進《すす》んで曰《いわく》。彰義隊《しょうぎたい》を鎮撫《ちんぶ》するの命数回《めいすうかい》に及《およ》ぶも。未《いま》だ其効《そのしる》しを見《み》ず。速《すみやか》に之《これ》を処置《しょち》せよ。然《しか》らざれば慶喜《けいき》恭順《きょうじゅん》の意貫徹《いかんてつ》せざるなり。予曰彼等《よいわくかれら》の所為《しょい》は決《けっ》して慶喜《けいき》の意《い》より出《いで》たるにあらざること。前《まえ》に云々《うんぬん》する所《ところ》の如《ごと》し。且《か》つ解隊《かいたい》の方《ほう》に於《おい》て予《よ》が見《み》る所《ところ》あり。然《しか》れども蜂窠《ほうか》の乱《みだ》るゝ如《ごと》く。遽《にわ》かに之《これ》を治《おさ》むること易《やす》からず。請《こ》ふ暫《しばら》く猶予《ゆうよ》せよ。渡邊氏曰《わたなべしいわく》。彼等《かれら》の暴行日《ぼうこうひ》一日《にち》よりも甚《はなはだ》し。大総督宮《だいそうとくのみや》に於《おい》て寛典《かんてん》を施《ほどこ》す能《あた》はず。予曰慶喜《よいわくけいき》に於《おい》ては。恭順謹慎《きょうじゅんきんしん》。朝命《ちょうめい》に遵奉《じゅんぽう》すること他《た》なしと雖《いえども》。彼等《かれら》の妄《みだ》りに東叡山宮《とうえいざんのみや》の名義《めいぎ》を主張《しゅちょう》し。慶喜《けいき》を見《み》ること寓公《ぐうこう》の如《ごと》く。何《なん》ぞ其意《そのい》に応《おう》ぜんや。是《こゝ》を以止《もってや》むことを得《え》ず。大総督宮《だいそうとくのみや》と東叡山宮《とうえいざんのみや》と一戦《いっせん》に及《およ》ぶ可《べ》きか。渡邊氏《わたなべし》黙然《もくぜん》たり。暫《しば》らくありて曰《いわく》。其《そ》の事《こと》に至《いた》りては卒然答《そつぜんこた》へがたしと。予退《よしりぞ》けり。既《すで》にして五月《がつ》十四日《か》に至《いた》り。東叡山《とうえいざん》を進撃《しんげき》するの議決《ぎけつ》せり。西《さい》郷参謀予《ごうさんぼうよ》を労《ねぎら》ふて曰《いわく》。足下《そくか》の　朝廷《ちょうてい》を重《おも》んじ主家《しゅか》に報《むく》ゆるの誠忠《せいちゅう》。逐次詳悉《ちくじしょうしつ》せり。今暴徒《いまぼうと》を進撃《しんげき》するや。足下《そくか》の快《こころよ》からざるを諒《りょう》ぜざるにあらず。其《そ》れ傷《いた》むこと勿《なか》れ。予深《よふか》く謝《しゃ》して帰《かえ》る。時《とき》に大総督府《だいそうとくふ》。人《ひと》をして徳川《とくがわ》に告《つ》げしめて曰《いわく》。明朝東叡山《みょうちょうとうえいざん》に嘯集《しょうしゅう》する暴徒《ぼうと》を誅滅《ちゅうめつ》すべし。聞《き》く其山《そのやま》の中堂《ちゅうどう》には。徳川数代《とくがわすうだい》の重器《じゅうき》を蔵《おさ》めたりと。宜《よろ》しく灰滅《かいめつ》に付《ふ》すべからず。直《ただち》に之《これ》を其家《そのいえ》に齎《もた》らせよ。徳川重臣等対《とくがわじゅうしんらこた》へて曰《いわく》。敢《あえ》て命《めい》の辱《かたじけな》きを拝《はい》す。然《しか》るに一家《いっか》の携帯《けいたい》する所《ところ》の物一切之《ものいっさいこれ》を献《けん》ぜり。中堂《ちゅうどう》に遺《のこ》せる瑣少《さしょう》の器具《きぐ》の如《ごと》きは。今又惜《いままたおし》むに足《た》らずと捨《すて》て顧《かえり》みず。予此夜寝《よこのよしん》に就《つ》く能《あた》はず。此《ここ》に至《いた》る所以《ゆえん》の者《もの》を思《おも》へば。僅々数名方向《きんきんすうめいほうこう》を誤《あやま》るの一点《いってん》に出《いで》て。三千余人《よにん》をして屍《しかばね》を曝《さら》さしむ。何《なん》ぞ惻然《そくぜん》たらざらん。是《ここ》に於《おい》て。深更《しんこう》を厭《いと》はず上野《うえの》に到《いた》り。彰義隊長《しょうぎたいちょう》何《いずれ》の処《ところ》にありやと問《と》へば。或人曰《あるひといわく》。昨夜《さくや》已《すで》に奥州《おうしゅう》を指《さ》して去《さ》ると。其他《そのた》の長《ちょう》を問《と》へば居処分明《きょしょふんみょう》ならず。中《なか》に越後榊原藩士《えちごさかきばらはんし》の集合《しゅうごう》して神木隊《しんぼくたい》と号《ごう》し。此隊長《このたいちょう》に酒井良祐《さかいりょうすけ》と云《いう》ものあり。之《これ》を説諭《せつゆ》せしに。予《よ》が赤心《せきしん》に服《ふく》し。四方《しほう》を奔走《ほんそう》して解散《かいさん》に従事《じゅうじ》す。然《しか》るに先鋒《せんぽう》は突然《とつぜん》として黒門前《くろもんまえ》に疊楯《たたみだて》を築《きず》き戦備《せんび》をなせり。右《みぎ》を諭《さと》せば左《ひだり》に進《すす》み。左《ひだり》を鎮《しず》むれば右《みぎ》に出《い》づ。其雑沓狼藉《そのざっとうろうぜき》挙《あ》げて言《い》ふ可《べか》らず。予慨歎《よがいたん》して退《しりぞ》けり。拂暁又《ふつぎょうまた》上野《うえの》の仲街《なかちょう》に到《いた》れば。天台《てんだい》の浄地忽《じょうちたちま》ち修羅《しゅら》の悪場《あくじょう》と変《へん》ず。予惆悵見《よちゅうちょうみ》るに忍《しの》びずして去《さ》る。田安門内徳川邸《たやすもんないとくがわてい》に行《ゆか》んと欲《ほっ》し。本郷壱岐坂《ほんごういきさか》に至《いた》れば。官軍半小隊《かんぐんはんしょうたい》ばかり予《よ》が馬《うま》を囲《かこ》む。是《こ》れ則《すなわ》ち尾張《おわり》の隊《たい》なり。其中《そのなか》に早川太郎《はやかわたろう》と云《い》ふ者《もの》ありて予《よ》を知《し》れり曰《いわく》。先生何《せんせいいず》くに行《ゆか》んとする。曰徳川邸《いわくとくがわてい》に行《ゆ》かんとす。曰道梗《いわくみちふさが》りて行《ゆ》く可《べか》らず。曰足下《いわくそくか》は官軍《かんぐん》なり。予《よ》が為《た》めに嚮導《きょうどう》して徳川邸《とくがわてい》に送《おく》らんや。曰事急《いわくこときゅう》にして応《おう》ずる能《あた》はざるなりと。予路《よみち》を転《てん》じて家《いえ》に帰《かえ》り。茫然《ぼうぜん》として空《むなし》く砲声《ほうせい》の轟々《ごうごう》たるを聞《きく》のみ。晡時《ほじ》上野《うえの》の伽藍灰燼《がらんかいじん》となる。

明治十六年三月

山岡鐵太郎誌

慶應戊辰四月　東叡山に屯集する彰義隊および諸隊を解散させるべき上使として赴き、覚王院と論議した記録

今日、公命を奉じて来た理由は、前幕下（徳川慶喜）が朝廷に対して恭順謹慎を表せられたのに、誰の命令で彰義隊および諸隊がこの山に屯集しているのか。これに関する嫌疑が少なくない。すみやかにこれを解散させなさい。（覚王院義寛＝幕末の僧。上野の天台宗東叡山真如院住職、輪王寺宮執当。新政府に対する徹底抗戦を唱え、上野山内に屯集した旧幕臣有志を保護した）。

覚王院が言う。「事態はもうここまで来てしまった。解散など容易なことではない。これは志ある人が偶然集合し、それぞれが主家に報いようとすることであって、ただ前幕下のために守衛するのではない。東照宮より歴代の神霊と、当宮とを警衛することにあるのだ。そし

てこの危急存亡を黙っては見ていられず、そうしたわけで、にわかに諸隊解散の命を出されても奉ずることは難しい」。

私が言う。「大総督府参謀との交渉はすでに終わり、城郭および海陸軍器等は、ことごとく皆な朝廷に献納した。これは天位を尊び国体を重んずることである。そもそも徳川家祖先以来、ほとんど三百年は天下泰平であった。その功業の徳沢は歴々として明るい。いま、これを失墜させまいとすれば、君臣の名分を明にし、人々の難苦を救わなければならない。前幕下の至誠はここにある。故に守衛を除き、各自に組織する兵隊は決して許すことはできない。すみやかに解散の命令を下してください」。

覚王院はむっとして言った。「そのような寝言は聴くに耐えない。こんにちの事は、名は朝廷とは言うが、実は薩長にたぶらかされたのであって朝廷ではない。あなたは世々、徳川家の恩沢に浴しておきながら、一晩でそれを忘れてしまったのか。徳川家の祖先も、あらかじめ後世にこうした事があることを知り、この山を経営し、皇族を以て主人にしておいたのである。また一幅の錦の旗を日光山に収めたのは、もし朝廷が残暴で禍乱を作すの変がある時は、当宮を朝廷とし、万民を安んずるという意である。あなたの如き軟弱にして恩を知らざるものは、徳川の賊臣であり、これを蜂腰士というのである」。

私は言った。「前幕下は思慮が深遠で貴僧のような頑鈍の者が窺い知れるような存在ではない。朝命に違い国体を乱すことを恐れ、かつ、ただ今は内国のことだけでなく、万国の交際が多事である。名が正しく言が順《したが》わなければ禦侮《ぎょぶ》（外敵の攻撃を防ぐこと）の道は立たない。ましてや一瞬の怒りをもって、数代にわたり人々を安心させてきた積徳の祖宗に汚辱を与えてはならないのだ。こうした中において、貴僧が順逆を弁ぜず、是非を分たず、紛々紜々、口吻に任せて罵詈を極めるが、私は決して受け入れない。徹頭徹尾、この山に集まる兵隊を解散させずにはいられません」。

覚王院は言った。「あなたは万国の交際を挙げ内国の事情を説いた。聞いたように、あなたは大目付で眼球が巨大であるから、万国と内国の条理は明白であろう。愚僧は世間を離れ、山中でのんびり暮らしているので世界の形勢のことは全くわからない。ただ徳川家の盛運を謀るだけだ。その他のことに至ってはどうして関係しようか。東照宮の神慮如何と顧みれば、愚僧が人間界にいる限り、執着は止められません」。

私が言った。「僧侶は人を救い乱を治めるを以て慈悲の本願とする。前幕下は、人の生命を救い、世の無事を図ったということを知らないのか。あなたは我を張って、東照宮の神慮を偽り飾るが、〔家康の〕子孫のことは知らないというのか」。

覚王院は言った。「私は当宮に随うのであって、前幕下のことには決して関係しません。彰義隊および諸隊も同じです。その隊は前幕下の命により編成する者ではありません。これは宮を衛る証拠です。かつ、あなたは大総督宮、大総督宮と言われるが、私も同じ「宮」である。何の違いがあろうか」。

私は言った。「ああ、そうであるか。あなたの考えていることがはっきりした。ただ宮だけを衛るのならば徳川家には関係がない。本当に前幕下を衛るということはないのか」。

覚王院は言った。「そうだ」。

私は言った。「貴僧の抗弁はもうわかった。私はもう止めることはしない。すぐにその答を大総督宮に告げよう。彰義隊および諸隊は徳川家の兵隊ではないと。その後、貴僧のしたいように、諸隊を指揮して両宮の一戦を試みるがよい。そしてこの戦いに徳川家が関係しないという確証を出せ」。

覚王院が言う。「みだりに戦争を好むわけではない。愚僧はこの大事に遭い、心が切迫して暴論を吐いたのである。不敬の部分は許してほしい。あなたが行ってしまったら、この山は戦場になるであろう。あなたの言葉の中には心に響いた部分もあった。言いたいことがあるので、もう少し留まってほしい」。

私は言った。「どうしてさっきはあんなに強気だったのに今は臆病になったのですか。もうあなたは決心を示したのです。今になってまた何を言おうとするのです。断然、戦いなさい。私は前幕下の慈仁を伸張しようとするだけです。背くものは留めません。諸隊がことごとく背いても、私はすこしも心を動しません。命令は厚いものです。あくまで報いなければなりません」。

覚王院が言う。「私がこれまで述べてきたことは狂暴に陥いりましたが、これらはみな徳川家代々のすばらしい恩義に報じようというまごころから出たものです。貴殿が、愚僧が苦心する所、一も諒察すること莫《な》ければどうしようもありません。今日よりすぐに彰義隊、および諸隊を率いて日光山に退去して謹慎いたします」。

私は言った。「日光山に退去謹慎の一条は了解しました。必ず偽りがなければ、その意を具申いたします」。

覚王院が言った。「誓て違えない。日光山に退去謹慎して当宮を衛ることにする。これに関連してお願いがある。情誼を含んで憐察してください」。

私は言った。「歎願とはどのようなことでしょうか。可能なものであれば具申いたしましょう」。

覚王院は言った。「他でもない。この山に屯集する者は多数いる。日光山に退去したとしても準備金がなかったらどうしようもない。お願いだから、二万金を恩賜してもらえるように。あなたの正義を貫く勇気を以てこの至情を酌量して上申してください」。

私は言った。「これも不可ということではありません。具申いたします」と。

以上、覚王院と議論多端の末、ようやく局を結び、前条のように具申したが、その時の都合ということで彼が請求した金額を与えるのは難しかった。数日を経過すると、彰義隊の輩《やから》が日に暴行を行い、所々で官兵を殺傷した。これは法律から許されないことである。大総督府から鎮圧の命令が何度も下った。西郷参謀の内話により、力をその道に尽したれども。彰義隊と云い、何隊と云うも、その挙動を見ると規律もない烏合の衆のようである。隊長はいても、いないのと同じで、規律は守られず、兵士は狂気のようで、紛々擾々なだけであった。

故に条理を以て説諭することはできない。何もできないまま無為に日を送った。

ある日、大総督府より覚王院を召喚すべきとの命令があった。私は覚王院のところに行き、その旨を伝達したが、「はい」とは言うが実行しない。

私を大総督府に召し、西郷参謀が促して言った。「覚王院を召喚しても来ないのはなぜか。近ごろ彰義隊等の動静を見ると、官兵を殺傷すること数たびで、乱逆の証拠ははっきりとしている。故に覚王院の来ないことがわかる」。

私は言った。「彰義隊および諸隊の長といっているのはみな虚称であり指揮はできていない。故に節制も画策もない。主人である慶喜をも顧みず、ただ徳川家に報じようとしているに過ぎない。頑固なだけで遂に空しく東叡山（寛永寺）で死ぬだけである。しかし、〔徳川家に〕数代の恩義のきずなに繋るもの、急にこのような事態になってしまった。誠に哀れなことだ。もし自分を官軍の隊長として烏合の衆を攻撃させてくれるならば、地形や人物を熟知しているので潰滅には半日もかからないであろう。実に哀れに思わざるをえない。なお精力を尽くして解散を図ります」と。

そして何度も西郷、海江田の両参謀に面接して情実を述べ、一方では口を酸っぱくして覚王院に諭示したが、少しも効果がない。かつ彰義隊が私に会うと、あるいは無礼なふるまいをし、隊長等と話すと、面前ではわかったというが、その後は実行しない。要するに、責任者ではない者の指令なので、兵士はきくことができないのだ。しかしいまだ鎮撫の方法がない。私は必ず処置いたしますと言うと、

西郷参謀はまた急に私を促して言う。「覚王院が召喚に応じないのは不審千万である。これはどういうことか」。

私が言う。「覚王院は彰義隊等に誘われて、みだりに議論を吐くだけであって自分の精神から出ているのではない。然るに一度、その連中の仲間になると、恐がって出てくることが出来ないのだ」。

参謀が言った。「心中が正しければ何の恐れることがあろうか。必ず何らかのたくらみがあるはずだ。さらに厳責せよ」。

私は言った。「わかりました」。

翌日、参謀はまた私を召した。到着すると、渡邊清左衛門が席に進んで言う。「彰義隊を鎮撫する命令を数回出したが、いまだに効果がない。速《すみやか》にこれを処置してください。そうでな

ければ慶喜恭順の意は、貫徹しないことになります」。

私は言った。「彼らの行動は、決して慶喜の意から出たものではないのは、前に言ったとおりです。かつ隊を解散させる方法について私に考えがあります。しかし蜂の窠の乱れているように、すぐにこれを治めるのは容易なことではありません。もう少し時間をください」。

渡邊氏がいう。「彼等の暴行は日に日に激しくなってくる。大総督宮においてはもう寛大に見過ごすことはできない」と。

私は言う。「慶喜は恭順謹慎して、朝命に遵奉していることはまちがいない。彼等が妄りに東叡山宮の名義を主張して、慶喜を見ること寓公（「もとは諸侯であったが、ほろぼされて他国にいそうろうになっている者」の意）の如く。どうしてその意に応じるでしょう。これをもって止めることができないのです。もう大総督宮と東叡山宮と一戦に及ぶべきでしょうか」。

渡邊氏は黙っていた。しばらくして次のように述べた。「その事に至りてはすぐには答えることができない」。

私は退いた。既に五月十四日になり、東叡山に進撃することが議決された。西郷参謀は私をねぎらって言う。「あなたの、朝廷を重んじ主家に報いる誠忠は逐次詳悉した。いま暴徒に進撃することに対して、あなたが快く思わないことを知らないわけではない。どうか傷つかないでほしい」と。

私は深く感謝して帰った。

時に大総督府は徳川家臣に告げた。「明朝、東叡山に集まる暴徒を誅滅する。聞くところではその山の中堂には徳川数代の重器をおさめているそうだ。宜しく灰滅に付すべからず。ただちにこれを家に持ち帰るように」。

徳川の重臣等は答えて言った。「お言葉まことにかたじけなく拝します。しかしながら、一家が携帯する所の物は一切これを献呈いたしました。中堂に遺したわずかな器具の如きは惜むべき価値がないものです」と捨てて顧みない。

私はこの夜は横になることができなかった。ここに至るまでのいきさつを思うと、僅か数名が方向を誤ったばかりに、三千余人が屍を曝すことになる。どうしてあわれに思わないことがあろうか。

そこで深夜ではあったが上野に行き、「彰義隊長はどこにいるか!!」と問うと、ある人が言った。「昨夜すでに奥州を目指して行った」と。その他の長を問うと居所がはっきりしない。

その中に、越後榊原藩士が集合して神木隊と号した一団がいた。隊長は酒井良祐という人で、彼を説諭すると、私の赤心に服し、四方を奔走して解散に従事してくれた。

然るに先鋒は突然として黒門前に疊楯を築いて戦の準備を行った。右を諭せば左に進み、左を鎮めると右に出る。その雑沓狼藉ぶりは筆舌に尽くしがたいものがある。私は慨歎して去った。明け方に再び上野の仲街に行ってみると、天台の浄地（寛永寺）は忽《たちま》ち修羅の悪場に変わっていた。

私は悲しくなり、見るに堪えずに立ち去った。田安門内の徳川邸に行こうとして、本郷の壱岐坂に行くと、官軍の半小隊が私の馬を囲んだ。それは尾張の隊であった。その中に早川太郎と云う人がいて自分のことを知っていた。

彼「先生、どちらに行こうとするのですか」。

私「徳川邸に行こうとしている」。

彼「道がふさがって行けません」。

私「あなたは官軍である。私のために先導して徳川邸に送ってくれないか」。

彼「事急にして応ずることができません」と。

私は引き返して家に帰り、茫然として、空しく砲声の轟々たるを聞くだけであった。
日暮れ時、上野の伽藍は灰燼に帰した。

明治十六年三月　山岡鐵太郎誌

正宗鍛刀記　原漢文

右相岩倉公《うしょういわくらこう》（右大臣岩倉具視公）剛《ごう》を召《め》し。名刀《めいとう》一口《こう》を示《しめ》して曰《いわく》。余《よ》平生贈遺《へいぜいぞうい》を謝絶《しゃぜつ》す。唯《た》だ是《こ》れ忠臣《ちゅうしん》の贈《おく》る所《ところ》。今《いま》受《う》けて以《もっ》て其功《そのこう》を表《ひょう》せんとす。子《し》其《そ》れ以《もっ》て之《これ》を記《き》することと有《あ》れと。剛唯々《ごういい》として跪《ひざま》づき。而《しこう》して其来由《そのらいゆ》を問《と》ふ。公曰《こういわく》。居《お》れ余子《よし》に語《かた》らん。戊辰《ぼしん》の乱《らん》。六師《りくし》東征《とうせい》し。幕帥徳川慶喜《ばくすいとくがわよしのぶ》。屏居罪《へいきょつみ》を待《ま》つ。群兵騒擾《ぐんぺいそうじょう》して。勢《いきおい》制《せい》す可《べ》からず。麾下《きか》に山岡鐵舟《やまおかてっしゅう》なる者《もの》あり。任俠《にんきょう》を以《もっ》て聞《きこ》ゆ。慶喜《よしのぶ》の為《ため》に身《み》を棄《す》て、難《なん》を解《と》かんと欲《ほっ》し。其軍事総裁勝安房《そのぐんじそうさいかつあわ》に就《つ》いて謀《はか》る。安房之《あわこれ》を然《しか》りとす。乃《すなわ》ち程《てい》を兼《か》ねて西上《せいじょう》す。是時《このとき》に当《あた》り。有栖川親王《ありすがわしんのう》。征東総督《せいとうそうとく》を以《もっ》て。駿府《すんぷ》に駐営《ちゅうえい》せられ。薩人西郷隆盛《さつじんさいごうたかもり》。帷幄《いあく》に参謀《さんぼう》とし。先鋒《せんぽう》の諸隊《しょたい》。既《すで》に川崎《かわさき》に達《たっ》す。鐵舟《てっしゅう》馳《は》せて轅門《えんもん》を過《す》ぎ。大呼《たいこ》して曰《いわく》。身《み》は是《こ》れ朝敵山岡鐵舟《ちょうてきやまおかてっしゅう》なり。急《きゅう》あり総督府《そうとくふ》に赴《おも》むく。敢《あえ》て告《つげ》ずんばあらずと。朝敵《ちょうてき》とは猶《な》ほ国賊《こくぞく》と曰《い》ふがごとき也《なり》。衆愕《しゅうおど》ろき眙《み》て之《これ》を止《とどむ》る或《あ》ること莫《な》し。小田原《おだわら》に抵《いた》れば。侯騎馳驟《こうきちしゅう》し。一駅喧伝《えきけんでん》して曰《いわく》。賊兵甲府《ぞくへいこうふ》に拠《よ》る矣《い》と。翌日鐵舟駿府《よくじつてっしゅうすんぷ》に至《いた》り。隆盛《たかもり》に見《まみ》えて曰《いわく》。君軍事《きみぐんじ》に参《さん》ず。人《ひと》を殺《ころ》さんと欲《ほっ》する乎《か》。乱《らん》を鎮《しず》めんと欲《ほっ》する乎《か》と。曰《いわく》乱《らん》を鎮《しず》めんとす。曰《いわく》然《しか》らば則《すなわ》ち主帥《しゅすい》罪《つみ》を待《ま》つ。死《し》生唯《せいた》だ命《めい》のまゝなり。何《なに》を以《もっ》て兵《へい》を進《すす》むと。曰《いわく》甲地《こうち》仗《じょう》を接《せっ》す。命《めい》に抗《こう》ずるに非《あら》ず乎《や》と。曰《いわく》遁兵《とんぺい》の嘯聚《しょうしゅ》。事主帥《ことしゅすい》と渉《わた》ること無《な》し。夫《そ》れ刑《つみ》ありて而《しこう》して之《これ》を伐《う》ち。服《ふく》して而《しこう》して之《これ》を舎《ゆ》るす。之《これ》を有礼《ゆうれい》と謂《い》ふ。君礼《きみれい》を執《と》らずんば。吾《わ》れ復《ま》た何《なに》をか言《い》はん。吾《わ》れ死《し》ある耳《のみ》。抑《そもそ》も麾下《きか》八萬騎《まんき》。其死《そのし》を愛《あい》せざる者《もの》。豈《あ》に独《ひと》り鐵舟《てっしゅう》のみならんや。天下《てんか》或《あるい》は此《これ》より乱《みだ》れん矣《い》と。隆盛悚然容《たかもりしょうぜんかたち》を改《あらた》めて曰《いわく》。且《しばら》く之《これ》を待《ま》て。頃者《このごろ》。静寛《せいかん》内親王《ないしんのう》。天璋太夫人《てんしょうたいふじん》。並《ならび》に使《つかい》を遣《つか》はして哀訴《あいそ》せられしも。使者戦慄《ししゃせんりつ》して。言《こと》に次第《しだい》なし。今子《いまし》与《とも》に語《かた》る可《べ》し。遂《つい》に親王《しんのう》に謁《えっ》し。旨《むね》を取《と》り来《きた》りて曰《いわく》。誠《まこと》を表《ひょう》し功《こう》を立《た》つるに。五事《じ》を行《おこな》はんことを要《よう》す。其《その》一城《しろ》を致《いた》せ。其《その》二戎器《じゅうき》を致《いた》せ。其《その》三軍艦《ぐんかん》を致《いた》せ。其《その》四兵士《へいし》を郊外《こうがい》に移《うつ》せ。其《その》五主帥《しゅすい》を備藩《びはん》に幽《ゆう》せよと。鐵舟曰《てっしゅういわく》。謹《つつ》しんで厳旨《げんし》を領《りょう》ず矣《い》。唯《た》だ主《しゅ》を幽《ゆう》するの事《こと》。死《し》するも且《か》つ命《めい》を奉《ほう》ずる能《あた》はず。敢《あえ》て再議《さいぎ》を請《こ》ふと。隆盛曰《たかもりいわく》。事朝旨《ことちょうし》に出《い》づ。吾《わ》れ何《なん》ぞ敢《あえ》て喙《くちばし》を容《い》れんやと。鐵舟曰《てっしゅういわく》。人各其主《ひとおのおのそのしゅ》の為《ため》にす。試《こころみ》に地《ち》を易《か》へて之《これ》を論《ろん》ぜん。不幸《ふこう》にして薩侯罪《さっこうつみ》あれば。君能《きみよ》く甘《あま》んじて之《これ》を他人《たにん》の手《て》に附《ふ》せん乎《か》と。隆盛沈思《たかもりちんし》良久《ややひさ》しうして曰《いわく》。子《し》の言理《げんり》あり。我《わ》れ百口《こう》を以《もっ》て主帥《しゅすい》を保《ほ》せん耳《のみ》と。是《ここ》に於《おい》て。書《しょ》を載《さい》して盟《ちか》ひ畢《おわ》り。鐵舟《てっしゅう》の背《はい》を拊《う》って曰《いわく》。好漢虎穴《こうかんこけつ》に入《い》りて虎子《こし》を探《さぐ》る。我《わ》れ其生還《そのせいかん》を期《き》せざるを知《し》る。然《しか》れども一国《こく》の存亡子《そんぼうし》の身《み》に在《あ》り。以《もっ》て自重《じちょう》せざる可《べ》からずと。因《より》て符《ふ》を授《さず》けて遣《や》り去《さ》らしむ。鐵舟鞭《てっしゅうむち》を挙《あ》げて。而《しこう》して東品川《ひがししながわ》に至《いた》る。守兵誰何《しゅへいすいか》し。銃《じゅう》を馬《ば》首《しゅ》に擬《ぎ》す。符《ふ》を出《いだ》して之《これ》に示《しめ》し。馳《は》せて府城《ふじょう》に入《い》ることを得《え》たり。安房《あわ》大《おおい》に喜《よろこ》び。榜《ぼう》を大逵《たいき》に植《た》て。衆《しゅう》を諭《さとし》て安堵《あんど》せしむ。既《すで》にして而《しこう》して六師征討《りくしせいとう》を止《や》め。慶喜《よしのぶ》の族人家達《ぞくじんいえさと》を駿河《するが》に封《ほう》じ。徳川氏祀《とくがわしし》を絶《た》たず。府下《ふか》百万《まん》の人衆《じんしゅう》も亦兵燹《またへいせん》を免《まぬか》る。後《のち》十有余《ゆうよ》年《ねん》にして。家達鐵舟《いえさとてっしゅう》の功《こう》を追思《ついし》し。報《むく》ゆるに此刀《このとう》を以《もっ》てす。鐵舟謂《てっしゅうおも》ひらく。此《こ》れ吾功《わがこう》に非《あら》ず。廟謨寛仁《びょうぼかんじん》の致《いた》す所《ところ》と。携《たずさ》へ来《きた》りて余《よ》に示《しめ》し。遂《つい》に贈《おく》らる焉《えん》と。剛斯《ごうこ》の語《ご》を聞《き》き。起《た》つて拝《はい》して曰《いわく》。是《こ》れ有《あ》る哉《かな》。公其人《こうそのひと》を愛《あい》し。並《ならび》に其器《そのき》を愛《あい》する也《なり》と。刀長《とうなが》さ二尺《しゃく》四寸《すん》四分《ぶ》。広《ひろ》さ九分《ぶ》一厘《りん》。脊《せ》の厚《あつ》さ二分弱《ぶじゃく》。両面 各 血漕起《りょうめんおのおのけっそうき》あり。茎《けい》より鋒尖《ぼうせん》に及《およ》ばざる者《もの》。一寸《すん》九分《ぶ》。利刃玉《りじんだま》を切《き》る。凛乎《りんこ》たる秋霜《しゅうそう》。人《ひと》をして魂悸《こんおの》のき膽寒《たんさ》むからしむ。茎《くき》の長《なが》さ五寸《すん》七分《ぶ》二厘《りん》。広《ひろ》さ九分強《ぶきょう》。下豊《しもゆた》かに上殺《かみそ》げ。二孔《こう》を穿《うが》つ。下《しも》は經《さしわた》し二分《ぶ》。上《かみ》は一分《ぶ》六厘《りん》。其欛《そのつか》と室《さや》と白木《しらき》を用《もち》ゆ。武蔵正宗《むさしまさむね》。代《だい》五千貫《かん》。貞享《ていきょう》二年《ねん》三月《がっ》六日《か》。紀伊中納言上《きいちゅうなごんじょう》、云云《うんうん》の三十四字《じ》を題《だい》す。相伝《あいつた》ふ。相州《そうしゅう》の刀工《とうこう》。藤原正宗《ふじわらまさむね》の作《さく》にして。而《しこう》して武師《ぶし》宮本武蔵《みやもとむさし》の佩《お》ぶる所《ところ》と。家達《いえさと》十四世《せい》の祖《そ》。大将軍秀忠之《だいしょうぐんひでただこれ》を紀伊《きい》藩主《はんしゅ》徳川頼宣《とくがわよりのぶ》に遺《おく》り。頼宣《よりのぶ》の子《こ》光貞《みつさだ》。復《ま》た幕府《ばくふ》に献《けん》ず。当時《とうじ》武《ぶ》臣 政《しんまつりごと》を秉《と》り。尤《もっと》も兵器《へいき》を崇《たっ》とぶ。五礼《れい》の贈遺《ぞうい》。例《れい》に名刀《めいとう》を用《もち》ゐ。工人《こうじん》に命《めい》じて真贋《しんがん》を弁《べん》じ。価格《かかく》を記《き》して以《もっ》て品位《ひんい》を定《さだ》む。今《いま》五千貫《かん》と曰《い》はゞ。則《すなわ》ち品位《ひんい》の尊《たっと》きこと知《し》る可《べ》し矣《い》。抑《そもそ》も正宗《まさむね》は。曠世《こうせい》の良工《りょうこう》にして。元《げん》弘建武《こうけんぶ》の際《さい》に在《あ》り。是時王室中興《このときおうしつちゅうこう》し。未《いま》だ幾《いく》ばくならずして天下《てんか》復《ま》た乱《みだ》れ。作《つく》る所《ところ》の利刃《りじん》。往々叛臣《おうおうはんしん》の用《よう》を為《な》す。公 苟《こういやしく》も覆轍《ふくてつ》に鑑《かんが》み。今日《こんにち》の治平《ちへい》にして猶《な》ほ戊《ぼ》辰東《しんとう》征《せい》。兵馬《へいば》艱難《かんなん》の時《とき》を忘《わす》れざれば。則《すなわ》ち此刀《このとう》は独《ひと》り公《こう》の家《いえ》の宝器《ほうき》なるのみに非《あら》ず。即《すなわ》ち天下《てんか》の宝器《ほうき》なり。嗚呼《ああ》其《そ》れ愛重《あいちょう》せざる可《べ》けん哉《や》。

明治十六年紀元節

宮内文学従五位　川　田　剛　謹　記

正宗鍛刀記 原漢文

右相岩倉公（右大臣岩倉具視公）が、剛を召して名刀一口を示して言った。

「私は平生、贈遺を断絶している。ただこれは忠臣が贈ったものである。今、これを受けて、それによってその功を表そうとする。あなたはこのことを記してください」。

私（剛）は唯々としてひざまずいてその由来を質問した。

公いわく。

「ではあなたに語ろう。戊辰の乱の時、〔新政府軍の〕六師が東に向けて進撃すると、幕府の総帥であった徳川慶喜は蟄居して処罰を待った。その時、〔幕府の〕軍兵が騒いでその勢を抑えることができなかった。慶喜の家来に山岡鐵舟という者がいた。任侠をもって聞こえる人物であった。慶喜のために身を棄てて難を解こうとし、軍事総裁の勝安房と相談した」。

安房は〔鐵舟の策を〕認めた。そして鐵舟は西に向かった。この時、有栖川親王は征東総督を勤め駿府に駐営されていた。薩摩の人・西郷隆盛は参謀としており、先鋒の諸隊はすでに川崎に達していた。

鐵舟は馳せて陣営を過ぎ、大声で叫んだ。

「私は朝敵・山岡鐵舟である！　急用があり総督府に赴むく。どうしても告げなければならないことがある」と。

朝敵とは国賊というに等しい。新政府軍の衆は驚き、あえて止める者はいなかった。

小田原に至ると騎兵が集まっていた。一駅喧伝して「賊兵が甲府に拠る」と言った。

翌日、鐵舟は駿府に到着し西郷隆盛に会見して言った。

「あなたは軍隊を動かしている。人を殺そうとしているのか。乱を鎮めようとしているのか」。

西郷いわく。

「乱を鎮めようとしている」。

鐵舟いわく。

「ならば主君である慶喜は処分を待っている。その死生はただ命のままである。それなのにどうして兵を進めるのか」。

西郷いわく。

「甲州で反乱がある。これは命令に抵抗しているのではないか」。

鐵舟いわく。

「それは脱走兵の集まりにすぎない。事は慶喜公とは関係のないことだ。そもそも刑があってそれに基づいて処罰をし、〔処罰された者が刑に〕服して許される。これを有礼というのだ。あなたが礼を執らなければ、私にはもう言うことがない、死があるだけだ。そもそも徳川の軍勢、〔八萬騎の中、死をものともしない者は鐵舟独りだけではない。天下はこれより乱れるであろう！」。

隆盛はおののいて姿勢を改めていわく。

「しばし待たれよ。前に、静寛内親王と天璋太夫人が共に使者を遣わして〔徳川家に対する寛大な処置を〕哀訴されたが、使者が怖がって事情がよくわからなかった。今、あなたと共に話してみてわかった」。

西郷はついに親王に謁し、旨を取り来りていわく。

「誠を表し功を立てる場合、次の五つの事を行うことが必要である」。

その一、城を差し出せ。

その二、戎器を差し出せ。

その三、軍艦を差し出せ。

その四、兵士を郊外に移せ。

その五、主帥（徳川慶喜）を備藩に幽閉せよ。

鐵舟いわく。

「謹しんで厳旨を受け入れます。ただ主を幽閉するのは、死んでもその命令を奉ずることはできません。もう一度お考えいただきたい」。

隆盛いわく。

「事は朝旨から出たものだ。私がどうして口をはさむことができようか」。

鐵舟いわく。

「人はそれぞれその主のために行動する。試しに地を易えて論じてみましょう。不幸にして薩摩侯に罪があったとき、君は能く甘んじてこれを他人の手に渡すでしょうか」。

隆盛は沈思し、しばらくして言った。

「あなたの言葉に道理がある。私は百口を以て主帥を守るだけです」。

ここで書を書いて誓いを終えた。

西郷は鐵舟の背を叩いて言った。

「勇気ある者よ、虎穴に入って虎子を探るように、自ら危険に飛び込んで危機を救った。私はその生還を期せざるを知る。しかし一国の存亡はあなたの身に在る。どうか自重せよ」。

そして通行手形（符）を授けて送り出した。

鐵舟は鞭を挙げて東品川に到着した。守兵が誰何《すいか》し、銃を馬の首に突き付けた。通行手形を示し、馳せて府城に入った。安房（勝海舟）は大に喜び、掲示板を道に立てて人々を諭して安心させた。

そして〔新政府軍の〕六師は進軍を止め、慶喜の属人である家達を駿河に封じ、徳川氏は祀を絶つことはなくなった。また府下の百万の人々も戦争の被害を免れた。

のち十数年後、家達は鐵舟の功を追思して、それに報いるためにこの刀を与えた。

鐵舟が言うに、

「これは私の功績ではありません。朝廷の寛大さがなされたことです」と。

そして携《たずさえ》てきて私に示し、贈られたのである。

剛はこの語を聞き、起立して拝して言った。

「こんなことがあるのか。公は鐵舟その人を愛し、そして鐵舟が贈ったその器を愛したのである」と。

刀は、長さが二尺四寸四分。広さが九分一厘。脊の厚さが二分弱。両面にそれぞれ血漕起がある。茎から鋒尖に及ばないものが一寸九分。利刃は玉をも切る。凛乎たる秋霜は、人をして魂おののき膽《きも》を寒くさせる。茎の長さは五寸七分二厘。広さ九分強。下《しも》が豊かにして上殺《かみそ》げである。二孔を穿つ。下は經《さしわた》しが二分。上は一分六厘。その欛《つか》と室《さや》と白木を用いている。

「武蔵正宗。代五千貫。貞享二年三月六日。紀伊中納言上、云云」という三十四字が書かれている。

相伝えるに、相州の刀工である藤原正宗の作で武師宮本武蔵が持っていたものであると。

家達十四世の祖、大将軍秀忠が、これを紀伊藩主・徳川頼宣に遣り、頼宣の子の光貞がまた幕府に献じた。当時は武臣が政治を行ったため、兵器を崇んでいた。五礼の贈遣の例に名刀を用い、工人に命じて真贋を確かめて価格を記し、それによって品位を定めた。今、五千貫といえば品位の尊い事がわかるであろう。そもそも正宗は希代の良工であり、元弘、建武の時代（一三三一～一三三六）の人である。この時、王室が中興したが、すぐに天下が再び乱れ、そこで作った刀は往々にして反乱の道具となった。

公はこうした先人の失敗に鑑み、今日は平和な時代であるが、戊辰の東征、兵馬の艱難の時を忘れないようにしなければならない。そこから、この刀は公の家の宝器だけでなく、天下の宝器といえる。ああ、これを大事にしなければならない。

明治十六年　紀元節　宮内文学従五位 川田剛　謹んで記す

鐵舟居士遺物護皇　洋刀記　原漢文

洋刀一口《ようとういっこう》。是《こ》れ曾《かつ》て子爵山岡君《ししゃくやまおかくん》の。佩《お》びて以《もっ》て王事《おうじ》に勤《つと》むる所《ところ》の者《もの》。今《いま》谷中全生《やなかぜんしょう》庵《あん》に蔵《ぞう》す。庵《あん》は君《きみ》の創立《そうりつ》に係《かか》り。多《おお》く其《そ》の遺物《いぶつ》を存《そん》す。中《なか》に就《つ》き。此刀《このとう》を紀念《きねん》の最《さい》なる者《もの》と為《な》す。蓋《けだ》し君《きみ》の英武《えいぶ》是《これ》に因《よ》りて而《しこう》して伝《つた》へ。君《きみ》の忠勲《ちゅうくん》是《これ》に因《よ》りて而《しこう》して播《ひろ》まるを以《もっ》て也《なり》。而《しこう》して刀《とう》の利鈍《りどん》与《あず》からず焉《えん》。明治戊寅《めいじぼいん》八月《がつ》。竹橋兵営《たけばしへいえい》の騒擾《そうじょう》。事《こと》倉卒《そうそつ》に起《おこ》り。人心恟々《じんしんきょうきょう》たり。君変《きみへん》を聞《き》き蹶起《けっき》して此《こ》の刀《とう》を佩《お》び。直《ただ》ちに禁内《きんだい》に趨《は》しる。時方《ときまさ》に夜半《やはん》。未《いま》だ一人《にん》の護衛《ごえい》に候《こう》ずる者《もの》あらず。聖上叡感《せいじょうえいかん》の余《あま》り。特旨《とくし》君《きみ》をして佩《お》ぶる所《ところ》の刀《とう》を解《と》かしめ。召《め》して玉座《ぎょくざ》の側《かた》はらに置《お》き。以《もっ》て非常《ひじょう》に備《そな》へたまふ。且《か》つ宣《のた》まはく。鐵太郎《てつたろう》在《あ》り焉《えん》。朕《ちん》亦《ま》た何《なに》をか慮《おもん》ぱからんと。其《そ》の後常《のちつね》に禁内《きんだい》に留《とど》む。人以《ひともっ》て榮《えい》と為《な》す。昔《むか》し八幡公《はちまんこう》。奥羽《おうう》二《に》役《えき》携《たず》さふる所《ところ》の弓《ゆみ》を献《けん》じて。近衛帝《このえてい》の夢厭《むえん》を鎮《ちん》す。士林《しりん》伝《つた》へて公《こう》の武徳弓《ぶとくゆみ》に及《およ》ぶことを欽称《きんしょう》す。君《きみ》の刀幾《とうちか》し矣《い》。宜《むべ》なる哉《かな》。聖上《せいじょう》北巡《ほくじゅん》。君《きみ》を留《とど》めて東京《とうきょう》の留守《りゅうしゅ》と為《な》し。後宮危懼《こうきゅうきく》の心《こころ》を安《やす》んじて。毫《ごう》も顧慮《こりょ》し玉《たま》ふ所《ところ》なき也《や》。君薨《きみこう》じて後《のち》。旨《むね》あり嗣子直記《ししなおき》を宮中《きゅうちゅう》に召《め》し。上親《じょうした》しく此《こ》の刀《とう》を還趙《かんちょう》したまふ。直記《なおき》惶恐拝受《こうきょうはいじゅ》して退《しり》ぞき之《これ》を全生庵《ぜんしょうあん》に納《おさ》むと云《いう》。事明治《ことめいじ》二十三年《ねん》に在《あ》り。嗚呼《ああ》。刀《とう》は一微物《いちびぶつ》のみ。正宗《まさむね》の鋭利《えいり》あるに非《あら》ず。金装《きんそう》の美《び》あるに非《あら》ず。而《しこう》して一《ひと》た

び天顔《てんがん》に咫尺《しせき》し。後《なが》く後世《こうせい》の貴重《きちょう》する所《ところ》の者《もの》と為《な》るは。遭遇其《そうぐうそ》の人《ひと》を得《う》るを以《もっ》て
に非《あら》ざる乎《か》。君平生心《きみへいぜいしん》を禅理《ぜんり》に潜《ひそ》め。所謂見性悟道《いわゆるけんしょうごどう》を得《う》るあり。事《こと》に応《おう》じ物《もの》に接《せっ》
して。活人殺人《かつにんさつにん》の技倆《ぎりょう》を施《ほどこ》す。此《こ》の刀与《とうあず》かりて力《ちから》ありと為《な》す。余《よ》も亦嘗《またかつ》て君《きみ》の知《ち》を
辱《かたじけ》なうする者《もの》。今庵主《いまあんしゅ》の請《こい》に応《おう》じて。略《ほ》ぼ其《そ》の来歴《らいれき》を叙《じょ》す。偶然《ぐうぜん》に非《あら》ざる也《なり》。其《そ》
の文卑弱《ぶんひじゃく》にして英武忠勲《えいぶちゅうくん》の萬一《まんいち》を発揚《はつよう》するに足《た》らずと雖《いえど》も。後《のち》の風《ふう》を聞《きき》て興起《こうき》する
者《もの》。庶《こい》ねがわくは茲《ここ》に取《と》ること有《あ》らん耶《か》。

松《しょう》 邨《そん》 棚 橋 大 作 撰

鐵舟居士遺物護皇　　洋刀記　原漢文

洋刀一口。

これはかつて子爵山岡君が身に着けて天皇のお側につかえた時のものである。今、谷中全生庵に所蔵している。庵は君が創立したものであり、多くその遺物を所蔵している。中でもこの刀は最も記念となるものである。思うに君の英武は、これによって伝わり、君の忠勲は、これによって広まるからである。そして、それは刀の切れ味が問題なのではない。

明治戊寅（十一年、一八七八）八月。竹橋兵営における近衛兵の反乱事件は突然起こり、人心は恟々《きょうきょう》としていた。君は変を聞き、決意してこの刀を持って直ちに皇居に走った。時はちょうど夜半で、護衛は一人も来ていなかった。天皇は感激のあまりに、特別に君が身に着けていた刀を外させ、召して玉座のわきに置き、それを非常の際の備えとされた。

そして次のように言われた。「鐵太郎がいれば、朕には何の心配があろうか」と。その後、常に禁内に留めた。人はこれを光栄なことと言った。

昔、八幡公・源義家は、前九年の役《えき》、後三年の役という東北で起こった二つの戦いに使った弓を献じて天皇の悪夢を鎮めた。武士界隈では、義家の武徳が弓に及んだことを褒めたたえた。君の刀もこれに近い。宜《むべ》なる哉《かな》。天皇が北巡（明治十四年の山形・秋田・北海道への巡幸）した際、君を留めて東京の留守とし、後宮の人々の心を安らかにし、少しの不安をも起こさせなかった。

君が亡くなった後、天皇は鐵舟の子・直記を宮中に召した。そして親しくこの刀をお返しになった。直記は恐れ多く思いながら拝受して退き、これを全生庵に納めたという。これは明治二十三年（一八九〇）のことである。

ああ、刀は一つの小さなモノに過ぎない。〔名刀である〕正宗の鋭さがあるわけでもなく、金細工の美があるわけでもない。しかしそれが一たび天皇に拝謁し、長く後世に貴重なものとして伝わるようになったのは、出会うべき人に遭遇したところが大きかったのではないか。君は平生、心を禅理に潜め、いわゆる〔禅の悟りである〕見性悟道を得た。〔それにもとづいて〕事に応じ物に接して、活人殺人の技量を施した。その際、この刀が効果を発揮したのだ。私もかつて君の知己の一人であった。今、庵主の請に応じて、ほぼその来歴を述べたが、これは偶然ではない。文は卑しく弱くて英武忠勲の万分の一も挙げることができないかもしれないが、将来、この話を聞いて興起する者よ。願わくはここから学んでほしい。

松　邨　　棚橋大作　撰す

鐵舟居士贊

生武弁家。伝撃劍術。愛国心深。勤王志悉。居官黽勉。交友篤實。甘死解難。臨陣無慄。撥亂反正。輔翼帝室。餘勇學禅。機鋒超軼。雄談活論。似維摩詰。建立伽藍。三寶統帥。游刄綽然。雲烟揮筆。謄寫藏經。字々如漆。報答四恩。擲弃千鎰。張旭嘗言。舞劍電疾。一呼一吸。鬼没神出。書劍禅法。妙処揆一。嗚乎居士。何等才質。文武兼通。精衷貫日。

前淨土門主　鵜飼徹定撰

同

英邁豪果。一好男子。撃劍精妙。悟入衆理。八萬子弟。誰亦比此。

海舟勝安芳撰

鐵舟居士賛

武士の家に生れ、撃剣の術を伝えた。愛国心が深く、勤王の志を極めていた。公的な仕事によく務め、人間関係は誠実であった。〔新政府軍の進撃を防ぐために〕死を甘んじて難問を解こうと、敵の軍陣に行っても慄えることはなかった。乱が起これば正に帰し、帝室を補佐し、かたわらに禅を学びその矛先は通常のわだちを超えていた。その雄々しい話や活気ある議論は〔『維摩経』の主人公である〕維摩詰に似ている。また伽藍を建立して〔仏法僧〕の三宝を統帥した。剣の道において刀を扱うことはゆったりとし、書の道において堂々とした書体で筆を揮い、仏の道においては大蔵経を書写しているがその文字は漆の如きであった。四恩（父母の恩・衆生の恩・国王の恩・三宝の恩）に報答して、お金を投げうった。〔唐代の書家である〕張旭はかつて「剣を舞わす電疾、呼吸の一瞬一瞬に鬼が没し神が出てくる」と言った。書・剣と禅法とは妙なる処が同じである。ああ居士よ、何等の才質もって文武に兼通するか。精衷は日を貫く。

前浄土門主　鵜飼徹定撰

同

才能豊かで豪快な一人の好男子。撃剣は精妙であり衆理に悟入していた。八万の子弟の中、誰か鉄舟に比べることがきようか。

海　舟　勝安芳撰

鐵舟居士追悼集

題辭

海舟　勝安芳

大鈞無私力。萬理自森著。

天龍寺　滴水

擊劒揮毫絶正偏。忠肝義膽氣衝天。嗚吁五十三年夢。馥郁清香火裏蓮。

天龍寺　龍淵

嗚呼公之為人。武而文。嚴而慈。不偏神佛。不拘道儒。或鞅掌王事。或艱苦国事。忠肝義膽。誰不景慕。在棺中視世界。遊天外弄天眞。孰謂公既死去。殊不知鐵船水上浮。

天龍寺　峨山

在家菩薩武門傑。意気堂々應衆縁。莫道色身曾敗壞。虚空切齒擧瞋拳。

相国寺　獨　園

一劒磨来五十年。誠忠不動奉　皇天。風流更有安心術。参徹山林老師禅。

圓覺寺　洪　川

公去忽然死耶生。滿空面目露堂々。自今誰弄縦横筆。老涙不乾千萬行。

大徳寺　廣　州

殺人刀與活人劒。殺活隨時利衆縁。當日開襟談此事。言猶在耳七周天。

妙心寺　匡　道

鐵舟一去。水上無痕。探竿巧弄。誰測淵源。神思玉潔。翰墨波飜。嗚呼七歳。泣向天闇。

南禅寺　舜　應

牌前嘆息祝融灾。堂宇寫経皆作灰。諱景七回多少恨。滿天涙雨洒青苔。

甲午歳春三月盡。書妙法山中牛欄堂夜坐一詩。為添一圖。
供故全生鐵舟老居士。（圖者略之）

東福寺　敬　冲

一燈萬境沈。定起衆山迎。香煙燼已久。時遷徒爾驚。野獸齕枯草。觳觸林有聲。襟冷衣衲重。空知露氣横。出峰月照磵。涓々是流泓。仄聽絶壁下。鏗然玉有鳴。幽処不可尋。向上中庭明。閑解結跏趺。曳履獨經行。孤影傷来者。到底誡前程。庶携同交者。與歩松影清。

建仁寺　默　雷

扶宗護法機功勲。忌景七年何所云。常憶江南三月裡。鷓鴣啼処百花芬。

建長寺　貫　道

堂々示現宰官身。説法臨機書劍新。不獨誠忠貫日月。大悲心溢刹塵々。

圓覚寺　宗　演

三舟今欠一。社稷為寥々。高歩肝如鐵。忠精凛衝霄。曾經桑海變。単劍護　天朝。人死神不死。古松冬嶺高。

南禅寺　大　徹

参得祖師最後禅。定中消息自安然。杜鵑喚覺七年夢。百億須彌驚哭天。

永平寺　悟　由

世出世間唯一誠。推稱八萬衆中英。高風徳化長堪仰。雪裏梅花薫月清。

總持寺　梅　仙

生前未了舊公案。今日全提君識那。雨灌満天高歩趣。鐵舟翻浪影婆娑。

松　本　花　朝

世は寂し、安居なされて、七周忌、

娶　亭　蒲　生　重　章

憶昔戊辰歳。官軍收江城。参謀在高縄。君憂家国傾。忠憤不自禁。單騎詣軍營。諄々説参謀。謝罪請解兵。主公尤恭順。入寺佛燈熒。家臣結一隊。精鋭以為名。護衛主公居。晝夜四巡行。旬餘不交睫。可憐臣子情。隊士和田氏。慷慨忽破盟。潜抱搏浪椎。欲敢敵　天廷。一朝其謀漏。君聽噩然驚。責之命自盡。因是闔隊寧。光陰駛於矢。忽々幾周星。明治廿年夏。君感其忠誠。將樹一碑石。以弔英雄靈。叮嚀囑蒲子。作之墓上銘。吁彼死猶生。特筆銘文成。君為書諸石。深刻蛟龍横。其書與其人。端勁似眞郷。惜哉君亦逝。唯見墓草青。

棵潭杉浦誠

轅門哀訴鬼神聽。痛憤孤忠功可銘。一騎衝堅全社稷。六軍止戦兎雷霆。参禅妙悟心無念。講武研精劒有靈。尚想夫君歳寒節。欝蒼墓畔老松青。

竹圃浦春暉

欲將一劒答君恩。幾年精勵錬鐵肝。煞活在手試妙用。果然一劒排百難。善轉禍機極塗炭。善護正法回頽瀾。天地位兮萬物育。大道彰々劫後看。趺坐形存猶昨日。詘指七回改涼温。一夜憶君耿不寢。明星當窓光芒寒。

湖山小野愿

若有人兮天一方。忠為衣兮信為裳。

如意谷鐵臣

鐵舟英雄人。一劒發智慧。自稱有髪僧。常持無心偈。忠報数世主。勇冠八萬騎。墓木今將拱。涙堕鐵舟寺。

泥舟高橋精一

掃墓奠香堪愍惻。浮雲世態誰能測。西風吹断九原頭。蟋蟀相和聲唧々。

天江江馬聖欽

合抱樹皆老。巳無種樹人。只留遺址在。樹下吊靈神。

聴雨杉華

化鶴何心帰世外。騎鯨無信到江東。

川合清丸

花のあした、月の夕くれ来ることに、たゝ何となく、涙なかるゝ、

黄邨向山榮

十年磨一劔。劍膽與禅心。機鋒誰敢觸。気宇自深沈。

黄石岡本迪

芳草又敷翠。落花飛絮辰。十年空一夢。回首憶伊人。

学海依田百川

毅然經盡幾星霜。一世雄風名姓香。曾表忠忱存故国。仍將質直賛吾皇。劎光三尺窮禅理。筆陣千軍掃墨場。不識英魂何処去。海山佳絶有僧房。

税所篤子

なゝとせの、秋をへたてゝ君はいま、雲のいつこに、月をみるらむ、

海上胤平

七年の、むかしにも似す、うつりこし、世のありさまを、君に見せはや、

南岳藤澤恒

大壑之舟負者誰。瞥爾夜半幾推移。布金不要存片鐵。劫火鎔去亦一時。全生只在不生底。醍醐眞味君獨知。獨知獨笑諸天外。大壑之舟負者誰。

中洲三島毅

憶昔　王怒赫。六師壓江城。士民驚且怖。洶々如沸羹。忠勇獨有君。單騎馳牙營。哀訴達主意。天恩赦嚴刑。百萬人安堵。抃舞喜再生。當時舊藩国。亦受　天討兵。吾迎之封疆。號泣表至誠。士女免屠戮。滿城湧歡聲。大小雖異迹。酸苦則同情。懷舊感不已。吊君涙縦横。

得庵鳥尾小彌太

我有些子物。拈来投洪爐。一拝君不見。右眄呵狸奴。

妙心寺無学

鐵舟空裡走。日々對全生。莫道經年七。分身百億城。咦。

南禅寺　毒　湛

作佛法金湯。稱家国柱礎。要識居士眞。鐵舟浮水上。

大法寺　禾　山

累卵乾坤誰打破。倚天長劔逼人塞。完全一句任君唱。法社金湯那処看。

居士題累卵圖云乾坤如累卵打破
還得全用此縁賦一偈以供其霊鑑

虎溪山　海　晏

国家柱石法城堤。堤潰柱顚驚萬黎。五十三年眞一夢。蛻衣掛樹晩蝉啼。

大徳寺　宗　般

應現宰官居士身。利生接物是維新。病床轉苦為安樂。遊戲神通自在人。

先師鐵舟先生の超祥忌を營み追悼集をものするに
末期の寫經をおもひて

愛石　千葉立造

眼に見えて、今猶寒し、汗の痕

鐵舟居士真蹟十牛図

見牛図　三

牧牛図

五

宝生庵
竹崗章

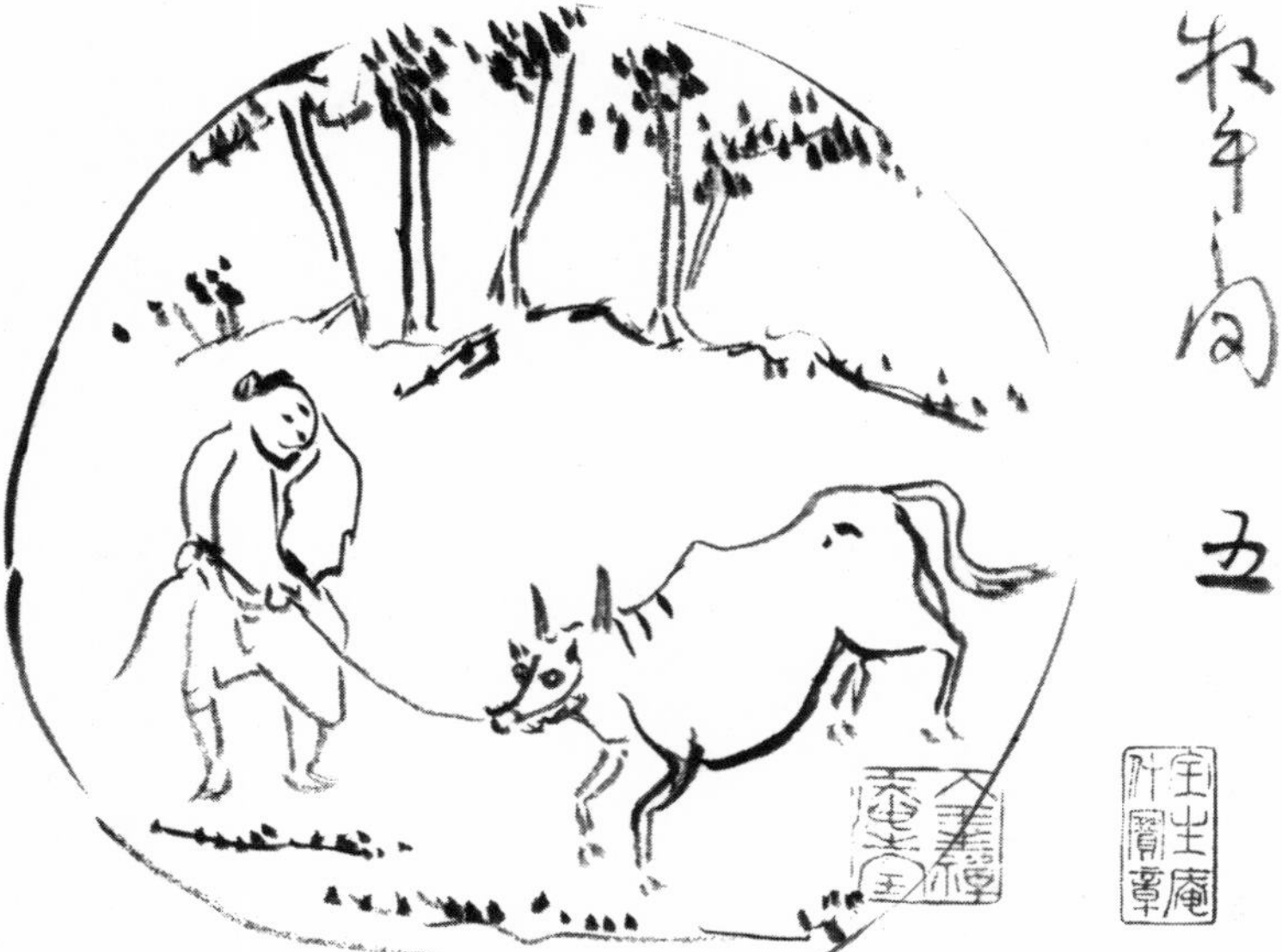

点苔老人図

宝生庵
竹隠章

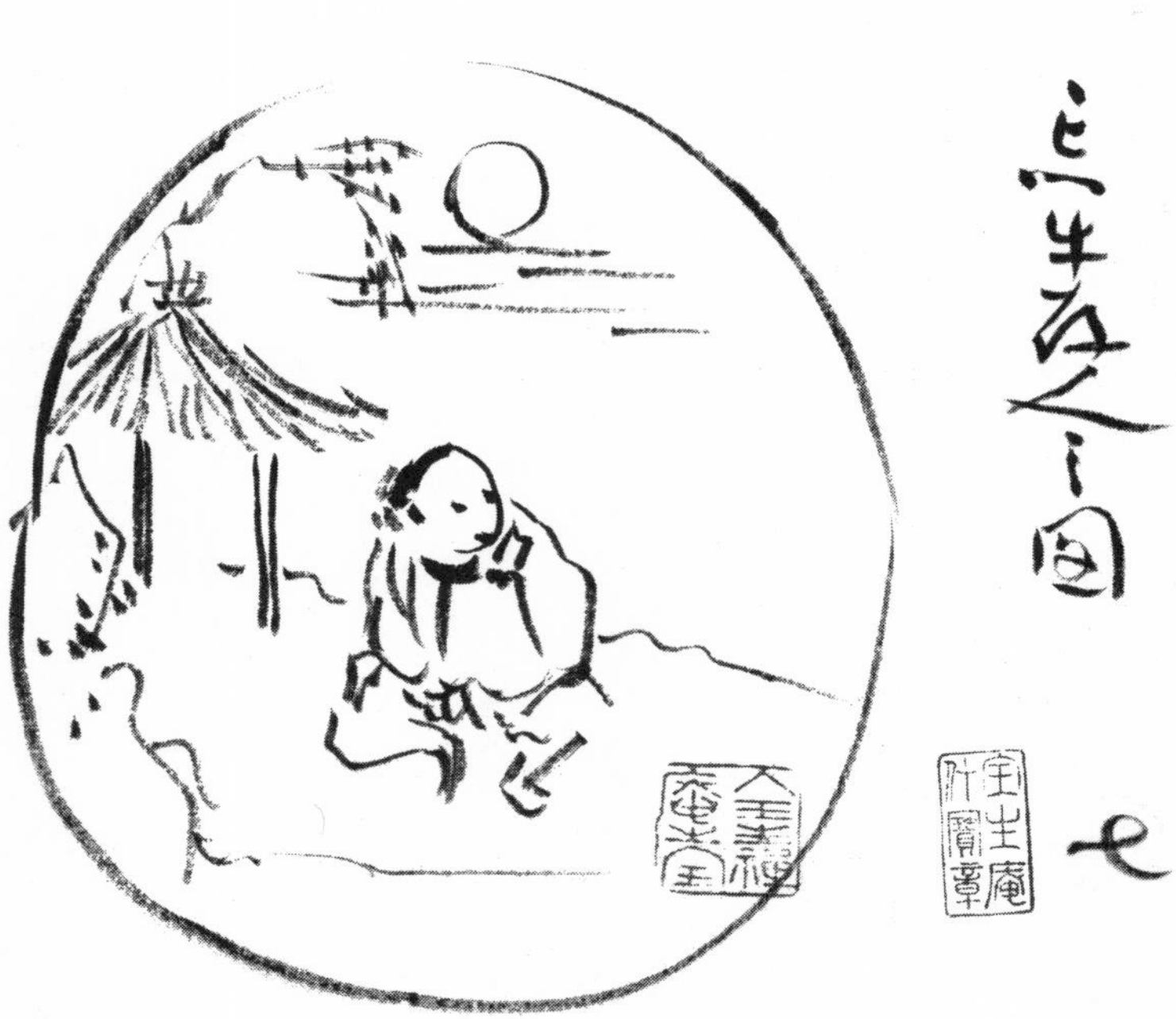

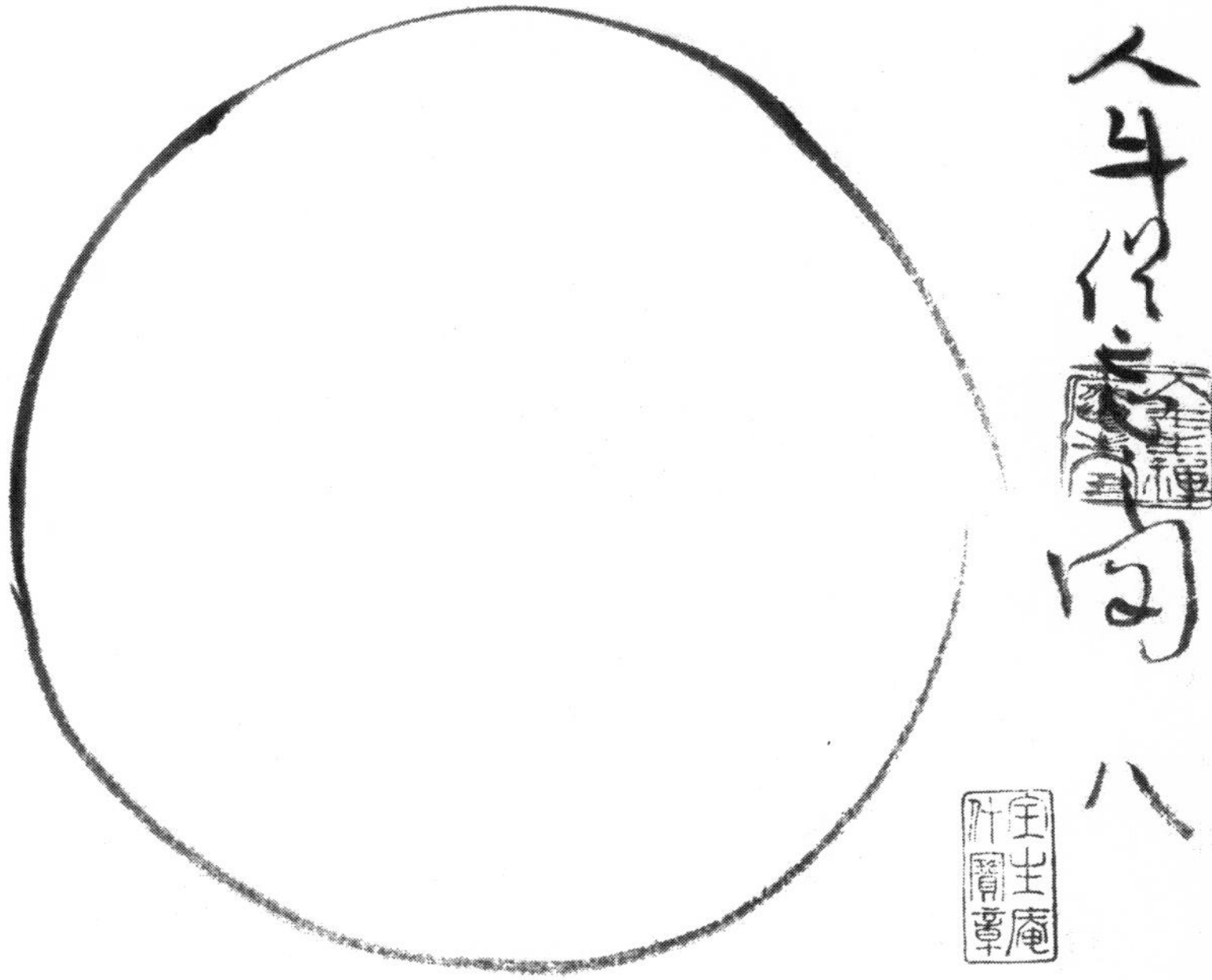
人牛俱忘図 八

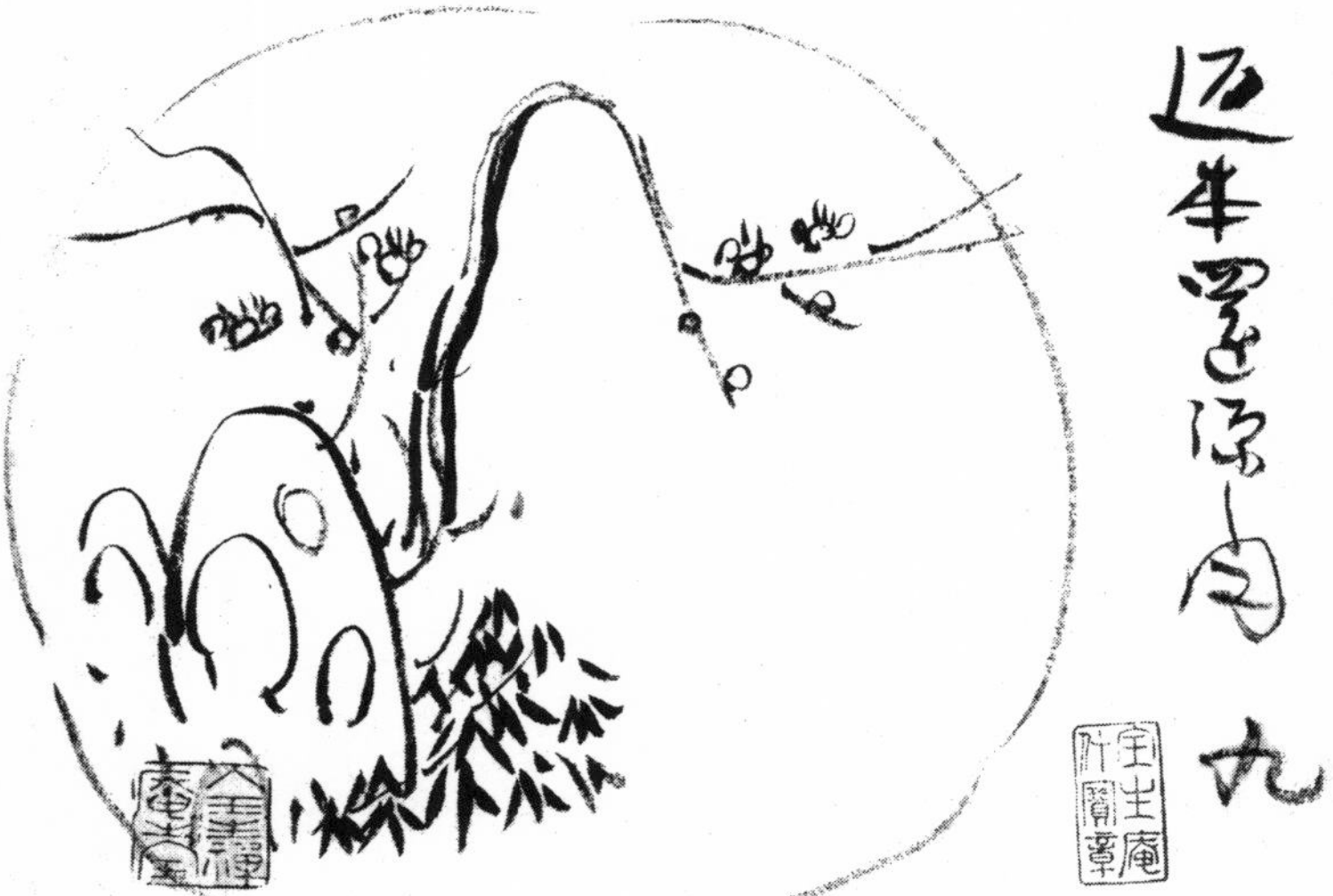

入廛垂手
十

附録

全生庵扁額記　原漢文

此扁額《このへんがく》の三大文字《だいもんじ》は。本《も》と隆蘭渓《りゅうらんけい》（鎌倉建長寺開山大覚禅師）の書《しょ》する所《ところ》なり。寛《かん》元年中《げんねんちゅう》。（今を去る約六百七十年前）蘭渓宋《らんけいそう》より来航《らいこう》。颶風《ぐふう》に遇《あ》ひ。武州谷中三崎《ぶしゅうやなかさんさき》に漂着《ひょうちゃく》す。（或は太宰府より鎌倉に到る途中の事ならん歟）一茅舎《いちぼうしゃ》を築《きず》き。自《みずか》ら題《だい》して全生庵《ぜんしょうあん》と曰《い》ふ。庵《あん》の傍《かたわら》に角谷《つのや》某《ぼう》なる者《もの》あり。蘭渓《らんけい》に親炙《しんしゃ》す。蘭渓去《らんけいさ》るに臨《のぞ》み。先《さき》に題《だい》する所《ところ》の扁額《へんがく》を以《もっ》て之《これ》に附与《ふよ》す。某受《ぼうう》けて而《しか》も珍蔵《ちんぞう》して子孫《しそん》に伝《つた》ふと云《いう》。明治《めいじ》七年《ねん》。鐵舟居士淀橋駅《てっしゅうこじよどばしえき》に住《じゅう》す。駅《えき》に角谷《つのや》の裔孫《えいそん》あり。彦三郎《ひこさぶろう》と曰《い》ふ。既《すで》に老《お》い。餅菓《へいか》を鬻《う》りて以《もっ》て業《ぎょう》と為《な》す。塵頭常《てんとうつね》に一《いつ》の古額《こがく》を掲《かか》ぐ。筆力遒勁《ひつりょくしゅうけい》。典雅愛《てんがあい》すべし。居士《こじ》一日公退《じつこうたい》の途次《とじ》。見《み》て以《もっ》て異《い》とす焉《えん》。時《とき》に彦三《ひこさ》の隣人梅五郎《りんじんうめごろう》。居士《こじ》の家《いえ》に出入《しゅつにゅう》す。居士偶《こじたまた》ま扁額《へんがく》の事《こと》を語《かた》り深《ふか》く之《これ》を賞賛《しょうさん》す。梅五《うめご》以《もっ》て彦三《ひこさ》に告《つ》ぐ。彦三欣然備《ひこさきんぜんつぶ》さに其来由《そのらいゆ》を述《の》べ。且《か》つ曰《いわ》く。世《せ》道陵夷《どうりょうい》。人情軽菲《にんじょうけいひ》。高僧《こうそう》の名蹟《めいせき》。恐《おそら》くは湮滅《いんめつ》に帰《き》せん。故《ゆえ》に之《これ》を廛頭《てんとう》に掲《かか》げ。其人《そのひと》を待《ま》って以《もっ》て之《これ》を遺《おく》らんと欲《ほっ》する也《なり》。子《し》幸《さいわい》に之《これ》を居士《こじ》に介《かい》せよと。居士《こじ》辞して受《う》けず。彦三《ひこさ》之《これ》を強《し》ふ。遂《つい》に受《う》く焉《えん》。嗚呼《ああ》。居士《こじ》は真《しん》に扁額《へんがく》の好知己《こうちき》。蘭渓《らんけい》も亦以《またもっ》て泉下《せんか》に首肯《しゅこう》すべし矣《い》。此《ここ》に於《おい》て。居士《こじ》将《まさ》に大《おおい》に酬《むく》ゆる所《ところ》あらんとし。其欲《そのほっ》する所《ところ》を問《と》ふ。彦三《ひこさ》曰《いわ》く。陋巷《ろうこう》の小人《しょうじん》。餅《へい》を鬻《う》りて余《よ》資《し》あり。唯《た》だ居士《こじ》の手書《しゅしょ》を得《え》て。之《これ》を廛頭《てんとう》に掲《かか》げば。即《すなわ》ち吾願《わがねがい》足《た》る耳《のみ》と。居士《こじ》益《ますま》す之《これ》を奇《き》とし。輒《すなわ》ち揮毫《きごう》して以《もっ》て之《これ》を与《あた》ふ。爾来扁額《じらいへんがく》を書斎《しょさい》に掲《かか》げ。因《より》て其斎《そのさい》に名《なづ》く。或人曰《あるひといわ》く。其書《そのしょ》を愛《あい》するは則《すなわ》ち可《か》なり。其斎《そのさい》に名《なづ》くるは則《すなわ》ち不可《ふか》なりと。居士《こじ》曰《いわ》く。以《もっ》て死《し》すべくして而《しこう》して死《し》し。以《もっ》て生《い》くべくして而《しこう》して生《い》く。之《これ》を全生《ぜんしょう》と謂《い》ふ。豈《あに》徒《いたず》らに瓦全《がぜん》を之《こ》れ謂《い》はん耶《や》と。十三年《ねん》。居士国泰寺《こじこくたいじ》越叟《えっそう》（富山県氷見郡太田村国泰寺五十四世越叟禅師）と。一宇《いちう》を谷中三崎国泰子院《やなかさんさきこくたいしいん》の地《ち》に創立《そうりつ》し。隣地《りんち》を購入《こうにゅう》して。乃《すなわ》ち其附近一帯本《そのふきんいったいも》と角谷《つのや》氏《し》に属《ぞく》することを知《し》る。居士《こじ》愈《いよ》よ其奇《そのき》縁《えん》に感《かん》じ。十八年《ねん》。扁額《へんがく》を堂内《どうない》に移《うつ》して以《もっ》て寺号《じごう》と為《な》す。後又自《のちまたみずか》ら三大字《だいじ》を書《しょ》して之《これ》を堂外《どうがい》に掲《かか》ぐ。両々《りょうりょう》相映《あいえい》じて一雙《いっそう》の美観《びかん》たり。二十七年《ねん》。本寺《ほんじ》災《さい》に罹《かか》り二《に》額併《がくあわ》せて灰燼《かいじん》に帰《き》す（不肖）

牧田乏《ぼくでんぼう》を住持《じゅうじ》に受《う》け。慨歎《がいたん》措《お》く能《あた》はず。遂《つい》に居士《こじ》の未亡人《みぼうじん》を介《かい》し。小松宮親王《こまつのみやしんおう》に此《この》三大字《だいじ》を書《しょ》せられんことを請《こ》ひ。以《もっ》て木《き》に刻《きざ》み。之《これ》を再建本堂《さいけんほんどう》に掲《かか》げ。其来由《そのらいゆ》を記《き》して後人《こうじん》に示《しめ》すと云《いう》。

全生庵扁額記　原漢文

この扁額の三大文字は、もと蘭溪道隆（鎌倉建長寺開山大覚禅師）が書いたものである。寛元年中（今から約六百七十年前）、蘭溪が宋より来航したとき暴風に遇い、武州谷中三崎に漂着した。（あるいは太宰府から鎌倉にいたる途中の事であろうか）。藁ぶきの家を建て、そこを自ら名前を付けて全生庵といった。庵の傍に角谷某という人がいて蘭溪に親しみその感化を受けていた。蘭溪が去る時、以前書いた扁額を角谷に与えた。角谷はそれを大事にして子孫に伝えたという。

明治七年（一八七四）、鐵舟居士は淀橋駅に住んでいた。駅に角谷の子孫がおり、名を彦三郎といった。彦三郎はすでに老い、菓子を売って暮らしていた。店先に常に古い額を掲げており、それは筆力のすごさと同時に、愛すべき典雅さも備えていた。居士はある日、公務から帰る途中でこれを見て「すごい！」と思った。

彦三郎の隣に梅五郎という人が住んでおり、居士の家に出入していた。居士はたまたま扁額の事を語り、それを深く賞賛した。梅五郎がこのことを彦三郎に話すと、彦三郎は喜び、その由来を詳しく述べて言った。

「世の中は悪くなり、人の情は軽薄になってきています。このままでは高僧のすばらしい書も大事にされず、無くなってしまうでしょう。そのため私はこれを店頭に掲げて、扁額を所有する価値のある人を待ち、その方にさしあげようと考えていました。梅五郎さん、居士に引き合わせてください」。

しかし居士は辞退して受けとらなかった。彦三郎は強い調子で勧め、遂に受けとることになった。ああ、居士は真に扁額のよき理解者である。蘭溪も草葉の陰でうなずいているであろう。居士は、返礼をしたいと思い、ほしいものを尋ねた。すると彦三郎は、

「しがない私ですが、餅を売った貯えがあるので暮らしていけます。ただ居士の真筆を頂戴して店頭に掲げるだけで満足です」という。

居士は、ますます感心して、揮毫して彦三郎に与えた。

それ以来、居士は扁額を書斎に掲げ、さらにこれを書斎の名とした。これに対してある人

が言うに、「その書を愛するのはよいが、それを書斎の名にするのはいけない」と。それに対して居士が応えるに、「死ぬべくして死に、生きるべくして生きる。これが〈全生〉ということだ。どうして無駄に生きているだけのことをいおうか」。と。

明治十三年（一八八〇）、居士は国泰寺越叟（富山県氷見郡太田村国泰寺五十四世越叟禅師）とともに寺院を谷中三崎国泰子院の地に創立し、隣地を購入したが、そのとき附近一帯がもともと角谷氏の所有であったことを知った。居士はますますその不思議な縁を感じて、十八年（一八八五）、扁額を堂内に移し、これを寺号とした。その後、鐵舟もまた自ら三大字を書して堂外に掲げた。両方、相映じて一組の美観をなしていた。

ところが明治二十七年（一八九四）、寺が火災に遭い、扁額が二つとも灰燼に帰してしまった。その後、不肖ながら牧田が住持となったが、このことが残念でたまらず、遂に居士の未亡人を介して小松宮親王にこの三大字の揮毫をお願いし、そしてその揮毫を木に刻んで、再建した本堂に掲げた。ここに、その由来を記して後人に示す。

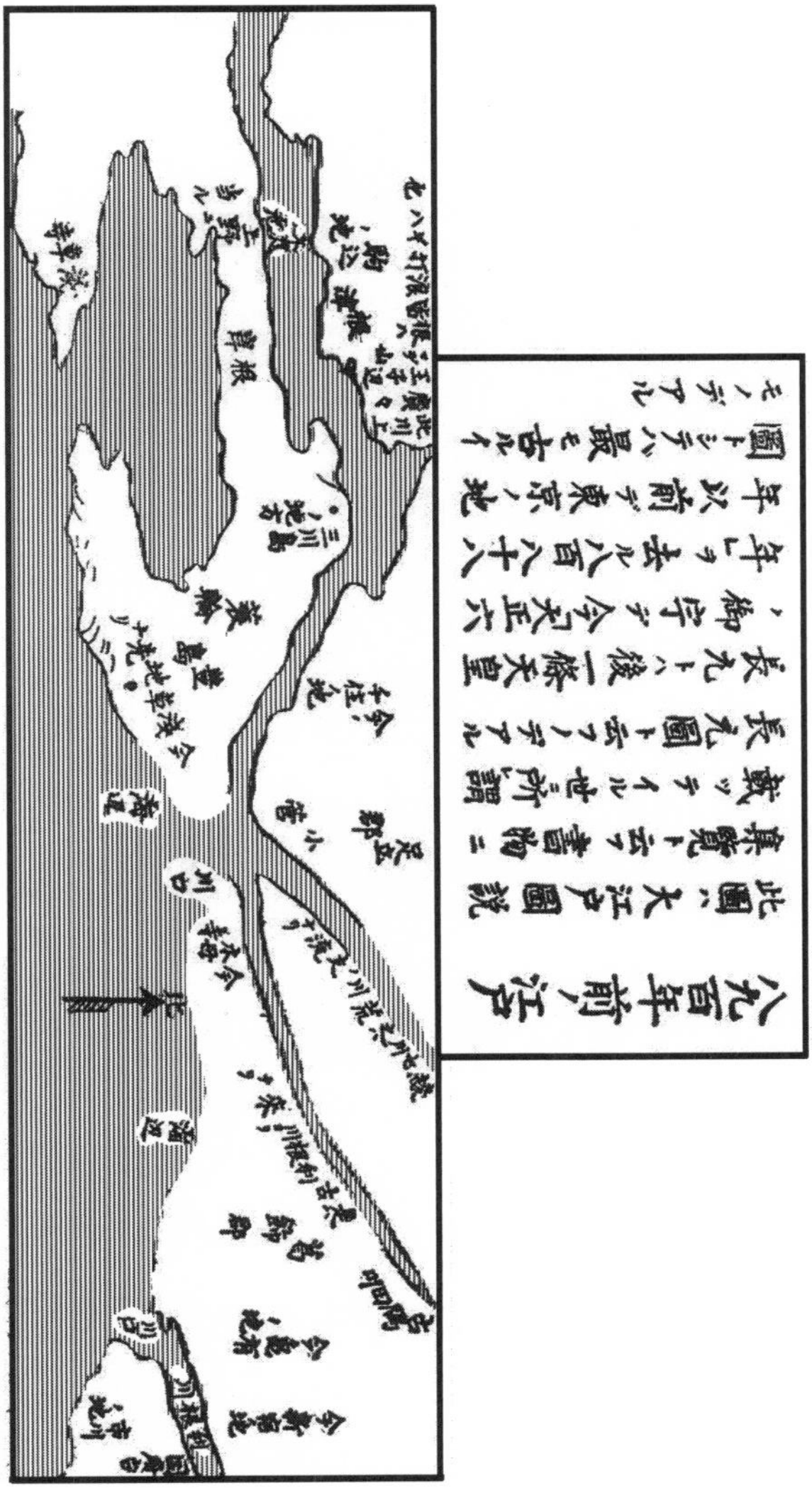
八九百年前ノ江戸
此圖ハ大江戸圖説集覧ト云フ書物ニ載ツテイル世ニ所謂長元圖ト云フノデアル長元トハ後一條天皇ノ御宇デ今「大正六年」ヲ去ル八百八十八年以前デ東京ノ地圖トシテハ最モ古ルイモノデアル
駒込ノ地
根津
上野ニ当ル
根岸
淺草寺
三川島ノ地方
蓑輪
豊島
今淺草地先ナリ
今千住ノ地
足立郡
小菅
海辺
川口
今木母寺
北
葛飾郡
今亀有ノ地
今新宿ノ地
市川ノ地
國府台
利根川

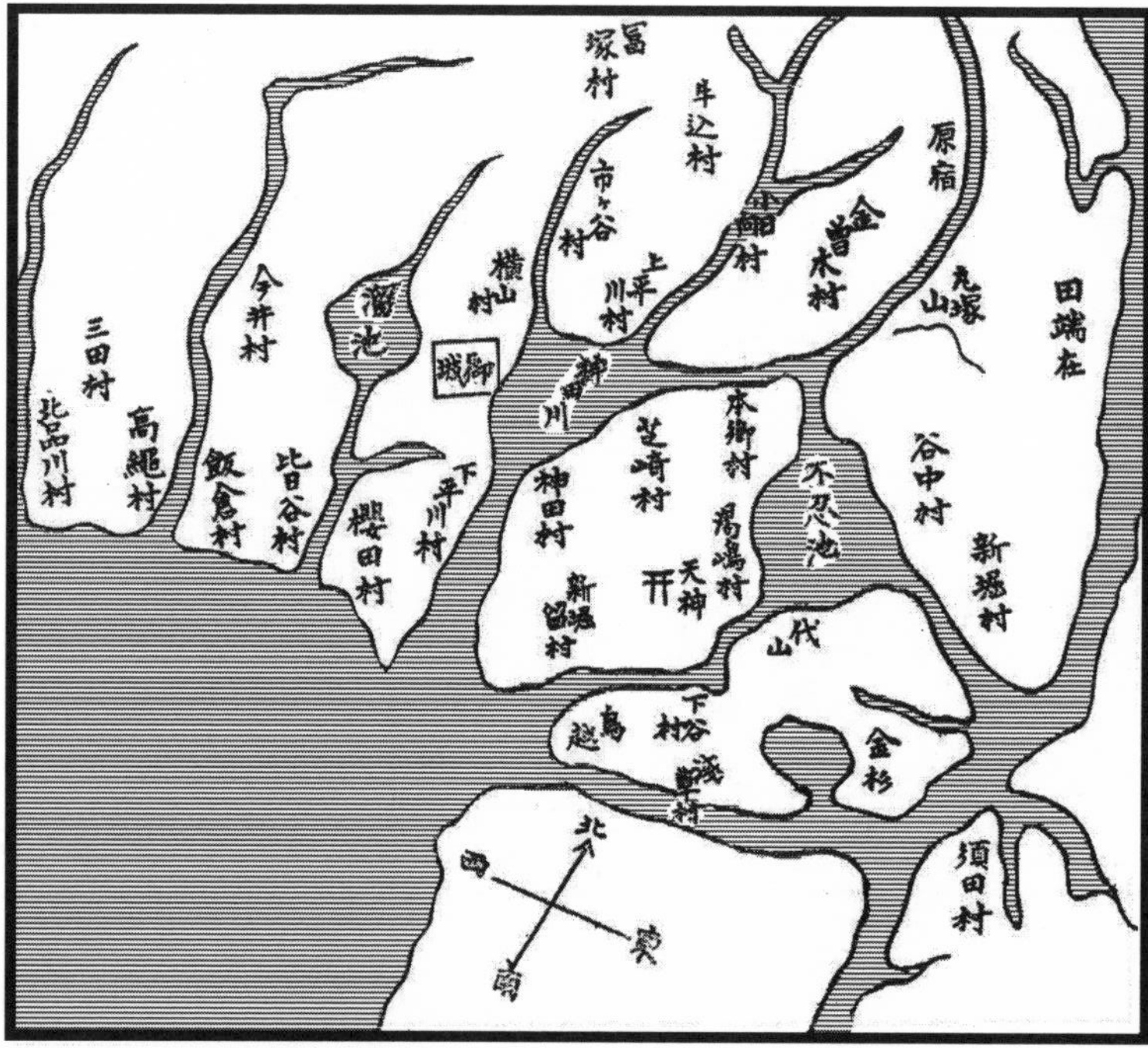

四五百年前ノ江戸

此圖ハ後花園天皇ノ長禄年中ニ於ケル江戸ノ圖デアル丁度太田道灌ガ江戸城ヲ築キ終ツタ年デ今「大正六年カラ四百六十年前ニ相當ル

全生庵本尊葵正観世音由緒

葵正観世音《あおいしょうかんぜおん》は。南天竺毘首竭磨《なんてんじくびしゅかつま》の作《さく》にして。欽明帝《きんめいてい》の朝《ちょう》西天《さいてん》より伝《つた》ふる所《ところ》の霊像《れいぞう》なり。爾来《じらい》転旋《てんせん》して鎌倉右大将《かまくらうだいしょう》及《および》室町氏《むろまちし》に伝《つた》へ。代々《だいだい》の将軍《しょうぐん》深《ふか》く尊崇《そんそう》を加《くわ》ふ。後《のち》日向《ひゅうが》の大慈寺《だいじじ》に留《とど》まり。又洛《またらく》の東福寺《とうふくじ》支院《しいん》長慶寺《ちょうけいじ》に在《あ》りたり。我《わが》東照宮《とうしょうぐう》崇敬《そうけい》最《もっと》も厚《あつ》く。竟《つい》に之《これ》を江戸城《えどじょう》に遷《うつ》し。毎月《まいげつ》十八日観音懺法《にちかんのんせんぽう》を修行《しゅぎょう》して。天下泰平《てんかたいへい》を祈願《きがん》し。殊《こと》に徽号《きごう》葵《あおい》の字《じ》を以《もっ》て冠《かん》せらる。慶安《けいあん》二年天寿院殿《ねんてんじゅいんでん》。普門山大慈寺《ふもんざんだいじじ》を大塚上街《おおつかかみまち》に建《こん》立《りゅう》し。刑部卿《ぎょうぶきょう》の局《つぼね》を以《もっ》て之《これ》が開基《かいき》と為《な》し。香花《こうげ》久《ひさ》しく薫《くん》ず。然《しか》るに維新《いしん》の際廃寺《さいはいじ》と為《な》る。故《ゆえ》に之《これ》を余《よ》の家《いえ》に奉迎《ほうげい》して供養《くよう》懈《おこ》たらず。明治《めいじ》十六年《ねん》一月《がつ》。一宇《いちう》を北豊島郡《きたとしまごおり》谷中村《やなかむら》に創草《そうそう》し。普門山全生庵《ふもんざんぜんしょうあん》と号《ごう》す。乃《すなわ》ち葵正観世音《あおいしょうかんぜおん》を安置《あんち》し。其来由《そのらいゆ》を概挙《がいきょ》して後《のち》の渇仰者《かつごうしゃ》に告《つ》ぐ。

明治十六年五月

正四位　山岡鐵太郎誌

全生庵本尊葵正観世音由緒

葵正観世音は、南天竺毘首竭磨（南インドのヴシュヴァカルマン＝帝釈天の臣下で彫刻・美術をつかさどる神）の作で、欽明天皇の代に西天から伝わった霊像である。

それ以来、転旋して鎌倉右大将、および足利氏に伝わり、代々の将軍が深く尊崇を加えた。その後、日向の大慈寺に留まり、また洛の東福寺の支院である長慶寺にあった。

わが東照宮（徳川家康）は、崇敬が最も厚く、ついにこれを江戸城に遷し、毎月十八日に観音懺法を修して天下泰平を祈願し、特別に徽号葵の字を以て冠せられた。

慶安二年（一六四九）、天寿院殿が普門山大慈寺を大塚上街に建立し、刑部卿の局を開基とし、香花が久しく薫じられていた。然るに維新の際、廃寺となった。故にこれを私の家に奉して供養をおこたらなかった。明治十六年一月に、寺院を北豊島郡谷中村に創建し、普門山全生庵と号した。すなわち葵正観世音を安置し、その来由を挙げて後の渇仰者に告げる。

明治十六年五月

正四位　山岡鐵太郎誌

全生庵開山越叟禅師伝　原漢文

師諱《しいみな》は義格《ぎかく》。越叟《えっそう》は其字《そのあざな》。龍眠室《りゅうみんしつ》と号《ごう》す。俗姓《ぞくせい》は松尾《まつお》。天保《てんぽう》八年《ねん》五月《がつ》三日《か》を以《もっ》て。筑前国秋月藩士某家《ちくぜんのくにあきづきはんしぼうけ》に生《うま》る。幼《よう》にして藩侯《はんこう》の菩提所古心寺《ぼだいしょこしんじ》に入《い》りて得度《とくど》し。頃之《しばらく》して博多崇福寺拙堂和尚《はかたのそうふくじせつどうおしょう》に師事《しじ》す。長《ちょう》ずるに及《およ》んで遊方《ゆほう》し。初《はじ》め山城国八幡圓福寺僧《やましろのくにやはたえんぷくじそう》堂蘇《どうそ》山禅師《ざんぜんじ》に依止《えし》すること数夏《すうげ》。日夜一向《にちやいっこう》に打坐兀々《たざごつごつ》たり。其態度老媼《そのたいどろうおう》に相肖《あいに》たるを以《もっ》て。一衆綽名《いっしゅうあだな》して婆々格《ばばかく》と称《しょう》す。既《すで》にして而《しこう》して錫《しゃく》を備前国圓山曹源寺僧堂《びぜんのくにまるやまそうげんじそうどう》儀山禅師《ぎさんぜんじ》の會下《えか》に転《てん》じ。刻苦励精《こくくれいせい》。一旦契悟《いったんかいご》す。然《しか》るに参究漸《さんきゅうよう》く進《すす》むに至《いた》りて。自《みずか》ら深《ふか》く文字《もんじ》に乏《とぼ》しきを憾《うら》み。京都在安居村龍翔塔下《きょうとざいやすいむらりゅうしょうとうか》に屏居《へいきょ》し。而《しこう》して妙心寺僧堂《みょうしんじそうどう》越溪禅師《えっけいぜんじ》の室《しつ》を敲《たた》き。傍《かたわ》ら旧仁和寺宮《きゅうにんなじのみや》の儒官菅某《じゅかんすがぼう》に就《つい》て漢学《かんがく》を修《おさ》む。是《かく》の如《ごと》く七《しち》春秋《しゅんじゅう》を閲《けみ》し。遂《つい》に越溪禅師《えっけいぜんじ》の印可《いんか》を受《う》く矣《い》。時《とき》に甲州慧林寺圓應和尚《こうしゅうえりんじえんおうおしょう》。妙心僧堂《みょうしんそうどう》に就《つい》て。其嗣法者《そのしほうしゃ》を求《もと》む。禅師乃《ぜんじすなわ》ち師《し》を擧《あ》げて之《これ》に応《おう》ず。師慧林《しえりん》に居《お》ること歳余《さいよ》。肉山《にくさん》（豊饒なる寺をいふ）に尸位素餐《しいそざん》するを屑《いさぎよ》しとせず。固辞《こじ》して而《しこう》して東京《とうきょう》に遊《あそ》ぶ。偶《たまた》ま相国寺独園禅師《しょうこくじどくおんぜんじ》に会《あ》ひ。謂《いっ》て曰《いわ》く。愚弟素《ぐていも》と天下《てんか》の貧山《ひんさん》に住《じゅう》せんことを願《ねが》ふ。頼《さいわい》に法兄之《ほうひんこれ》を物色《ぶっしょく》せよと。蓋《けだ》し是《こ》れ当時《とうじ》禅師《ぜんじ》は。本宗各派総管長《ほんしゅうかくはそうかんちょう》として。全国《ぜんこく》を巡教《じゅんきょう》せらるゝに由《よ》る焉《えん》。後幾《のちいくば》くも亡《な》く。越中国国泰寺實應和尚《えちゅうのくにこくたいじじつおうおしょう》。禅師《ぜんじ》を屈請《くっしょう》して。菩薩戒会《ぼさつかいえ》を設《もう》く。禅師晋山《ぜんじしんさん》し。熟《つらつ》ら内外《ないがい》の状況《じょうきょう》を察《さっ》するに。真《しん》に是《こ》れ天下《てんか》の貧《ひん》山《さん》にして。而《しこう》して恰《あだか》も實應既《じつおうすで》に老衰《ろうすい》し。後董者《こうとうしゃ》を需《もと》むるに急《きゅう》なるに際《さい》す。故《ゆえ》に禅師《ぜんじ》實應《じつおう》をして専使《せんし》を東京《とうきょう》に上《のぼ》し。以《もっ》て師《し》を懇請《こんしょう》せしむ。師《し》直《ただち》に點頭《てんとう》し。飄然笈《ひょうぜんきゅう》を負《お》ふて而《しこう》して到《いた》る。時明治《ときめいじ》七年師《ねんし》三十八歳也《さいなり》。爾来朞年《じらいきねん》にして。而《しこう》して四方《しほう》の雲衲輻輳《うんのうふくそう》し。道譽加《どうよか》、越《えつ》、能《のう》三州《しゅう》に馳《は》せ。宗《しゅう》の自他《じた》なく。信徒靡然《しんとひぜん》として帰嚮《きこう》す。茲《ここ》に於《おい》て。末山僧侶及《まつさんそうりょおよび》 檀徒等《だんとら》。相率《あいひき》ゐて奮起《ふんき》し。田園《でんえん》を芟柞《せんさく》し。堂塔《どうとう》を修理《しゅり》し。狭《せま》きを拡《ひろ》げ。乏《とぼしき》を添《そ》え。百廃咸《ひゃくはいみ》な擧《あ》がる。然《しか》り而《しこう》して師粗糲《しそれい》を食《くら》ひ。敝褚《へいちょ》を衣《き》て。夙夜跼《しゅくやきょく》蹐《せき》。愈《いよい》よ益《ますま》す其徳《そのとく》を修《おさ》む焉《えん》。或時《あるとき》一信徒《しんと》師《し》に謂《いっ》て曰《いわ》く。寺運日《じうんひび》に詼張《かいちょう》す。乞《こ》ふ少《すこ》しく緩帯《かんたい》せよと。師之《しこれ》を聞《き》き呵々《かか》一笑《しょう》して曰《いわ》く。衲不肖《のうふしょう》と雖《いえど》も。而《しか》も志《こころざし》は国泰寺《こくたいじ》を永禄以《えいろくい》前《ぜん》に輓回《ばんかい》するに在《あ》り矣《い》と。蓋《けだ》し国泰寺《こくたいじ》は。本《も》と足利尊氏《あしかがたかうじ》 後醍醐天皇《ごだいごてんのう》の勅《ちょく》を奉《ほう》じて建立《こんりゅう》する所《ところ》にして。而《しこう》して七堂伽《しちどうが》藍完備《らんかんび》し。且《か》つ末寺《まつじ》二百又余《ゆうよ》箇《こ》を有《ゆう》す。然《しか》るに永禄《えいろく》十二年《ねん》。上杉謙信《うえすぎけんしん》。其檀越神保長住《そのだんおつじんぼながずみ》を攻《せ》むるに当《あた》り。偶《たま》ま疑《うたがい》を挾《さしはさ》み。火《ひ》を放《はな》ちて之《これ》を焼《や》く。爾来伽藍《じらいがらん》は長《なが》く旧観《きゅうかん》に復《ふく》せず。而《しこう》して末寺《まつじ》も亦真宗曹洞宗《またしんしゅうそうとうしゅう》の蠶食《さんしょく》する所《ところ》と為《な》ると云《いう》。明治《めいじ》十一年《ねん》。山岡鐵舟居士《やまおかてっしゅうこじ》。聖駕《せいが》の北巡《ほくじゅん》に扈従《こしょう》して。越中高岡《えっちゅうたかおか》に到《いた》る。高岡国泰寺《たかおかこくたいじ》を距《さ》る二里余《りよ》。居士《こじ》早《つと》に国泰寺《こくたいじ》の名刹《めいさつ》たるを聞《き》く。乃《すなわ》ち公暇《こうか》を利《り》して以《もっ》て登山《とうさん》し。始《はじ》めて師《し》に謁《えっ》し。歓談数刻《かんだんすうこく》。情宛《じょうあたか》も故旧《こきゅう》の如《ごと》し。別《わか》れに臨《のぞ》むで眷戀《けんれん》。堅《かた》く再会《さいかい》を約《やく》して而《しこう》して去《さ》る。時《とき》に師《し》竊《ひそか》に思《おも》ひらく。吾《わ》が宿志展開《しゅくしてんかい》の機《き》至《いた》ると。十二年春《ねんはる》。師《し》約《やく》を履《ふ》むで居士《こじ》を東京《とうきょう》に訪《と》ふ。居士《こじ》大《おおい》に喜《よろこ》び。欵待至《かんたいいた》らざる無《な》し。師《し》一日《じつ》七堂大伽藍《どうだいがらん》の図《ず》を出《いだ》して居士《こじ》に示《しめ》し。而《しこう》して国泰寺再建《こくたいじさいこん》の事《こと》を諮《はか》る。居士之《こじこれ》を壮《そう》とし。直《ただち》に賛助《さんじょ》を誓《ちか》ひ。且《か》つ曰《いわ》く。予《よ》固《もと》より財力《ざいりょく》に匱《とぼ》し。乞《こ》ふ腕力《わんりょく》を致《いた》さん歟《か》と。師《し》是《これ》より四方《しほう》に勧化《かんけ》し。有志者《ゆうししゃ》に頒《わか》つに。居士《こじ》の墨蹟《ぼくせき》を以《もっ》てす。居士之《こじこれ》が為《ため》に揮毫《きごう》する者《もの》。屏風《びょうぶ》千二百隻《そう》。其他半折額面等臨時《そのたはんせつがくめんとうりんじ》の揮毫《きごう》。勝《あ》げて算《さん》す可《べか》らず。十二年《ねん》五月《がつ》。当時国泰寺《とうじこくたいじ》は。相国寺派《しょうこくじは》の所轄《しょかつ》たるに拘《かかわ》らず。師法燈派本山《しほうとうはほんざん》の公称《こうしょう》を官《かん》に請《こ》ひ。而《しこう》して認可《にんか》を得《う》。蓋《けだ》し是《こ》れ後年分立《こうねんぶんりつ》を成就《じょうじゅ》するの基因《きいん》なり。十三年《ねん》四月《がつ》。師《し》越溪禅師《えっけいぜんじ》を拝請《はいしょう》し。臨済録会《りんざいろくえ》を設《もう》く。此年《このとし》　御《ご》醍醐《だいご》　光明《こうみょう》　後《ご》奈良《なら》三朝《ちょう》の。

勅願所《ちょくがんしょ》たりし由緒《ゆいしょ》に拠《よ》り。宮内省《くないしょう》より金《きん》百円《えん》を下賜《かし》せられ。尋《つい》で内務省《ないむしょう》より金《きん》百円《えん》を下附《かふ》せられ。又有栖川宮親王《またありすがわのみやしんのう》より。北鎮禅林《ほくちんぜんりん》の額字《がくじ》を賜《たま》はる。同《どう》十月《がつ》。師復《しま》た居《こ》士《じ》を訪《と》ふ。居士《こじ》因《ちな》みに師《し》に謂《いっ》て曰《いわ》く。予《よ》頃日《このごろ》。維新《いしん》の際《さい》。国事《こくじ》に殉《じゅん》ずる者《もの》の為《ため》に。一寺《いちじ》を建立《こんりゅう》するの志《こころざし》を起《おこ》す。乞《こ》ふ師《し》其境地《そのきょうち》を選択《せんたく》せよと。師《し》曰《いわ》く。曾《かつ》て府内谷中《ふないやなか》に。国泰末派《こくたいまつは》の廃院《はいいん》ありと聞《き》く。試《こころみ》に相携《あいたづさえ》へて之《これ》を検踏《けんとう》せんと。居士乃《こじすなわ》ち荊叢裡《けいそうり》の破屋《はおく》に坐《ざ》して。四方《ほう》を観察《かんさつ》し。師《し》に謂《いっ》て曰《いわ》く。此《こ》れ有縁《うえん》の地《ち》なり。予《よ》の意決《いけっ》す矣《い》。而《しこう》して建立《こんりゅう》の事《こと》。今《いま》より師《し》の料理《りょうり》に一任《いちにん》せんと。師之《しこれ》を諾《たく》す。居士直《こじただち》に荊叢《けいそう》を披《ひら》き。破屋《はおく》を修《しゅ》し。師《し》をして之《これ》に居《お》らしむ。師是《しこれ》より東上北下《とうじょうほくげ》。殆《ほとん》ど席暖《せきあたた》まるに暇《いと》まあらず焉《えん》。十五年《ねん》。師居士《しこじ》と相謀《あいはか》り。隣地《りんち》を購入《こうにゅう》して。其境域《そのきょういき》を擴《ひろ》むるに当り。方《まさ》に知《し》る此地《このち》本《も》と鎌倉建長寺開山蘭渓道隆禅師《かまくらけんちょうじかいさんらんけいどうりゅうぜんじ》創草《そうそう》。全生庵《ぜんしょうあん》の旧趾《きゅうし》たることを。是年《このとし》七月《がつ》。師権中教正《しごんちゅうきょうしょう》を拝命《はいめい》す。十六年《ねん》一月《がつ》。師居士《しこじ》の邸《てい》より。葵正観世音《あおいしょうかんぜおん》を遷座《せんざ》して。以《もっ》て本尊《ほんぞん》と為《な》し。且《か》つ新《あらた》に普門山全生庵《ふもんざんぜんしょうあん》の寺号を撰《せん》して。而《しこう》して官許《かんきょ》を得《う》。師即《しすなわ》ち之《これ》が兼務住職《けんむじゅうしょく》たり。是《これ》より先《さ》き。師胃《しい》に痼疾《こしつ》あり。此年仲春《このとしちゅうしゅん》に至《いた》りて。困瘁殊《こんすいこと》に甚《はなはだ》し。故《ゆえ》に京都大徳寺《きょうとだいとくじ》塔頭孤蓬庵《たっちゅうこほうあん》に寓《ぐう》し。専《もっぱ》ら加療《かりょう》する者《もの》七旬余《じゅんよ》。一日其相識《じつそのそうしき》なる福井貞憲氏《ふくいていけんし》診断《しんだん》して曰《いわ》く。是《こ》れ胃癌《いがん》なり。竟《つい》に全癒《ぜんゆ》の期《き》なし。恐《おそ》らく命数《めいすう》も亦《また》二三年《ねん》に限《かぎ》らんと。茲《ここ》に於《おい》て。師決然国泰寺再建《しけつぜんこくたいじさいこん》の業《ぎょう》は。諸《これ》を後昆《こうこん》に譲《ゆず》り。而《しこう》して余命《よめい》を挙《あ》げて。以《もっ》て当庵《とうあん》の建立《こんりゅう》に資《し》せんと欲《ほっ》し。倉皇《そうこう》として国泰寺《こくたいじ》に還《かえ》り。諸般《しょはん》を整理《せいり》す。尋《つい》で十七年《ねん》三月当庵《がっとうあん》に帰《かえ》り。下谷二長町所在《したやにちょうまちしょざい》。藤堂侯《とうどうこう》の書院《しょいん》を購入《こうにゅう》して。以《もっ》て本堂建築《ほんどうけんちく》を経営《けいえい》す。是年《このとし》五月《がつ》。本宗各派管長《ほんしゅうかくはかんちょう》。居士《こじ》の勧告《かんこく》を禀《う》けて。白隠禅師《はくいんぜんじ》の為《ため》に。徽号《きごう》を　朝廷《ちょうてい》に請《こ》ひ。月《つき》の念六日《にじゅうろくにち》。正宗国師《しょうじゅうこくし》と宣下《せんげ》せらる。師乃《すなわ》ち各官長《かくかんちょう》に代《かわ》りて。参内恩《さんだいおん》を謝《しゃ》す。帰途居士《きとこじ》の邸《てい》を過《す》ぎ。偶《たま》ま病激發《やまいげきはつ》す。居士抱擁《こじほうよう》して一室《いっしつ》に入《い》り。親《した》しく看護《かんご》する者半日《ものはんじつ》。薄暮病《はくぼやまい》　少《すこ》しく間《かん》なるに乗《じょう》じて帰庵《きあん》す。此《これ》より臥褥《がじょく》復《ま》た起《た》つ能《あた》はず。居士暇日《こじかじつ》には必《かなら》ず之《これ》を訪《と》ひ。且《か》つ三遊亭圓朝及《さんゆうていえんちょうおよ》び門弟等《もんていら》をして。交《こもご》も枕頭《ちんとう》に就《つい》て落語《らくご》を演《えん》ぜしめ。以《もっ》て其病情《そのびょうじょう》を慰《い》す。六月《がつ》十三日《にち》。師自《しみずか》ら末期《まつご》の漸《ようや》く近《ちか》きを知《し》り。居士《こじ》に嘱《ぞく》して曰《いわ》く。庵後《あんご》の地《ち》を相《そう》して。豫《あらかじ》め塋穴《えいけつ》を穿《うが》たんことをと。居士直《こじただち》に命《めい》を土工《どこう》に伝《つた》へ。其成《そのな》るに及《およ》んで。居士躬《こじみずか》ら入《い》り。趺坐《ふざ》頃刻《けいこく》にして而《しこう》して之《これ》を験《けん》し。報《ほう》じて曰《いわ》く。好箇《こうこ》の陰寮竣工《いんりょうしゅんこう》すと。師微笑《しみしょう》して之《これ》を頷《がん》す。十五日《にち》。鎮守八幡祠《ちんじゅはちまんし》。新築落成《しんちくらくせい》す。師衆《ししゅう》の力止《りょくし》するを肯《がえ》んぜず。侍者《じしゃ》の肩《かた》に凭《よ》りて。

而《しこう》して祠《し》前《ぜん》に詣《けい》し。遷座《せんざ》點眼式《てんげんしき》を行《おこな》ふ。十八日午《にちご》前《ぜん》十時《じ》。千葉立造氏《ちばりゅうぞうし》診問《しんもん》す。師《し》曰《いわ》く。長臥徒然《ちょうがとぜん》に堪《た》へず。知《し》らず末期《まつご》未《いま》だし也《や》と。千葉《ちば》氏《し》曰《いわ》く。殆《ほとん》ど將《まさ》に旦夕《たんせき》ならんとすと。午後《ごご》三時《じ》。師《し》沐浴《もくよく》して衣《い》を更《か》へ。衆《しゅう》を召《め》して遺誡《ゆいかい》し。遂《つい》に十時《じ》に至《いた》りて。四句《しく》願文《がんもん》を誦《じゅ》じ。泊然《はくねん》として示寂《じじゃく》す。世壽《せいじゅ》四十八歳《さい》なり。居士《こじ》哀悼措《あいとうおか》ず。自《みずか》ら龍眠《りゅうみん》の号《ごう》を書《しょ》して塔《とう》を建《た》て。推《お》して当庵第一世《とうあんだいいっせ》と做《な》す。師《し》平生寡黙《へいぜいかもく》。只《た》だ能《よ》く快笑《かいしょう》を為《な》す耳《のみ》。然《しか》れども人其謦咳《ひとそのけいがい》に接《せっ》する也《や》。沂《き》に浴《よく》し舞雩《ぶう》に風《ふう》するが如《ごと》く。身心倶《しんしんとも》に慶快《けいかい》を覺《おぼ》う。是《ここ》を以《もっ》て賓客常《ひんきゃくつね》に其室《そのしつ》に満《み》つ。殊《こと》に一《ひと》たび国泰寺《こくたいじ》に住《じゅう》してより。手阿賭物《てあとぶつ》に触《ふ》れず。又法用《またほうよう》を除外《じょがい》して。身《み》絹繒《けんそう》を纏《まと》はず。又単独門閾《またたんどくもんいき》を越《こ》えず。而《しこう》して其病《そのやまい》篤《あつ》きに臨《のぞ》むで。飲食《いんしょく》を絶《た》つ旬餘《じゅんよ》。醫《い》牛乳《ぎゅうにゅう》を進《すす》むるも。頑乎《がんこ》として受《う》けず。止《や》むを得《え》ず。人乳《じんにゅう》を以《もっ》て之《これ》に替《か》ふ。其己《そのおのれ》を持《じ》する斯《かく》の如《ごと》く嚴《げん》と雖《いえど》も。而《しか》も人《ひと》を待《ま》つ極《きわ》めて寛《かん》なり。故《ゆえ》に到《いた》る処《ところ》の緇《し》素《そ》皆崇信悦服《みなそうしんえっぷく》す焉《えん》。

師因《しちなみ》に圓福僧堂《えんぷくそうどう》に在《あ》りて。凡《およ》そ作務《さむ》の時《とき》。常《つね》に遅《ち》々《ち》として衆《しゅう》に後《おく》れて而《しこう》して出《い》で。他《た》の忌《き》避《ひ》する所《ところ》に赴《おも》むく。中《なか》に就《つい》て僧堂《そうどう》に大小春杵八箇《だいしょうしょうきょはっこ》あり。而《しこう》して師米麥頭《しべいばくじゅう》の役《やく》に当《あた》れば。則《すなわ》ち其最大杵《そのさいだいきょ》を揮《ふる》ひ。流汗淋漓《りゅうかんりんり》。吽々《うんうん》と叫《さけ》んで以《もっ》て事《こと》に従《したが》ふ。衆之《しゅうこれ》を見《み》て嘲笑《ちょうしょう》して曰《いわ》く。正《まさ》に是《こ》れ婆子《ばす》の難産《なんざん》なりと。然《しか》れども識者《しきしゃ》窃《ひそ》かに其冲天《そのちゅうてん》の志《こころざし》を察《さっ》すと云《いう》。

師因《しちなみ》に龍翔塔下《りゅうしょうとうか》に在《あ》りて。大徳寺派下《だいとくじはか》に一《いっ》の僧堂《そうどう》なきを概《がい》し。陰《ひそか》に自《みずか》ら奔走《ほんそう》して。大徳本山《だいとくほんざん》の要路者《ようろしゃ》を説《と》き。又越溪獨園《またえっけいどくおん》の二師《し》を動《うご》かし。遂《つい》に儀山禅師《ぎさんぜんじ》を拝請《はいしょう》して。以《もっ》て泉州堺《せんしゅうさかい》 南宗寺僧堂《なんしゅうじそうどう》を開單《かいたん》すと云《いう》。

師因《しちなみ》に初《はじ》めて国泰寺《こくたいじ》に住《じゅう》する時《とき》。浴室《よくしつ》の側《かたわら》に。一の老椿樹《ろうちんじゅ》あり。里人《りじん》伝《つた》へ云《い》ふ。之《これ》に触《ふ》るゝ者《もの》は必《かなら》ず祟禍《すいか》を受《う》くと。師之《しこれ》を聞《き》き。吾《わ》が這裡《しゃり》此《かく》の如《ごと》き妖怪《ようかい》あらん麼《や》と謂《いっ》て。直《ただち》に之《これ》を伐除《ばつじょ》すと云《いう》。

師因《しちなみ》に一日鳥尾得庵居士《じっとりおとくあんこじ》を訪《と》はんことを約《やく》す。居士《こじ》期《き》に及《およ》び。一頭《とう》の狗子《くす》を率《ひき》ゐて。潜《ひそか》に樹陰《じゅいん》に在《あ》り。師《し》の僅《わずか》に門《もん》に入《い》るを伺《まっ》て。狗子《くす》を嗾放《そうほう》す。狗子驀直《くすまくじき》に一聲高《せいたか》く吠《ほ》え。跳《おど》りて師《し》の背《はい》に攀《よ》づ。師彼《しかれ》の為《な》すに一任《にん》し。平然《へいぜん》として行《ゆ》くこと数歩《すうほ》。彼自《かれみずか》ら氣沮《きそ》して休《きゅう》し去《さ》る。既《すで》にして而《しこう》して師居士《しこじ》に謁《えっ》す。居士呵々大笑《こじかかたいしょう》して曰《いわ》く。和尚《おしょう》吾家《わがいえ》の狗子《くす》の活機用《かっきゆう》。驗《けん》し得《え》て如何《いかん》と。師言下《しごんか》に居士《こじ》を推倒《すいとう》し。打《う》つこと両《りょう》三拳《けん》して曰《いわ》く。這野孤精《このやこぜい》。重《かさ》ねて敗闕《はいけつ》を容《い》ると。居士是《こじこれ》より深《ふか》く師《し》を敬重《けいちょう》すと云《いう》。

師因《しちなみ》に参学《さんがく》の居士《こじ》二三。常《つね》に左右《さゆう》に侍《じ》す。彼来島恒喜《かのくるしまつねき》の如《ごと》きも亦其《またその》一人《にん》なり。中《なか》に就《つい》て安藤某《あんどうぼう》なる者《もの》あり。能《よ》く世故《せこ》に通《つう》ずるを以《もっ》て。師之《しこれ》を便《べん》とし。当庵建立会計《とうあんこんりゅうかいけい》を委《ゆだ》ぬ。某師《ぼうし》の大度《たいど》に狎《な》れ。私《ひそか》に千餘金《よきん》を消《しょう》す。偶《たまた》ま信徒《しんと》総代金田清左衛門《そうだいかなだせいざえもん》篠田五右衛門《しのだごうえもん》の二氏《し》。之《これ》を発見《はっけん》して而《しこう》して師《し》に告《つ》ぐ。師諾々《しだくだく》と謂《い》ふ耳《のみ》にて。略《ほ》ぼ意《い》に介《かい》せざる者《もの》の如《ごと》し。二氏憤然《しふんぜん》として曰《いわ》く。師盍《しなん》ぞ彼《かれ》を処分《しょぶん》せざる哉《や》と。師曰《しいわ》く。罪本《つみもと》と衲《のう》の不明《ふめい》に坐《ざ》す。衲深《のうふか》く将来《しょうらい》を戒慎《かいしん》せん。乞《こ》ふ且《しばら》く彼《かれ》を赦《ゆ》るせと。然《しか》るに其夜某師《そのよぼうし》の室《しつ》に趨《はし》り。涕泣《ていきゅう》して悔謝《かいしゃ》す。師曰《しいわ》く。衲《のう》千金《きん》を惜《おし》まず。唯《た》だ法《ほう》を之《こ》れ吝《おし》むと。某遂《ぼうつい》に去《さ》ると云《いう》。

師因《しちなみ》に藤堂侯《とうどうこう》の書院《しょいん》を購入《こうにゅう》するに当《あた》り。鐵舟居士《てっしゅうこじ》。自《みずか》ら其代金《そのだいきん》千八百圓《えん》を平沼専蔵氏《ひらぬませんぞうし》に借《か》らんと欲《ほっ》す。師之《しこれ》を辞《じ》して曰《いわ》く。衲苟《のういやしく》も住職《じゅうしょく》たり。寧《いずくん》ぞ居士《こじ》を煩《わずらわ》さんや。然《しか》れども衲未《のういま》だ平沼氏《ひらぬまし》を識《し》らず。乞《こ》ふ之《これ》を紹介《しょうかい》せよと。師翌日紹介書《しよくじつしょうかいしょ》を携《たず》さへ。日本橋小舟町平沼支店《にほんばしこふなちょうひらぬましてん》を訪《と》ふ。店員謝《てんいんしゃ》して曰《いわ》く。主人不在《しゅじんふざい》と。師曰《しいわ》く。好《よ》し店隅《てんぐう》を煩《わずら》はして。以《もっ》て其帰《そのかえ》りを待《ま》たんと。晡時《ほじ》に至《いた》り。一老店員師《ろうてんいんし》に謂《いっ》て曰《いわ》く。主人帰店《しゅじんきてん》。往々日時測《おうおうじつじはか》り難《がた》し。乞《こ》ふ代《かわ》りて其要件《そのようけん》を聞《き》かんと。師曰《しいわ》く。衲特《のうとく》に主人公《しゅじんこう》の為《ため》に。

法話《ほうわ》一場《いちじょう》せんと欲《ほっ》して而《しこう》して来《きた》る。衲《のう》も亦多事《またたじ》。再過《さいか》を期《き》し難《がた》し。故《ゆえ》に今暫《いましばら》く相待《あいま》たんことを容《ゆ》るせと。老店員已《ろうてんいんや》む無《な》く。師《し》を階上《かいじょう》に導《みち》びき。蕎麦数盤《きょうばくすばん》を供《きょう》す。師之《しこれ》を喫《きっ》して面壁趺坐《めんぺきふざ》す。夜《よる》十時《じ》を過《す》ぐるに及《およ》んで。平沼氏《ひらぬまし》入《い》り来《きた》る。師始謁《ししえつ》の礼《れい》を叙《じょ》し畢《おわ》り。徐《おもむろ》に問《と》うて曰《いわ》く。古語《こご》に曰《いわ》く。積善《せきぜん》の家《いえ》には。必《かなら》ず餘慶《よけい》あり。積不善《せきふぜん》の家には。必《かなら》ず餘殃《よおう》ありと。又曰《またいわ》く。陰徳《いんとく》ある者《もの》は。必《かなら》ず陽報《ようほう》ありと。足下嘗《そっかかつ》て之《これ》を信《しん》ずる耶否《やいなや》と。平沼氏《ひらぬまし》答《こた》えて曰《いわ》く。之《これ》を信《しん》ずと。師乃《しすなわ》ち具《つぶさ》に当庵建立《とうあんこんりゅう》の来歴《らいれき》を陳《の》べ。且《か》つ曰《いわ》く。居士《こじ》の其志《そのこころざし》を起《おこ》す者《もの》。国家《こっか》の遠大《えんだい》を期《き》する也《なり》。衲《のう》の其労《そのろう》を執《と》る者《もの》。佛教《ぶっきょう》の遠大《えんだい》を期《き》する也《なり》。知《し》らず足下《そっか》一家《か》の遠大《えんだい》を期《き》して。以《もっ》て其財《そのざい》を假《か》さん耶否《やいなや》と。平沼氏《ひらぬまし》黙然《もくねん》たること良久《ややひさ》しく。遂《つい》に之《これ》を諾《だく》すと云《いう》。

全生庵開山越叟禅師伝　原漢文

師、諱は義格。越叟は字。龍眠室と号す。俗姓は松尾。天保八年（一八三七）五月三日、筑前国秋月藩士某家に生れた。幼いころに藩侯の菩提所である古心寺に入って得度し、しばらくして博多の崇福寺の拙堂和尚に師事した。成長すると様々なところをめぐり修行した。初め山城国八幡円福寺僧堂の蘇山禅師のところに数夏滞在した。そして日夜、坐禅にひたすら集中していた。その態度が老婆に似ていたことから、一衆は綽名して婆々格と称した。

続いて備前の国、円山曹源寺の僧堂儀山禅師のもとに行き、刻苦励精して一旦悟りを開いた。ところが参究が徐々に進むにしたがい、学問の素養が不足していることを深く残念に思い、京都在安居村の龍翔の下に屏居し、妙心寺僧堂の越溪禅師の室を叩き、かたわらに旧仁和寺宮の儒官菅某について漢学を修めた。このように七年をかけて、ついに越溪禅師から悟りの証明を受けた。

時に甲州慧林寺の円応和尚は、妙心僧堂の中で法を継いでくれる人を探していた。越溪禅師は師（越叟禅師）を推薦した。師は慧林寺に入ったが、居ること一年余りで肉山（豊かな寺をいう）に身分不相応な位を得ていることを厭い、そこを辞めて東京に行った。そこで偶然、相国寺の独園禅師に会った。その時次のように言った。

「私は、本来天下の貧しい寺に住みたいと思っています。兄弟子よ、探してはくれませぬか」。

当時、独園禅師は本宗（臨済宗）各派の総管長として全国を巡教されていた。しばらくして越中の国にある国泰寺の実応和尚が独園禅師を招き菩薩戒会を設けた。禅師が国泰寺に行き内外の状況をよく観察すると、まことに天下の貧山であり、実応和尚は老いて、急いで後継者を探していた。故に禅師は実応に命じて使を東京に派遣して師（越叟禅師）を招くよう依頼させた。〔依頼を受けた〕師（越叟禅師）はうなずき、ぶらりと荷物を持って出かけた。時に明治七年（一八七四）、師は三十八歳であった。その後、一年が経つと四方の修行僧が集まり、仏法に対する評判は加賀、越州、能登の三州に響き渡り、宗派の違いを超えて信者が大挙押し寄せるようになった。そこで末山の僧侶や檀徒たちは、互いに奮起して田園の草刈りをしたり堂塔を修理したり、狭いところを広げたり、皆が出来ることを行い、境内が整えられていった。そして師は粗食で粗末な衣類を着て慎み深い態度を示したので、ますますその徳を修めた。

ある時、一人の信徒が師に言った。

「寺運が日々、拡張しています。どうか少しくお休みください」。

師はこれを聞き呵々一笑して言った。

「わしは力不足ではあるが志として国泰寺を永禄以前に輓回することを考えている」。

国泰寺はもと足利尊氏が後醍醐天皇の勅を奉じて建立した寺院で、七堂伽藍が完備し、かつ末寺を二百個寺以上持っていた。ところが永禄十二年（一五六九）に上杉謙信が、その檀越である神保長住を攻めたとき、たまたま疑を挾み、火を放って焼いた。それ以来、伽藍は長く復旧することなく、末寺もまた真宗や曹洞宗のものになってしまった。

明治十一年（一八七八）、山岡鐵舟居士が明治天皇の北巡に随行して越中高岡に来た。高岡は国泰寺まで二里余りのところである。居士は早くから国泰寺が名刹であることを聞いており、公務の休暇を利用して登山し、初めて師に謁見し、歓談数刻したところ、情はあたかも以前からの知り合いのようであった。別れに臨んで互いに惹かれあい、堅く再会を約束して別れた。時に師は思った。「自分のかねてからの希望が展開する時が来た」と。

明治十二年（一八七九）春。師は約束通り居士を東京に訪ねた。居士は大いに喜び、大いに歓待した。師が一日、七堂大伽藍の図を出して居士に示し、国泰寺再建の事を相談した。居士はこれを盛んなものと認め、ただちに賛助《さんじょ》を誓い、次のように言った。

「私はもとより財力には乏しいのです。どうか腕力でお手伝いします」。

師はそれより四方に寄付を集める勧化《かんげ》を行い、その際には居士が書いた墨蹟を有志者に配った。居士がこのために揮毫した数は、屏風が千二百隻。その他、半折額面など臨時の揮毫は数え上げることができない。

同年五月。当時、国泰寺は相国寺派の下にあったのに、師は「法燈派本山」という公称を使うことを国に申請し、認可を得た。思うにこれは後に分立する原因となった。

明治十三年（一八八〇）四月、師は越渓禅師を招いて臨済録会を設けた。この年、御醍醐天皇、光明天皇、後奈良天皇という三人の勅願所であった由緒により、宮内省から金百円を下賜せられ、次いで内務省から金百円を下附せられ、また有栖川宮親王から「北鎮禅林」の額字を賜わった。

同十月。師は、また居士を訪ねた。居士は師に言った。

「私はこのごろ維新の際に国事に殉じた者の為に寺院を建立するという志を起しました。ついては、建立する土地を選んでください」。

師いわく。

「かつて東京の谷中に国泰末派の廃院があると聞いている。試しに一緒に見に行きたい」。

居士は、植物が生い茂る中にある破屋に坐して四方を観察し、師に言った。

「ここは有縁の土地です。私の気持ちは固まりました。建立の事は今から師に一任いたします」。

師は申し出を許可した。居士はすぐに植物が生い茂っているところをひらき、破屋を修理し、師に居てもらうようにした。この時から師は東奔西走、休む時間がないほど忙しく過ごした。

十五年（一八八二）。師は居士と相談して隣の土地を購入して境内を拡張しようとしたときに、はじめて、ここが昔の鎌倉建長寺の開山である蘭渓道隆禅師が創草した全生庵の旧趾であったことを知ったのであった。この年の七月に師は権中教正（明治初期に置かれた宗教官吏の職名の一つ）を拝命した。

明治十六年（一八八三）一月、師は居士の家から葵正観世音を遷座して本尊とし、かつ新たに普門山全生庵の寺号を撰して官許を得た。師はここの兼務住職となった。

以前から師は胃に持病があった。この年の仲春になり、痛みがとくに激しくなった。故に京都大徳寺塔頭の孤蓬庵に住みながら七カ月ほど治療に専念した。ある日、知り合いの福井貞憲氏が診断していわく。

「胃癌で治る見込みはありません。余命は二、三年と思われます」。

ここで師は決然として、国泰寺再建の業は後人に譲り、自分は余命を全生庵の建立にそそぐことを思い、急いで国泰寺に帰り、諸般のことを整理した。

そして明治十七年（一八八四）三月、当庵に帰り、下谷二長町にあった藤堂侯の書院を購入し、以て本堂の建築を経営した。この年の五月。本宗各派の管長、居士の勧告をうけて白隠禅師のために徽号（朝廷から与えられる名前）を朝廷に請い、二六日、正宗国師と宣下せられた。師は各官長に代って参内し恩を感謝した。帰途、居士の邸を過ぎたところ、たまたま激しく発作が起こった。居士は師を抱きかかえて一室に入り、親しく看護すること半日。夕方ころに病が少し治まり庵に帰った。しかし、師はこの時から寝たきりになってしまった。居士は暇日には必ず見舞いに訪れ、かつ三遊亭圓朝および門弟等に、交替で枕元での落語を演じさせ、病状を慰めた。

六月十三日、師は自分の最後が近いことを知り、居士に、「庵の後ろの土地を見て、あらかじめ墓穴を掘っておいてほしい」と依頼した。居士はすぐに土木工に命じて穴を掘らせ、完成すると自分で穴に入りこんで、坐禅して確認し、「よい隠寮が竣工いたしました」と報告すると、師は微笑んで頷いた。

十五日。鎮守の八幡神の祠が新築落成した。師は周りの人が止めるのをきかず、侍者の肩につかまりながら祠前に詣でて遷座點眼式を行った。

十八日午前十時、千葉立造氏が問診した。師は曰く。

「長く寝ていることにも我慢できません。最後はまだでしょうか」。

千葉氏は「もう間もなくでしょう」と答えた。

午後三時、師は沐浴して着替え、衆を呼んで遺誡し、ついに十時になると四句誓願文（すべての仏や菩薩が共通して持っている四個の誓願。衆生無辺誓願度・煩悩無量誓願断・法門無尽誓願学（または知）・仏道無上誓願成）を誦し、泊然として亡くなった。世壽四十八歳であった。居士は哀悼の意を込め、自ら龍眠という号を書いて塔を建て、師を当庵の第一世とした。

師は平生寡黙であった。ただよく快笑するだけであった。しかし師の人柄に接すると、みな身心倶に慶快を覚えた。そのため賓客が常に部屋に満ちていた。とりわけ一たび国泰寺に住してから、お金には手を触れなかった。また法要の時以外には絹の衣を着ず、また一人で門の外には出なかった。病が重くなり十日あまり飲食を絶った。医者が牛乳を勧めても頑乎として飲まなかった。止むを得ず人乳に替えた。このように自分を律することは厳格であったが、人に対しては極めて寛大であった。故に他の僧侶や一般の人々はみな師を崇信悦服した。

師が円福の僧堂にいたときのこと。作務の時に常にゆっくりと人々に後れて出てきて、他の人が忌避する所に行った。中でも僧堂に大小の舂杵が八箇あった。師は米麦頭の役に当たると、一番大きな杵を揮い、大汗を流しながら、「ウンウン」と叫びながら作業に従事した。他の人々はこれを見て笑って言った。「まさにこれが〔禅の語録に出てくる〕婆子の難産である」と。しかし識者は窃かに、師の高い志を察したという。

師はあるとき、龍翔の塔下にいて、大徳寺派下に一の僧堂がないのを概し、陰に自ら奔走して大徳本山の要路者に説いて、また越溪独園の二師を動かし、遂に儀山禅師を拝請して、泉州堺南宗寺の僧堂を開いたという。

師が初めて国泰寺に住した時、浴室の側に一本の老いた椿の樹があった。里人の言い伝えでは、これに触った人は必ず祟禍を受けるという。師はこれを聞いて、「私のところに、そのような妖怪がいるものか」と言い、すぐにこれを伐り除いたという。

師はあるとき鳥尾得庵居士を訪問することを約束した。居士は約束した日に、一頭の子犬を連れて、樹の陰に隠れ、師が門に入る瞬間に子犬を放った。子犬はまっすぐに高く吠え、とびあがって師の背中によじのぼった。師は子犬の為すにまかせて平然と歩くと、子犬は自ら元気がなくなり行ってしまった。そして師は居士に会った。居士は大笑いして言った。「和尚、わが家の子犬の活機用（禅者のすばらしいはたらき）を経験してみていかがでしたか」と。師はすぐに居士を押し倒して三度殴り、「この野孤精！　重ねてしくじりおった！」と言った。居士はこの時からより深く師を敬重したという。

師の左右には常に参学の居士が侍していた。あの来島恒喜もその一人である。そうした中に安藤某という人がいた。よく世の中のことに通じているので、師は便利と思い、当庵の建立会計を委ねた。某は師の大度に狎《な》れ、ひそかに千円余りの金を使い込んだ。偶然、信徒総代の金田清左衛門と篠田五右衛門の二人がこれを発見して師に告げた。師は「わかった」というだけで、ほとんど意に介さないようである。二人が憤然として言う。

「師はどうして彼を処分しないのですか」。

師いわく、「罪は本来、わしの不明にある。わしは深く将来を戒慎する。どうか彼を赦してほしい」と。

するとその夜、某が師の室に走り、涙を流して悔謝した。

師いわく、

「わしは、千金を惜むのではない。ただ仏法を惜しむのだ」。

某は遂に去ったという。

師が藤堂侯の書院を購入するにあたり、鐵舟居士は自らその代金、千八百円を平沼専蔵氏に借りようとした。

師は、これを断っていわく。

「わしは仮にも住職である。どうして居士を煩《わずらわ》そうか。しかしわしはまだ平沼氏を知らない。どうか紹介してほしい」と。

師は翌日、紹介状を持って日本橋小舟町の平沼支店を訪ねた。店員が謝って言う。

「主人は不在でございます」。

師いわく。

「店隅をお借りして、待たせていただこうか」。

夕方になり、一人の老店員が師に言った。

「主人がいつ店に帰るかは、わかりません。私が代りにその要件を伺いますが」。

師いわく。

「わしは特に主人のために一場の法話をしようとして来たのじゃ。わしも忙しい身なので再会を期し難い。ゆえに今しばらく待っていることを許せ」。

老店員はやむをえず師を階上に案内し蕎麦を数枚をごちそうした。師はこれを食べると面壁趺坐した。夜十時を過ぎて平沼氏が入ってきた。師は始謁の礼を行い、ゆっくりと問うた。

「古い言葉に、〈善を積む家には必ず良いことがある。不善を積む家には必ず悪いことがある〉。また〈陰徳ある人には必ず陽報がある〉と。あなたはこれを信じるか否か」。

平沼氏が答えて言う。

「信じます」。

師はそこで具さに当庵建立の来歴を説明し、いわく。

「居士（鐵舟）がその志を起すのは国家の遠大を期することである。わしがその労を執るのは、仏教の遠大を期することである。あなたは一家の遠大を期して、それによってその財を貸しますか、貸しませんか」と。

平沼氏、しばらく黙り、やがてこれを承諾したという。

拾遺

世間《せけん》では居士が、明治天皇の相撲《すもう》の御相手《おあいて》を奉仕して、畏《かしこ》くも　陛下を擲《な》げ奉《たてまつ》つたように言伝《いいつた》へて居るが、ソハ（それは）全《まった》く誤謬《ごびゅう》で、今其《いまそ》の事実を語れば斯《こ》うである。　陛下まだ御若年《ごじゃくねん》に渡らせらるゝ時、或る日の御晩餐《ごばんさん》に居士と某侍従《ぼうじじゅう》（確か片岡侍従と覚ゆ）とが奉仕して居た。スルト　陛下盃《さかずき》を御手にし給いつゝ、某侍従に向はせられ、吾《わ》が日本もこれからは法律で治めなければいかぬ。と宣《のた》まいたが、某は唯だ畏《かしこ》みて居ると　陛下爾《なんじ》は如何《いかが》思う、意見を陳《の》べよ。と宣《のた》まう。ソコデ某恐れ乍《なが》ら国家を治むるの大本《たいほん》は、道徳に在《あ》るかと存じ奉る。と奉答《ほうとう》する。　陛下は、イヤそれは昔の事だ。今の世には道徳杯《など》は何にもならぬ。と宣《のた》まふ。某又之《これ》に応じて抗弁し奉つる。といふ次第で、自然に一場《いちじょう》の議論となつた。　陛下は議論に御興《ごきょう》を添《そ》えさせられ、頻《しき》りに御盃《おんさかずき》を重ねさせ給ひしが、フト居士を顧《かえり》みさせられ、山岡爾《なんじ》の意見は如何《どう》だ　朕《ちん》に賛成か不賛成か。と宣《のた》まうた。居士は先刻より黙然《もくねん》として謹聴《きんちょう》して居られたが、ここに初めて口を開き。恐れ乍《なが》ら小臣は日本を法律のみで治め候はゞ、人民は　皇太神宮《こうたいじんぐう》を拝まぬように相成《あいなる》べしと存じ奉る。と奉答せられた。これには、陛下グット行詰《ゆきつま》らせ給いしが、見る〱うちに逆鱗《げきりん》の御気色《おんけしき》に渡らせられ、それより更に大盃《たいはい》にて幾盃《いくはい》かを重ね給い、ヤガテ、山岡相撲《すもう》一番来《こ》い。と宣《のた》まいて。ツト立御《りつぎょ》あらせられ、山岡立てい立てい。と厳しく逼《せま》らせ給いしも。居士ソハ恐れ入り奉る儀《ぎ》に候。とて只管《ひたすら》平身低頭せられたので、陛下サラバ坐り相撲を取らん。とて百方手段《ひゃっぽうしゅだん》を尽し居士を倒さんと藻掻《もが》かせ給うたが、居士の体は恰かも盤石《ばんじゃく》の如くビクともせぬので、陛下愈々益々《いよいよますます》逆鱗あらせられ、意《つい》に御拳《おんこぶし》を固め、居士の眼を衝《つ》かんと勢《いきおい》込んで飛び掛《かか》らせられた。ソコデ居士拠所《よんどころ》無く頭を一寸《ちょっと》横へ交《か》わされた。其機《そのはずみ》に　陛下は居士の体を掠《かす》めさせられ。ドット彼方《かなた》へ打倒れ給い。ウーン一天万乗《いってんばんじょう》の君を擲《なげ》るとは無礼至極《ぶれいしごく》な奴だッ。と宣《のた》まはせられた。此《こ》の時畏《かしこ》くも、陛下は御微傷《おんびしょう》を負はせられたので、他の侍従等恐懼《きょうく》して寝殿《しんでん》へ入御《にゅうぎょ》を請《こ》ひ奉り、侍医をして応急の御手当《おんてあて》を奉進《ほうしん》せしめる。其間《そのあいだ》に居士は御次《おんつぎ》の間《ま》へ引退《ひきさが》り粛然《しゅくぜん》として控えて居られた。所が某侍従、居士に早速謝罪するがよい。と勧告する。居士頭《あたま》を振つて、イヤ小臣に謝罪する筋は御座らぬ。と云はれる。某、併《しか》し陛下が君を倒さうと遊ばされた時、君が倒れなかつたのは善くないであらう。といふ。居士ソハ以《もっ》ての外の事なり。若し小臣が倒れたならば、恐れ多くも、正《まさ》しく　陛下と相撲《すま》い奉《たてまつ》つたことになる。元来《がんらい》君臣が相撲《すま》うといふ事は此の上無き不倫《ふりん》な事である。されば小臣は如何にしても倒れる事は出来ぬ。此の場合、若し故意に倒れる者があつたならば、ソハ叨《みだり》に君意《くんい》に迎合《げいごう》する佞人《ねいじん》といはねばならぬ（当時宮臣其他　陛下と相撲い奉る者は皆偽つて負るを例とせしを居士苦々しく思つて居られたのである）尚又足下《なおまたそっか》、或《あるい》は、予《よ》が頭を交《か》はしたのを悪いといはるゝかも知れぬが予《よ》の一身《いっしん》は固《もと》より　陛下に捧げまつりてあるのだから負傷杯《など》は聊《いささ》か厭《いと》はぬが、若《も》し　陛下が御酔興《ごすいきょう》の上拳固《げんこ》を以《もっ》て臣下の眼玉を砕《くだ》かせられたとすれば、陛下は天下後世の者に、古今希有《ここんけう》の暴君と呼ばれさせ給はねばならぬ。而《しか》して　陛下は御酒《ごしゅ》の醒《さ》めさせられた後に於て、幾何程《いかほど》御後悔《ごこうかい》遊ばさるゝことか知れぬと拝察する。されば　陛下が御負傷《ごふしょう》あらせられたことは千万《せんばん》恐れ多いが、誠に已《や》むを得ぬ次第と存ずる。仍《よっ》て小臣の此《こ》の微衷《びちゅう》を　陛下へ奏上し奉り　陛下が若し小臣の措置《そち》を悪いと仰せられたならば、小臣は謹《つつし》んで此《こ》の座で自尽《じじん》して謝罪する覚悟で御座る。と云つて決然たる様子である所へ一侍従が来て、陛下は最早《もはや》御睡眠《ごすいみん》に入らせられたから、兎《と》に角《かく》一往《いちおう》退出《たいしゅつ》するがよからん。といふ。居士イヤ聖断《せいだん》を仰ぐまでは決して退出致さぬ。といはれ、侍従諸氏大に持余《もてあ》まし、窃《ひそか》に此の由《よし》を侍従長へ注進する。侍従長急遽《きゅうきょ》入来《いりきた》り百方諭告《ひゃっぽうゆこく》したが、居士頑《がん》として応ぜられぬ。其の内に、陛下御目覚《おめざめ》あらせられ。侍従を召《め》して山岡は如何《いかが》せしやと御尋《おたずね》遊ばされ。侍従、居士の申条《もうしじょう》を具《つぶさ》に奏上に及べば、陛下直《ただち》に御起床《ごきしょう》遊ばされ、暫時《ざんじ》黙然《もくねん》として在《あ》らせられたが、頓《やが》て、朕が悪るかつたと山岡に申伝《もうしつた》へよ。と仰出《おおせいだ》された。侍従　聖旨《せいし》を居士に伝える。居士、聖旨誠に畏《かしこ》みまつれど唯《た》だ悪かつたとの仰《おお》せのみにては小臣此《こ》の座《ざ》を立兼《たちか》ねまする。何卒《なにとぞ》御実効《ごじっこう》を御示《おしめ》し為《な》し下され度《た》く願い奉ると奏上せられる。陛下之を聞《きこ》し召《め》され。復《ま》た暫時《ざんじ》黙然《もくねん》として在《あ》らせられたが、竟《つい》に向後《こうご》相撲と酒とを停《や》める。と仰出《おおせいだ》されたので、居士感激落涙《らくるい》して、聖旨《せいし》の程確かに拝承《はいしょう》し奉る。と奏上《そうじょう》して退出せられた時は、最早《もはや》白々《しらじら》と夜の明け方であつた。それより居士自邸《じてい》に蟄居《ちっきょ》して一向出仕《いっこうしゅっし》せられぬ。陛下侍従を差遣はされ何故出仕《しゅっし》せぬぞと御下問《ごかもん》あり。居士謹慎《きんしん》の旨《むね》を奉答《ほうとう》せられる。陛下ソレニ及ばぬ即日出仕《しゅっし》せよ。と御諚《ごじょう》ありしが、居士其侭《そのまま》一ヶ月を経過し、一日突然出仕御前《ごぜん》へ伺候《しこう》し、葡萄酒一打《ダース》を献上せられた。ソコデ　陛下竜顔《りゅうがんこと》殊に麗《うる》はしく、モウ飲んでよいかと宣《のた》まひ、居士の面前《めんぜん》にて之を召上らせられたと。

附　録（終）

拾遺

世間では居士が、明治天皇の相撲の御相手を奉仕して、畏くも陛下を投げたように言い伝えているが、それは全くの間違いで、今その事実を語ればこうである。

陛下がまだ若年であった時、ある日の晩餐に居士と某侍従（確か片岡侍従と覚えている）とが奉仕していた。すると陛下が盃を手にし、某侍従に向かい、「わが日本もこれからは法律で治めなければいかぬ」と宣まうたが、某はただ畏《かしこま》っていると、陛下は「汝はどう思う、意見を陳《の》べよ」と宣《のた》まう。

そこで某が「恐れながら国家を治むるの大本は、道徳に在るかと存じ奉る《たてまつ》」と答えた。陛下は、「イヤそれは昔の事だ。今の世には道徳などは何にもならぬ」と宜まふ。某、またこれに応じて抗弁する。という次第で、自然に一場の議論となった。陛下は議論に興を添えさせられ、しきりに盃を重ね、フト居士を顧み、「山岡、爾《なんじ》の意見はどうだ。朕に賛成か不賛成か」と宣まうた。

居士は先刻より黙って謹聴しておられたが、ここで初めて口を開き、

「恐れながら小臣《わたくし》は日本を法律のみで治めると、人民は皇太神宮を拝まぬようになると思います」と答えられた。

これには、陛下、グッと言葉を詰らせられたが、みるみるうちに逆鱗《げきりん》の気色になり、それより更に大盃にて幾盃かを重ね、やがて「山岡、相撲一番来い」と宣まいて、すっくと立ち上がり、「山岡立てい、立てい」。と厳しく迫られるが、居士は「ソハ（それは）恐れ入り奉る儀に候」とて、ひたすら平身低頭せられたので、陛下、「されば坐り相撲を取らん」とて百方手段を尽し、居士を倒そうともがかれたが、居士の体は、まるで盤石のようにビクともしないので、陛下はいよいよますます逆鱗され、意にゲンコツを固め、居士の眼を衝こうと勢込んで飛び掛られた。

そこで居士は仕方なく頭をちょっと横に交わした。その機に陛下は居士の体をかすめて、

ドッと彼方へ打倒れて、「ウーン、一天万乗の君を投げるとは無礼至極な奴だッ」と宣まはせられた。この時、陛下はわずかな傷を負ったので、他の侍従等がおどろきおそれて寝殿へ入ることを請い、侍医に応急手当を奉進させた。その間に居士は次の間へ引退り、粛然として控えて居られた。ところが某侍従が居士に、「早速謝罪するがよい」と勧告する。

居士は頭を振って、「イヤ、小臣に謝罪する筋は御座らぬ」と云われた。

某、「併し陛下があなたを倒さうと遊ばされた時、あなたが倒れなかったのは善くないであろう」と言う。

居士「それは以ての外の事である。もし小臣が倒れたならば、恐れ多くも、正しく陛下と相撲をしたことになる。元来、君臣が相撲するといふ事はこの上無き不倫な事である。そうすると小臣はいかにしても倒れる事は出来ない。この場合、もし故意に倒れる者があったならば、それはみだりに君意に迎合する佞人といはねばならぬ（当時、宮臣その他、陛下と相撲を取った者は、みな偽って負るを例としていたのを、居士は苦々しく思っておられたのである）。なおまた、あなたは私が頭を交わしたのを悪いといはれるかもしれないが、私の一身はもとより陛下に捧げてあるのだから負傷などは少々は厭わないが、もし陛下が酔った上にゲンコツで臣下の眼玉を砕いたとすると、陛下は天下後世の者に「古今希有の暴君」と呼ばれなければならない。そして陛下は酒が醒めた後、どれほどか後悔されるかわからないと拝察する。そうすると陛下が御負傷されたことは千万恐れ多いが、誠に已むを得ぬ次第と思う。よって小臣のこの微衷を陛下へ奏上し奉り、陛下がもし小臣の措置を悪いと仰せられたならば、小臣は謹んでこの座で自尽して謝罪する覚悟でござる」。

と云つて決然たる様子である所へ、一侍従が来て、陛下は最早御睡眠に入らせられたから、とにかくいちおう退出するがよかろうという。

居士「イヤ、聖断を仰ぐまでは決して退出致さぬ」と言われ、侍従諸氏、大にもてあまし、ひそかにこのことを侍従長に注進した。侍従長、急遽入来り、百方諭告したが、居士は頑として応ぜられぬ。

その内に、陛下が目覚められ、侍従を召して「山岡はどうしたか」と御尋ねになり、侍従は居士の申条を具《つぶさ》に奏上すると、陛下は直《すぐ》に御起床され、しばらく黙然とされていたが、やがて「朕が悪かったと山岡に申伝へよ」と仰出された。

侍従が聖旨を居士に伝えた。居士は、「聖旨は誠に畏みまつれど、〈唯だ悪かつた〉との仰せだけでは小臣、この座を立ちかねまする。何卒、御実効をお示し下されたく願いたてまつる」と奏上せられる。

陛下之を聞かれ、復《ま》たしばらく黙然としておられたが、ついに「今後、相撲と酒を止める」。と仰出されたので、居士は感激落涙して、「聖旨の程、確かに拝承し奉る」と奏上して退出せられた時は、最早白々と夜の明け方であった。

それより居士は自邸に蟄居して一向に出仕されない。陛下は侍従を差遣はされ、どうして出仕しないのかと御下問されたが、居士は謹慎の旨を奉答する。陛下「それには及ばぬ。即日出仕せよ」と御諚《おことば》があったが、居士はそのまま一ヶ月を経過し、一日突然出仕し、御前へ伺候して葡萄酒一ダースを献上せられた。そこで陛下は竜顔、殊に麗はしく、「もう飲んでよいか」と宣まい、居士の面前にて召上らせられたと。

附録（終）

訳者あとがき

佐藤　厚

令和五（二〇二三）年の夏、本書の編集を担当されていた黒神直也さんから、山岡鐵舟先生の本の手伝いをしてほしいという依頼を受けた。作業内容は、『鐵舟居士の真面目』という本の中、原文部分の現代語訳であった。原文には文語文、候文、漢文など様々なスタイルがある。さらに、意味を理解するには、当時の歴史知識をはじめ剣術や禅学の知識がないと正確な読みはできないであろう。私は仏教学を専門にはしているが、それらすべてを理解しているわけではない。作業にあたっては蔵本泰夫さんの訳（『最後のサムライ 山岡鐵舟』、二〇〇七年）や、ネット上にある研究を参考にさせていただいたが、完全ではないかもしれない。しかし現代の読者にとって現代語訳は絶対に必要な作業だと思う。今後も私のものをたたき台にしながら現代語訳を磨き、鐵舟先生のメッセージを伝える努力を継続していただければと思う。

思い返してみると鐵舟先生とはご縁があった。鐵舟先生が創建した東京谷中の全生庵は大学（東洋大学）から近いため、学部生のころから散歩がてら、何度かお参りに行った。大学院生の時には東京大学名誉教授の鎌田茂雄先生や東洋大学元学長の菅沼晃先生の講座を拝聴しに行った。仏教の話はあまり覚えていないが、鎌田先生の話の中では、調査のために中国に行ったら山にマツタケがたくさん生えていて、食べるには食べたが醤油がなくて残念だったという話、菅沼先生の話の中では当時の政治のありかたをたいそう批判していたことを覚えている。また、二十年前くらいに韓国の新聞で「近代日本仏教人物思想史」を連載していたことがあり、その中で鐵舟先生も取り上げていた。さらに、当時私は埼玉県小川町に住んでいたのだが、ここは鐵舟先生のお父さんが住んでいたところだ。そこには二葉という料亭があり「忠七めし」というお茶漬け定食があるが、これは鐵舟先生が監修してできた料理である。食べたことがあるが、鐵舟先生とのゆかりを知ると、お茶漬け定食の味わいが増すから不思議だ。また、武州めんという「うどん店」でも、先生にちなんだ麺類を販売している。さらに小川町には小川山岡鐵舟会という会があり、先生を顕彰する活動を行っている。このように、思い起こすと私と先生との縁を感じることができた。

現代語訳の作業の中で印象に残ったのは、やはり西郷隆盛と江戸城無血開城の下交渉を行った時の記録だ。訳していても場面や息遣いが目に浮かぶ。これは当事者の発言が持つ迫力のためだろう。そして主君である徳川慶喜を守ろうとする忠義の心に感動する。鐵舟先生は日本人の代名詞と言われた武士道や義の精神を体現した人だと思う。訳文を考えながら自分自身の生き方を反省することが数多くあった。さらに鐵舟先生は、これだけの歴史的偉業を成し遂げたにも拘わらず、名誉を求めたり偉そうにしないところも、すばらしい。そうした心持であるから、明治天皇の教育係としての役割を果たすことが出来たのだと思う。

鐵舟先生の生き方を「武士道」と表現してしまうと、凡人には近寄りがたいイメージになってしまうが、別の表現を考えてみて、「究極のダンディ」という言葉を思いついた。今テレビには裏金問題の弁明など、ダンディとは対極にある日本の政治家たちの姿が映し出されている。鐵舟先生の歴史的偉業とともに、まっすぐで、かっこいい生き方というものを、全ての人に、とくにこれからの世界を作る若い人たちに学んでほしいと思う。

山岡鐵舟　略年譜

西暦	年号	年齢	鐵舟関係	社会・文化関係
一八三六	天保七年	一歳	六月十日、御蔵奉行小野朝右衛門高福の四男として江戸に生れる。	
一八三七	天保八年	二歳		大塩平八郎の乱
一八三八	天保九年	三歳		
一八三九	天保十年	四歳		
一八四〇	天保十一年	五歳		
一八四一	天保十二年	六歳		天保の改革始まる
一八四二	天保十三年	七歳		
一八四三	天保十四年	八歳		天保の改革終る
一八四四	弘化元年	九歳	久須美閑適斎について真影流を学ぶ。	
一八四五	弘化二年	一〇歳	七月一日、父高福、飛騨高山郡代に転任、鐵舟父母に同行す。	
一八四六	弘化三年	一一歳		
一八四七	弘化四年	一二歳		
一八四八	嘉永元年	一三歳		
一八四九	嘉永二年	一四歳		英船、浦賀に来航
一八五〇	嘉永三年	一五歳	書道の師、岩佐一亭より入木道五十二世を譲られ、一	

			楽斎と号す。	
一八五一	嘉永四年	一六歳	九月二十五日、母磯、高山陣屋で病没す、十二月父の招請により、北辰一刀流井上清虎、高山に到着。	
一八五二	嘉永五年	一七歳	二月二十七日、父高福、高山陣屋で病没す、七月二十九日、五人の弟を連れて、江戸に帰着す。	
一八五三	嘉永六年	一八歳		米使ペリー浦賀来航
一八五四	安政元年	一九歳	山岡静山に槍術を学ぶ。	日米和親条約　日英、日露和親条約
一八五五	安政二年	二〇歳	静山急死のあと、山岡家の養子となり、静山の妹英子と結婚す。	
一八五六	安政三年	二一歳	講武所世話役となる。	
一八五七	安政四年	二二歳		
一八五八	安政五年	二三歳		日米修好通商条約
一八五九	安政六年	二四歳	天下の大勢を観望し、尊皇攘夷党を起こし、清川八郎と結ぶ。	安政の大獄（松陰ら刑死）
一八六〇	万延元年	二五歳		三月、桜田門外の変
一八六一	文久元年	二六歳		
一八六二	文久二年	二七歳	浪士取締役となる。	
一八六三	文久三年	二八歳	将軍家茂の先供として浪士組を率いて上洛、間もなく江戸に帰る。浅利又七郎に剣を学ぶ。	将軍家茂上洛
一八六四	元治元年	二九歳		七月、蛤御門の変　八月、

一八六五	慶応元年	三〇歳		長州征討
一八六六	慶応二年	三一歳		一月、薩長連合　七月、将軍家茂死す
一八六七	慶応三年	三二歳		十月、大政奉還　十二月、王政復古の大号令
一八六八	明治元年	三三歳	三月、慶喜の命を受け、東征大参謀西郷隆盛と静岡で会見、徳川家の安泰を約す。	明治維新　神仏分離令
一八六九	明治二年	三四歳	静岡藩権大参事に任ぜられる。	
一八七〇	明治三年	三五歳		
一八七一	明治四年	三六歳	十一月、茨城県参事に、十二月、伊万里県権令となる。	廃藩置県
一八七二	明治五年	三七歳	六月、明治天皇侍従となる、三島龍澤寺の星定和尚について参禅す。	
一八七三	明治六年	三八歳	五月、皇居炎上、淀橋の邸より駆けつける。宮内少丞に任ぜられる。	征韓論敗れ西郷隆盛、板垣退助ら下野
一八七四	明治七年	三九歳	三月、西郷説得のため、内勅を奉じ九州に差遣。	
一八七五	明治八年	四〇歳	宮内大丞となる。	
一八七六	明治九年	四一歳		
一八七七	明治十年	四二歳		西南の役
一八七八	明治十一年	四三歳	八月、竹橋騒動に御座所を守護す、明治天皇、北陸、	大久保利通暗殺

一八七九	明治十二年	四四歳	東海地方ご巡幸に供奉す。越中、国奉寺越叟和尚と相識る。
一八八〇	明治十三年	四五歳	三月三十日、払暁大悟徹底、滴水和尚の印可を受く。剣の道も無敵の極処に達し、無刀流を開く。
一八八一	明治十四年	四六歳	
一八八二	明治十五年	四七歳	三月、戊辰の際「西郷との応接の記」を書く。六月、宮内省を辞任す、されど恩命により、宮内省御用掛となる。
一八八三	明治十六年	四八歳	普門山全生庵を谷中に建立す。清水に久能寺（鉄舟寺）の建立を発願す。
一八八四	明治十七年	四九歳	五月、白隠禅師の国師号宣下に尽力す。
一八八五	明治十八年	五〇歳	
一八八六	明治十九年	五一歳	
一八八七	明治二十年	五二歳	五月、華族に列せられ、子爵を授けられる。
一八八八	明治二十一年	五三歳	七月十九日、午前九時十五分、坐禅のまま大往生を遂ぐ。七月二十二日、谷中全生庵に埋葬さる。

【編者】

圓山牧田（全生庵三世）

平井正修（全生庵七世）昭和42年、東京都生まれ。臨済宗国泰寺派全生庵第七世住職。学習院大学法学部卒業後、静岡県三島市龍澤寺専門道場にて修行。平成14年から現職。著書に、『とらわれない練習』（宝島社）『男の禅語：「生き方の軸」はどこにあるのか』（知的生きかた文庫）『お坊さんにならう こころが調う 朝・昼・夜の習慣』（ディスカヴァー・トゥエンティワン）『忘れる力「すっきり」「はっきり」「ゆったり」』（三笠書房）『悩むことは生きること』（幻冬舎）など多数ある。

【訳者】

佐藤　厚　昭和42年、山形県生まれ。東洋大学大学院文学研究科インド哲学仏教学専攻博士課程修了。『新羅高麗華厳教学の研究』にて博士（文学）。現在、東洋大学・専修大学・駒澤大学・獨協大学の非常勤講師を務める。単著に『はじめての韓国仏教』（佼成出版社）、共著に「統一新羅時代の仏教」『新アジア仏教史 第10巻』（佼成出版社）ほか、訳書に『韓国仏教史』（金龍泰著、春秋社）など。

【改訂新版】
鐵舟居士の真面目（てっしゅうこじのしんめんもく）

2024年7月15日　初版第1刷発行

編　者　圓山牧田　平井正修
発行者　中沢純一
発行所　株式会社佼成出版社
〒166-8535　東京都杉並区和田2-7-1
電話　(03) 5385-2317（編集）
　　　(03) 5385-2323（販売）
URL　https://kosei-shuppan.co.jp/
Kosei shuppan

印刷所　株式会社光邦
製本所　株式会社若林製本工場
ブックデザイン　株式会社佼成出版社　出版開発課

◎落丁本・乱丁本はお取り替えいたします。

ISBN978-4-333-02926-6　C0015　NDC188/276P/19cm